インフルエンサー

Influencer

行動変化を生み出す影響力

Joseph Grenny
ジョセフ・グレニー ● Kerry Patterson
ケリー・パターソン

David Maxfield
デビッド・マクスフィールド ● Ron McMillan
ロン・マクミラン ● Al Switzler
アル・スウィッツラー

吉川南 訳

INFLUENCER
The New Science of Leading Change
by Joseph Grenny, Kerry Patterson,
David Maxfield, Ron McMillan and Al Switzler

Japanese translation rights arranged with
Mcgraw-Hill Global Education Holdings, LLC.
through Japan UNI Agency, Inc., Tokyo

人を変えるための知識を蓄え続けてきただけでなく、
希望を取り戻して行動を起こし、
よりよい世界をつくるために
粘り強く影響力を増大させてきた、
すべてのインフルエンサーたちに本書を捧げる。

目次

謝辞

多年にわたる調査、教育、実験、学習のために、多くの方たちの支援をいただいた。

まず、我々に影響を与えて変化させ、触発し力を授けてくれた家族の愛と助力に感謝する。遠く出張に出ているときも、家でキーボードを叩いているときも、家族たちはつねに献身と忍耐で我々を支えてくれた。

次に、さまざまな形で我々を助けてくれた、バイタルスマート社の同僚とチームメンバーにお礼の言葉を述べたい。彼らは誠実さと能力を発揮して助け合いながら、顧客に奉仕するとともに生活を変えるためのスキルをトレーニングし、我々のミッションのために尽力してくれた。この間に増えたメンバーすべてに対して礼を言いたい。中でも次の仲間たちの名をここで挙げておこう。ジェームズ・オールレッド、テリー・ブラウン、マイク・カーター、ジェフ・ギブズ、ジェフ・ジョンソン、ランス・ガービン、ジャスティン・ヘイル、エミリー・ホソマン、トッド・キング、ブリトニー・マックスフィィールド、メアリー・マクチェスニー、ジョン・ミナート、デビッド・ネルソン、ステーシー・ネルソン、リッチ・ラシック、アンディ・シンバーグ、ジョアン・スタヘリ、ヤン・ワン、スティーブ・ウィリス、マイク・ウィルソン、ポール・ヨーカム、ロブ・ヤングバーグ。
第三に、ボブ・フット、チェイス・マクミラン、ミンディ・ウエイトの多大なる貢献に特別な謝意を表する。三人は後方支援部隊として細部に目を配り、優れた洞察を与えてくれた。
そして第四に、世界各地の友人と協力者たちに最大級の感謝を捧げる。興味深いアイデアからポジティブな世界をつくる力を引き出せたのは彼らのおかげである。彼らのスピリットとスキルは、つねに我々の共同作業に刺激を与えてくれた。
また、才能ある教師であり、優秀なインフルエンサーでもある在米の同僚たちに感謝する。
ダグ・フィントン
イレイン・ゲラー
タマラ・カー
ジム・マハン
ジム・ムノア
カート・ソーサム
ラリー・ピータース
マギー・モールディン
マイク・クインラン
マリー・ロー

ニール・ステイカー
ポール・マクマリー
リチャード・リー
シャーリー・ポートナー
サイモン・リア

最後に、世界各地で我々の仕事をサポートしてくれたパートナーと友人たちに謝意を捧げたい。
オーストラリア——ジェフ・フレミング、グラント・ドノバン
ブラジル——ジョスマール・アライス
中国——ジェニー・シュー
エジプト——ヒシャム・エル・バクライ
フランス——カティア・ビラック、ダクマ・ドリン
インド——ヨゲーシュ・スード
インドネシア——ヌグロホ・スパンガット
イタリア——ジョバンニ・ベレッキア
マレーシア——V・シタム
オランダ——サンデル・ファン・アインスベルヘン、ウィレク・クリーマー

ポーランド――マレク・ホイム
シンガポール――ジェームズ・チャン
南アフリカ――ヘレネ・ベルマーク、ジェイ・オーウェンス
韓国――ケン・キム
スイス――アルトゥーロ・ニコラ
タイ――TP・リム
イギリス――グレアム・ロップ、リチャード・パウンド

第 I 部

変化を促す新たな方法

第1章

リーダーシップとは影響力

私は人を変える方法についてはわからない。だが、いざというときに頼りにできる人材をたっぷりリストアップしてある。

――デビッド・セダリス

あれはこれまでで最も楽しい実地調査だった。我々はこれまで、「インフルエンサー（影響を与える者）」に関して調査するため、恐ろしい寄生虫に襲われたり、しつこい物乞いにつきまとわれたり、誘拐されたり、腐敗した政治家と口論したりと、さまざまな危険な思いをしてきたが、そのような心配もなかった。

今回の調査対象はニューヨークでも最高のレストランだ。そこで困難な研究の一環として、才気あふれる店主とおしゃべりしながら前菜に舌鼓を打っていた（つらい仕事だが、誰かがやらなければならない）。これは現在進行中のプロジェクトの一部なのだ。優れた人々は、どうして人の行動に影響を与えることができるのだろうか。どうしたら、そんなことができるのか。その秘訣を探ってみようというわけだ。

この日の相手は、ダニー・マイヤー。彼はユニークな顧客サービスを編み出し、「インフルエンサー」と呼ばれるようになった。ダニーのレストランはいずれも開店と同時にザガット・サーベイのトップ四〇にランキングされてきたが、その類まれな成功を支えているのが、彼の持つ影響力である。ダニーは一五〇〇人からなる平凡な従業員に影響を与え、何万人という顧客に特別な体験を提供している。いや、「特別な」という一言だけでは足りない。

マンハッタンのフラットアイアン地区にあるしゃれたレストランの一つ、グラマシー・タバーンに、ある日、一人の女性が必死の形相で駆け込んできた。その客は、乗ってきたタクシーの中に財布を忘れたため、あわてていたのだ。タクシーはすでに車の洪水に紛れてしまっていた。財布をなくし、自分の食事代も払えず、オフィスに戻ることもできない。彼女が青くなったのも当然だ。

この瞬間、ダニーのホスピタリティが本領を発揮する。パニックに陥っている女性を見た店員の一人（仮にカルロとしておこう）は、理由を聞くと彼女を席まで案内した。そこには先に来た彼女の友人が待っていた。

「お支払いのことはご心配なく」。カルロは心配顔の女性客をなだめる。「ご精算はまたの機会でけっこうです。いまはどうぞお食事をお楽しみください。ところで、お客様の携帯番号は？」

カルロは女性客の取り乱しようから、携帯電話も財布とともにタクシーに忘れたことを察して、同僚の一人に頼んでその番号に繰り返し電話させた。三〇分後、呼び出し音に気付いたタクシードライバーが電話に出た。タクシーはブロンクスの数キロほど北にいるという。それを聞いたカルロはバット・シグナルをビルの壁に点滅させて、バットマンの助けを求めた……。

いや、それは冗談としても、カルロのとった行動は、まさにヒーロー顔負けだった。彼はドライバーと中間地点で待ち合わせ、手間賃を支払って財布を回収した。そして、ちょうどランチを食べ終えた女性客にその財布を返した。カルロが示したホスピタリティに感激した彼女は、自分の最初の子どもに彼にちなんだ名前を付けたに違いない。

ここで注目すべきことは、これが偶発的な出来事ではないということだ。ダニーのレストラン・チェーンでは、似たようなことが毎日のように起きている。ダニーの店舗は、ニューヨークの他の二万軒のレストランと同じ地域に出店しており、従業員も特別な方法で採用しているわけではない。食材も同じだ。それなのに彼は、自分の店を特別なものにする方法を見つけ出したのである。それは「影響力」だ。ダニーのレストランと他の平凡なレストランとでは、従業員の行動に大きな違いが見られる。それは偶然の産物ではない。ダニーが組織的・意識的に、従業員の行動に影響を与えた結果なのだ。

では、どうしてダニーは優れたインフルエンサーになることができたのだろうか。それを探るために、我々はニューヨークを訪れたのである。

共通項

ここで一つ言っておくと、本書は顧客サービスに関する本ではない。また後で凶悪犯を数万人も更生させたサンフランシスコの女性の例を取り上げているが、本書は犯罪心理学に関する研究書でもない。さらには不良品発生率の改善や、依存症の克服、伝染病の撲滅、医療事故の防止、女性に対する暴力の一掃、従業員の士気向上、荒れた学校の立て直しなどについても扱うが、本書の狙いはこれら個別の問題を掘り下げることでもない。

本書が目指すのは、成功したリーダーたちに共通する目的や状況を知ることだ。彼らはいったいどうやって徹底的・持続的な変化をすばやく生み出せたのか——そこに共通する原則と技術を探ろうというわけだ。本書では、人間の行動に変化を与える能力を「影響力」、それを実践している人のことを「インフルエンサー」と呼ぶ。「リーダー」の条件とは、人間に影響を与えてその行動を変化させ、重要な結果を達成させる能力の有無にかかっているからだ。

「影響力」と聞くと、「説得」などという怪しげでぼんやりした手段を連想するかもしれないが、そうした口先のテクニックによる問題解決や目標達成は本書の目的とするところではない。だから、あなたがもし、ひそかに人に働きかけてささやかな成功を目指したいのであれば、本書はそれに向いていない。

本書が目指すのは、もっと強力な技術を用いて、はるかに高く、長続きする目標を達成することだ。そして変わりにくい習慣を変えることで、家庭から社会全般にいたるあらゆる問題ですばらしい結果を出す方法を模索すると同時に、なぜ人が現在のように行動するのかを知り、どうしたらその行動を変えられるのか、また、そのために何が必要なのかを調べていく。本書の分析によって、エイズの感染防止であれ、安全対策の実施であれ、激励やわいろ、説教は成功とほとんど関係ないことが明らかになるだろう。むしろ成功のカギは、ほんの数個の行動をシステマチックに、すばやく徹底的に変化させることにある。

例えば、あなたがソフトウエア開発企業の経営者だとする。会社では数十人のＩＴエンジニアが日々山のようなプログラムを書いており、多様な製品を生産しているため、全体的なデザインはそれぞれ別々のチームが担当している。長年にわたってプロジェクトの遅れやバグに悩まされてきた結果、品質を保つカギは従業員が二つのきわめて重要な行動を行うかどうかにあるとわかった。一つは、仕事にトラブルがあれば、それを認めること。もう一つは、納期に間に合わないと思ったらただちに報告すること。ソフトの開発者がこの二点をきちんと守りさえすれば、製品は納期内に問題なく完成するはずだ。あなたはそうひらめいて、従業員に影響を与えてこの原則を守らせれば、成功への道は見えると考える。

問題は、従業員（彼らはごく平凡な人間だ）がこの二つの要求に従わないだろうという点にある。仕事のトラブルを素直に認めるのはバカ者だけだ。「みんな、聞いてくれ。僕は仕事でトラブってるんだ！」などと公言するのは、よほどのお人好しだけである。あなたは標語のポスターを貼り、研修を行い、仕事の遅れを認めた社員のために特別な駐車場まで提供する。だが、誰もそれに応じない。

だが、ここに一人のインフルエンサーがいる。彼は、エンジニアが日々の仕事でトラブルを抱えたり納期に遅れそうになったりしたら、正直に話して助けを求めさせる方法を見つけ出した。我々は今回、ミシガン州アナーバーを訪れ、メンロー・イノベーションズの共同経営者であるリッチ・シェリダンと会った。同社のエンジニアは必ず納期を守り、しかも仕事を愛している。仕事に責任を持ち、かつ楽しく働ける文化を、リッチはどうやって生み出したのだろうか。それはダニー・マイヤーが惜しみないホスピタリティ文化を確立したのと同じ原則によるものだ。

本書では、リッチやダニーをはじめ、インフルエンサーたちがどのような戦略によって人の行動にどう影響を与えているのかを調査する。彼らの知識と技術を余すところなく伝えるには二〇〇ページ以上を費やさねばならないが、とりあえずその成功の秘訣を一言でまとめると、彼らは自分を単なる経営者や上司やリーダーではなく、専門のインフルエンサーであると考えているという点だ。実際、彼らは自らをそう見なしている。彼らは自覚的に、人が効率的に行動できるよう手を貸している。そのことは彼らとちょっと話をすればわかることだ。そして、どのような行動が人に影響を与えるかを考え、語り、実践する。その結果、彼らは何十年も失敗続きだった業界に大きな変化を生み出すことができた。

あなたはリッチやダニーのように、ソフトウエア開発会社やレストランの経営者ではないかもしれない。だが、きっと何か克服すべき課題を抱え、より高い目標を達成したいと考えているに違いない。薬物中毒で何度もリハビリを繰り返している息子に頭を痛めているかもしれない。残念なことに、これまでの二回のリハビリは失敗に終わり、治療は堂々巡りを続けている。ここで必要なのは「影響力」だ。また、あなたは自分のいる部署がただ納期に合わせて「まずまず」の仕事をするだけでなく、「業界最高」の成果を出せたらいいと思っているかもしれない。あるいは、あなたは中退者が続出する高校の教師で、落ちこぼれを防ぐだけでなく、大学まで出してやりたいと考えているかもしれない。そう、あなたは「ベスト」を求めているのだ。

影響力の不足

幸い、もっと影響力について学びたいのであれば、よい情報がある。人の意欲を高め、その行動を変えさせることは、最も重要なスキルである。それは単に興味深いというだけではなく（確かに興味をそそるが）、誰もが抱える悩みの核心だからだ。我々が頭を悩ませている最大の理由は、技術、理論、哲学、データが足りないからではない（むしろデータはあふれるほどある）。必要なのは、人の行動を変化させる力なのだ。ところが、このスキルを手に入れるのはなかなか難しい。

人の行動を変えるノウハウは、幅広く役立つ重要なスキルだ。それを知ったあなたは、ホームパーティーや会社の宴会などの場で影響力の達人を探そうと考えるかもしれない。さらには、我々が夢中になってインフルエンサーを探し回り、子どもに世界的インフルエンサーの写真がずらりと載った「インフルエンサー・カード」をコレクションさせているとでも思うかもしれない。インフルエンサーの研究に情熱を傾けた結果、我々は小難しい用語を使い、インフルエンサーの事例を並べて、人の行動に変化を与える専門的スキルを身に付けたのだろうか。

もちろん、そんなことはありえない。影響の力について少しかじったり、関連セミナーに一度か二度ほど参加した程度で、朝から晩までこのテーマに取り組んでいるわけでも、人を変えることを得意としているわけでもない。ダニー・マイヤーやリッチ・シェリダンなど本書に登場するインフルエンサーたちとは違い、我々の多くは影響力について持論を展開することもできないし、自分たちをインフルエンサーだと思っているわけでもない。人に影響を与えることに成功した経験もない。

例えば、あなたの職場では、本気で何かを変革しようという試みが行われたことがあるだろうか。せいぜい「努力」と書かれたイベント用ＴシャツやマグカップをK配布する程度ではなかろうか。そんなもの見たこともないというなら、たぶんあなたはいい会社にいるのだろう。過去三〇年にわたる関連文献を読むと、変化を呼びかけて成果が出た企業は、八社中一社の割合でしかない。それ以外の会社は、従業員をしらけさせただけだった。

行動を変えることの難しさは、家庭でも同じだ。アメリカ人はダイエットのために毎年数百万ドルを費やしているが、ドブに金を捨てるような結果しか生んでいない。悪習慣を改めて浪費や運動不足を解消できた人は、全体の一〇パーセントに満たない。

アメリカ社会も同じ問題を抱えている。「矯正」施設、つまり刑務所を出た重罪者の三分の二がもっと重い犯罪に手を染めて、つまり「矯正」されることなく、三年以内に刑務所に舞い戻ってくる。また、エイズなどの拡大を止めるには協力関係を築く必要があるが、協力を苦手とする人間の本性は改まることがなく、毎年数百万人の感染者が出続けている。

人の行動に影響を与えるという見果てぬ夢を追って失敗した結果、しびれを切らす人が増えている。なぜ人はやるべきことができないのか。なぜ人を変えられないのか――。そして「私は人を変える方法についてはわからない。だが、いざというときに頼りにできる人材をたっぷりリストアップしてある」という、エッセイストのデビッド・セダリスが推奨する戦略に落ち着くのが常だ。

ところが、世の中にはインフルエンサーが歴然と存在するのである。

インフルエンサーを探して

ダニー・マイヤーとリッチ・シェリダンのエピソードから、人の行動に影響を与える方法を深く理解するために我々が何をしたのか、何となくわかるはずだ。他の人が失敗しているのに、同じ分野で成功する人もいる。本書ではそうした人たちについて調査したが、最初は他の研究と同様、山のような資料を読みあさることから始めた。研究チームは一万七〇〇〇件の資料に目を通し、さまざまなタイプの影響力を発揮した学者や実践者をリストアップした。さらにそこから、すばやく徹底的な変革をもたらした人たちを選り抜いた。次にこれら最高のインフルエンサーを分析し、その実績を綿密に検証した。

例えばウィワット・ロジャナピタヤコーン博士は権力とはほど遠い地位にありながら、六〇〇〇万人のタイ国民の行動に影響を与えることで、五〇〇万人以上をエイズウイルスの感染から防いだ。これは検討に値する事例だ。また、航空機大手のロッキード・マーティン社のデイン・ハンコック社長は、しらけて言うことを聞かない一万三〇〇〇人の従業員の行動にすばらしい影響を与え、一兆ドルの契約受注を決めた。エトナ・リードは各地域で最低レベルの学校を巡回し、一年もたたないうちに最低レベルだった子どもたちの読解力をトップに押し上げた。タンザニアのマーサ・スワイはなんと人気ラジオ番組を使って全国の家庭内暴力を減らすことに成功した。その他にもいくつかの業績を例に挙げると、病気を撲滅したり、数千件の医療ミスを根絶して人命を救ったり、凶悪犯を社会に貢献する市民に変身させたりした、多くの著名なインフルエンサーがいる。

本書ではこれら成功事例を分析し、彼らの働きの共通点を探り出した。本書の後半部は彼らから学んだことの説明に費やされている。幸いなことに、我々は実在するインフルエンサーたちの知識や行動から学ぶことができる。これまでにも何十万もの人たちが我々の著書からインフルエンサーについて学び、彼らの方針とスキル、アイデアを自らの問題や仕事に適用して、目覚ましい進歩を生み出してきた。それはあなたにも可能なことだ。

いまこそシャツの袖をまくって、行動に移るときだ。長年にわたり変化させたいと考えてきた人々のリストを見ながら、どうしたら彼らに影響を与えられるのか考えてみよう。

第2章

影響力の三つのカギ

私が欲しかったのは影響力だったが、大学の学長としてついに合格点をとれなかった。窓から外を見ては、芝刈りをしている人のほうがはるかにうまく仕事をこなしているように思えた。

——ウォーレン・ベニス

インフルエンサーが人間の行動に明白で長期的な変化をもたらすのは、偶然ではない。もしそれが偶然の結果なら、彼らから学ぶことはない。だが幸いなことに、インフルエンサーは三つのキーに頼っている。すべてのインフルエンサーはこの原則に忠実だ。そして、そのキーは誰でも自由に使うことができるのである。

一．**目標を決めて成果を測定する。**インフルエンサーは目標をきちんと決め、どれだけ目標を達成できたかしっかりと測定する。

二．**きわめて重要な行動を見つける。**インフルエンサーは目標達成のために大きな変化を生み出す行動に着目し、二つか三つのきわめて重要な行動に焦点を絞る。

三．**六つの影響要素のすべてを使う。**インフルエンサーは凡人と違い、変革を「過剰決定overdetermine」する。凡人は重要な問題の解決にあたって、六つの影響要素のうち一つか二つを適当に選んで使うだけだ。ところがインフルエンサーは変革のための力を見分けて、その力に逆らわずに応用する。私たちの調査によれば、インフルエンサーは六つの影響要素のすべてを自在に活用して成功の確率を格段に高めているのだ。

キー1．目標を定めて成果を測定する

一番目の影響キーについて考えるために、ジョージア州アトランタに、ドナルド・ホプキンス博士に会いに行こう。ホプキンス博士はカーターセンターで健康管理プログラムの統括副責任者を務める医師であり、真のインフルエンサーだ。ホプキンス博士が注目に値するのは、史上まれに見る目覚ましい影響力を発揮したからだ。それは恐ろしい不治の病を地上から追い払うことだった。

博士が格闘する不治の病とは何か？　その答えは、彼のデスクに置かれた気味の悪い標本を見ればわかる。そいつはもし立ち上がれば一メートル近いが、悲しいかな、そいつには骨がない。その正体は、寄生虫の一種であるギニア虫だ。ホプキンス博士はこの課題に取り組む決意を忘れないために、宿敵をホルマリン漬けにして瓶に保存しているのだ。ギニア虫症の治療は困難をきわめる。ギニア虫は宿主の体に痛みと不快感をもたらすが、それを医学で取り除くことはできない。有効な治療薬はなく、手術や魔術でも太刀打ちできない。だから、いったん寄生されると悲惨なことになる。そこでホプキンス博士は、この難題を解決するために社会学を学んだ。

ホプキンス博士がギニア虫の問題に取り組んだとき、二〇カ国にまたがる二万三〇〇〇の村々で、毎年三〇〇万人以上がこの寄生虫の被害にあっていた。ギニア虫の幼虫は生活用水に使われる不潔な池に潜んでいるため、知らないうちに飲み水とともに体内に侵入する。

恐ろしいのはその後だ。幼虫が成虫になると、宿主の腕や足などありとあらゆる場所の筋肉と皮膚を食い破り、ところかまわず表に出てくるのだ。その過程で激しい痛みをともなうため、患者はあわてて近くの水場に行って一時しのぎで患部を水に浸す。そこでギニア虫は体外に抜け出し、何万個もの卵を池に放つ。それが翌年にはギニア虫の群れとなって、数万年来の恐ろしいサイクルが繰り返されるというわけだ。

ホプキンス博士がギニア虫に興味を持ったのは、それを地上から根絶できるかもしれないと考えたからだ。そのためには、二五〇〇万平方キロメートルの地域に住む一億二〇〇〇万人の行動を変えなくてはならない、と博士は淡々と語った。

あなたなら、この問題にどう取り組むだろうか。二〇人余りのスタッフと数百万ドルの予算で、どうしたら数千万人の行動を変えられるのか。

この種の問題の解決にあたり、ホプキンス博士などのインフルエンサーが凡人と違うところは、それをどう把握し、効果的で繰り返し利用可能な戦略をどう組み立てるかを心得ている点だ。

まずインフルエンサーは「目標を定めて成果を測定する」。最初に明確なゴールを定めるのは、目標があいまいだと影響力をうまく及ぼすことができないからだ。それと同時に、目標達成に向けた努力の跡を追跡できるよう、明確で一貫した測定を行うことが重要だ。そうしてこそ、誠実に責任を持って問題解決にあたることができる。ここがインフルエンサーの違うところだ。事実、長年にわたる研究でわかったことだが、人の行動に影響を与えようとするさまざまな試みの多くが、この第一のキーを無視したためにスタートでつまずいている。変革がうまくいかないのは、影響力を削ぐ次の三つの誤りのうちいずれかが原因となっている。

一．**目標があいまいで切実さがない**：最初に漠然とした目標を掲げる（「従業員に気合いを入れる」、「スラムの子らを救う」、「チームワークを育てる」など）。

二．**目標達成度を計測しない**：目標が明確であっても（例えば「率直なコミュニケーション文化をつくる」など）、その目標の達成度をしっかり計測しなければ失敗する。

三．**計測方法が間違っている**：最後に、達成度を計測したとしても、計測する対象が間違っていたら、結果も誤ったものになる。

目標があいまいで切実さがない

変革に当たって、何か一つ目指すところがあれば、目標自体もはっきりすると、あなたは思うかもしれない。そもそも、その変革の目標というのは、こんな意見が元になっている。「顧客サービスがなっていない」、「スラムの子らに援助が必要だ」、「わが社はありきたりではなく、ベストなクオリティーを目指したい」

こうした声が、どんな目標に結びつくのかは明らかに思える。「顧客サービスの改善」、「スラムの子への支援」、「品質の向上」だ。確かにこれらの目標は聞こえがいいが、正直に言って現実を変える際にはあまりに漠然としている。その目標が実際に何を意味しているのか、誰にもわからないからだ。「顧客サービスの改善」と言っても、電話のベルが二回鳴るまでに応対することから、一〇ドルの購入ごとにサービス品を提供することまで、さまざまな解釈がありうる。

幸いにして、明確な目標を掲げることでゴールを見失わずに変革を成し遂げた人もいる。医療改善協会（ＩＨＩ）の前ＣＥＯドン・バーウィック博士も、そうした名高い変革者の一人だ。二兆ドル規模のアメリカ医療業界にあって、ＩＨＩは小規模な組織であり、バーウィック博士も権力を持つ地位についているわけではない。にもかかわらず、彼は医療分野で最も影響力のある人物として有名だ。彼が上げた成果は、明確で一貫した目標を決めることの重要さを示す好例だ。バーウィック博士はこう語る。「信じがたいことですが、アメリカ人の死因の第六位は医療事故です。単なる不注意のせいで、毎日ジャンボ機一機分の乗客を殺しているようなものです。その原因と防止策はわかっていますが、問題はそれが起きないように人を変えることにあるのです」

では、バーウィック博士が明確で一貫した変革目標を設定した手法を見てみよう。二〇〇四年一二月のある日、バーウィック博士は数千人の医療関係者を前に、大胆な挑戦を提案した。設定された目標は明確で一貫していた。「私たちは一〇万人の命を救わなくてはなりません。それも、二〇〇六年六月一四日」。そこで間をおいて、博士は言った。「午前九時までにです」。

バーウィック博士の願いは、医療死亡事故をなくすために、医療に携わる数十万人の行動を変えることだった。その結果、「一〇万人の命」キャンペーンは、歴史に残る成功を遂げた。全米の数万人もの注意を引きつけ、努力を促すことで、バーウィック博士は一〇万の命を救うという目標を達成したのである。

どうしてそれほどの成果を上げることができたのか。それは、彼が影響の三つのキーをすべて使ったからだ。まずバーウィック博士は第一のキー「明確なゴール」を設定した。「事故を減らそう」とか、「安全対策を万全にしよう」ではない。「数年のあいだに多くの人のよりよい暮らしを実現しよう」でもなく、「できるだけ早く、多くの人命を救おう」でもない。彼は「二〇〇六年六月一四日午前九時までに、一〇万人の命を救う」と断言したのだ。

そこには一点のあいまいさも、誤解の余地もない。バーウィック博士の目標設定がいかに切実なものだったかがわかるだろう。次の二つの表現の違いを比べて欲しい。

- 「病院のうっかりミスを減らそう」
- 「二〇〇六年六月一四日午前九時までに、一〇万人の命を医療事故から救おう」

その違いがはっきりわかるだろう。二つ目の目標は明確で切実であり、具体的数値に基づいている。単にグラフの上の数値を変えるのではなく、「命を救う」ことがはっきりしており、いつまでに、何人かという目標もわかる。

明確で切実な目標を掲げると、人の行動に大きな影響を与えることができる。なぜなら、それは単に脳に訴えるだけでなく、心に響くからだ。研究によれば、明確で切実な目標を掲げると、脈拍が早くなり、脳が刺激され、筋肉に力がみなぎることがわかっている。しかし、あいまいな目標ではこうした反応は起こらない。[1]

リーダーが明確で切実な目標を掲げるときに何が起きるのか、我々はこの目で確認した。今回訪れたのは、インフルエンサーのマーティン・バートである。彼は三〇年前、貧しいパラグアイの人々が貧困から抜け出すためにローンを提供することを目的としてファンダシオン・パラグアヤを設立した。だが残念なことに、三〇年にわたる目標達成への努力の結果、多くの人がローンを利用したにもかかわらず貧困を脱することができたのはごく少数だった。バートのチームは明確で切実な目標を決める大切さを学び、画期的な変身を遂げた。彼らはもはや、ローン貸し付け数（あまり切実でない目標）を問題にすることをやめ、二〇一一年四月に次のように発表した。「我々の目標は、今年度末までに五〇〇〇戸の貧困家庭が一人当たり一日五ドル（パラグアイの最低生活費）以上の収入が得られるよう支援することだ」（だが、この目標は明確なだけでなく、単にローンを貸し付けて回収するより、けた違いに困難だ）。

1　原注：http://www.sciencedirect.com/science/article/pii/S0887617701001135.　ドイツでの研究によれば、脳が損傷した被験者であっても、「がんばれ」などというあいまいな目標よりも、明確で挑戦的な目標を与えたときのほうが計算問題で好成績を上げることができる。http://psycnet.apa.org/journals/apl/77/5/694l.　この研究は、挑戦的な目標が示されると心拍数が上昇するとともに認知や行動にも影響が表れることを示している。

この明確で切実な期限付きの目標は、たちまち効果を上げた。組織を根本から見直す一連の出来事が、そこから始まったのだ。年度末の八ヵ月のあいだに、仕事への取り組み方に始まり、ローン担当者の被支援者に対する姿勢、組織と被支援者との会話にまで影響を与えた。しかし、何よりも事業関係者のあいだに大きな誇りをもたらしたのは、二〇一一年一二月三一日、バートが「六〇〇〇戸が目標を達成した」と発表したときだ。詳しくは後で見るが、ここではこうした変化がすべて影響の第一のキーである明確で切実な目標から生まれたことを頭に入れておこう。

つまり、インフルエンサーは人を変化させようとするとき、ただ頭の中にある最終的な目標を示すのではなく、その目標を明確で切実な形に噛み砕いて掲げるよう気を配る。そしてこのような目標は、家族、社会、国家全体に問題のありかを知らせることで人々を鼓舞し、切実な目的に向けて団結させるのである。

目標達成度を計測しない

この話題に入るにあたって、ある政府機関の実例を挙げておく。政府にもたまには登場してもらおう。

カリフォルニア州アラメダの沿岸警備隊で新兵訓練プログラムを担当する指揮官が、我々に協力を求めてきた。トレーニング方法を一新したいというのだ。このチャンスを逃す手はない。

毎月数百人の若者が訓練場に送り込まれ、そこでリーダーたちが考えついた、彼らを完璧でピカピカの隊員に生まれ変わらせるためのトレーニングを積むのだ。これは影響力に関する魅力的なテーマだと言える。

「若者への言葉や肉体的ないじめになっているのではないかと心配なのです」と、指揮官が口を開いた。厳しい新兵訓練の様子を見聞きしたことがあるので、指揮官の懸念は理解できた。いまも軽量ブロック造りの指揮官室のすぐ外では下士官たちが声を張り上げ、新兵たちに重い鎖を引かせたり、仰向けの姿勢で手足を上にバタバタさせたりしている。死に損ないのゴキブリのようだ。新兵たちはこんな場所に入隊して悔やんでいるかもしれない。指揮官は続けた。

「理屈から言えば、根性を叩き直して、好きなように人間を一からつくり直す。そうすれば命令を聞くようになり、さらには危険や恐怖を伴う任務を命じても躊躇なく遂行するというわけです。でも、果たしてうまくいっているのか……。効果よりも副作用のほうが大きいようにも思えるのです」

「しかし、進歩しているのは確かです」と、訓練担当の下士官が口を挟む。「何より自信が付きます」

死にかけたゴキブリのまねが、どう自信につながるのだろうか。我々がなぜ自信が付いたとわかるのか尋ねると、下士官はこう強調した。

「先週の訓練修了式で、ある新兵が参席していた両親を、私に紹介してくれました」

「それがなぜ自信と関係あるんですか？」
「大ありですよ。そいつは新兵訓練を受けるまで、ろくに家族を紹介することもできなかったんですから」
「なぜそれを知っているんですか？」
「なぜって、訓練前のあいつらの様子を見れば、きっとお分かりになりますよ」

このがっかりするようなエピソードは、新たな問題を提示してくれる。結果についてはいかようにも語れるが、計測方法を厳密に決めなければ、それは頭の中の思い付きにすぎないということだ。体重や財産なら簡単に測ることができる。体重計に乗るなり、収入から必要経費を差し引けばいい。ところが、職場の士気、従業員の熱意、顧客満足度、あるいは新入隊員の自信などを測ろうとすると、これらを計測可能なものに置き換えなくてはならない。訓練のアイデアを出すには、何か基準を定める必要があるのだ。

明確な計測基準を持っていないのは、この気のいい訓練担当下士官だけではない。我々のところに相談に来ている人たちも、しばしばこのプロセスを抜かしてしまう。わざとではない。自分は結果を正確に把握していると思い込んでいるのだ。だが、彼らの結論はいわゆる事例証拠による直感にすぎず、確実なデータに基づいたものではない。

誰でもこのような過ちを犯してきた。例えば一日の摂取カロリーを決めて、それを毎日、推測で見積もるとしよう。後で正確な摂取量の記録と比べると、推測の数値は実際の半分ほどにすぎないことがわかるだろう。あるいは職場でみんなが機嫌よさそうに見え、いさかいを起こす者もいないとき、その職場の士気は高いと考えるかもしれない。ところがある日、「この職場は嫌だ」という理由で誰かが退職すると、あなたは驚く。さらに他の社員が、給料が安くて手当も悪い、向かいの企業に転職する。「いったいどういうわけだ?」とあなたは首をひねるが、計測したデータがないので理由はわからない。

いきなりこのような行動に出る社員は珍しくない。というのも、経営者は満足度や熱意などの人間の行動は計測困難なだけでなく、「ソフト」の問題だと考えているからだ。彼らは大がかりなプロジェクトを計測しても意味がないと思っており、評価基準も信用していない。だから彼らは、一〇分おきに品質を検査し、二時間おきにキャッシュフローをチェックしているにもかかわらず、こうしたソフト面の実績についてはせいぜい二年に一度しか測定しようとしないのである。計測結果に誰も注目を引かなければ、行動を促す力にはならない。さらに計測サイクルが長いと、注目されなくなってしまう。とくに、品質や財務などの計測数値がけた違いに高い関心を引いている状況では、なおさら注目は集まりにくい。

例えば、もしダニー・マイヤーがレストランの売り上げを毎日チェックする一方で、顧客満足度を年に一度しかチェックしなかったらどうなるだろうか。売り上げ調査は経営状態への注目を促進するが、顧客満足度調査は他のライバル店と同じく、年に一度の儀式になってしまう。もし数値を計測することで行動に影響を与えたいなら、もっと頻繁に行う必要がある。

もちろん、データの集計は手間がかかる作業だ。だから経営者はしばしば、「社員に影響を及ぼすためのキャンペーンよりも、そのキャンペーンの効果を計測するほうがずっと大変だ」と不平をならすのである。そしてこの不平にこそ、真の問題が横たわっている。経営者は計測と影響とは別物だと思っているが、そうではない。計測と変革は不可分であり、正しく計測すれば人の行動に影響を与えることができるのだ。

計測方法が間違っている

短いサイクルで頻繁に計測したとしても、影響力をもたらすためには正しい計測方法が必要だ。間違った数字を測っていては、成功はおぼつかない。冷戦時代のソ連の指導者は、利潤などの資本主義的尺度は持ち合わせず、顧客満足度を計測することもなかった（そんな馬鹿げたことを誰が気にするか、というわけだ）。だから生産性を上げようとする際には重さを量ったのである。つまり工場は生産物の重量を増やすことが要求されたのだ。そのため、くぎをつくる工場の管理者は不足している建築用のくぎでなく、あまり必要のない線路用の重い犬くぎを製造することにした。それを見た党幹部がくぎの本数で生産性を計測するように方針を変えたところ、くぎ工場の管理者は小さくて使い道のない無頭くぎを大量につくるようになったという。

あるいは、こんな例はどうだろう。長年にわたり慈善事業はサービスの提供件数を成功の尺度としてきた。より多くのサービスを提供すれば、いいことをしたことになるわけだ。すると慈善団体は結果よりも努力に焦点を合わせることになる（世界最大手の物流企業であるフェデックスが、年次報告書でトラックの走行距離を誇るようなものだ）。

結果は言うまでもないだろう。ここでは何を計測すべきかをじっくり考えてみたい。戒めとして、次の複雑で悲惨なケースはどうだろうか。

米軍の指揮官たちにとって、性的暴行の問題は決して容認できないものだった。陸軍の人事部長トム・ボスティック中将の怒りは頂点に達していた。そのことは、彼と会話した者なら誰でもわかることだ。彼は最近のブリーフィングで、アフガニスタンに派遣されていた兵士が同僚たちを次々とレイプしていたショッキングな事実を明らかにした。加害者を特定して逮捕するまでに、七人が被害に遭っていた。ボスティック中将が被害者について語るときには、まるで我が子に対するかのような同情がこもっていた。

ボスティック中将らはこの問題を少しでも改善したいと考え、セクシャルハラスメントと性的暴行の減少・根絶のために指導力と財源を存分につぎ込んだが、その努力は実らなかった。昨年には三〇〇〇件の性的暴行が報告された。報告に上がる数字は、実際のレイプ全体の一〇パーセントにすぎないとよく言われる。だとすれば、実際には毎年三万人が被害に遭っている計算だ。これではまったく改善したとは言えない。

多くの人が最善をつくしているのに、なぜほとんど影響が見られないのか。第一の理由は、計測の方法が間違っているからだ。彼らは性的暴行の件数を高い頻度で計測した。一見、正しく見えるが、それは計測を影響戦略の一環として捉えていないからである。

では、次の戦略からどんな結果が予測できるだろうか。軍の全将校に対してこう告げる。「我々はセクハラと性的暴行の統計をとっている。諸君のやるべきことは、自分の部隊でこの数値を下げることだ」

件数は確かに下がるだろう。将校たちに厳しい命令を下せば、将校は全力をつくして命令を「実行する」からだ。だが、数値が下がったからといってよいニュースとは限らない。性的暴行の九〇パーセントが報告されないでいるのなら、改善の最初の兆候は「報告件数が上昇する」ことでなくてはならない。なぜなら、報告件数の上昇は「被害を報告して助けを求めても大丈夫だ」ということを意味する可能性があるからだ。性的暴行は減少しつつも、さらに多くの報告が上がるため、件数は上昇するのである。

ところで、報告件数の増加がよいこと――報告が上がるようになった――なのか、悪いこと――実際の件数が増加した――なのか、どうやったらわかるのだろうか。それを知るには、変化させたい本当の目標、つまり人の思考と行動を計測することだ。有効な計測方法を使えば、いかに兵士たちが安全だと感じているかが（部隊ごとに）わかるだろう。つまり（１）兵士たちはセクハラや暴行の心配がないと感じているか、（２）セクハラや暴行を報告しても心配はないと感じているか、である。これらの数値を頻繁に集めれば、報告された性的暴力件数の増減が何を意味するのか、ずっと適切に解釈できるようになる。それゆえ軍は現在、自らの名誉を守るためにも、計測の対象と方法を再検討して部隊内部の性的暴行問題の解決に向けて奔走している。

これらの例からわかるのは、正しい計測方法を使えば、情報を得られるだけでなく、正しい行動を促すということだ。何を計測すべきかわかるまで時間がかかることがあるかもしれないが、じっくり検討するだけの価値はある。計測するべきは、実際の影響についてだ。誤った計測は誤った行動につながる一方、正しい計測は正しい行動を促す。

例えば、あなたが自社のイノベーションを向上させたいとする（それは四半期ごとの新製品の提案数で計測される）。ところが、思ったほど提案数が多くない。従業員が安心して新提案を上げられないからではないか――あなたはそう結論付けた。従業員に尋ねると、「何か提案すると笑いものにされて損を見るだけなので、黙っている」との答えだった。

そこで従業員向けに、お互いに心を開いて話すと同時に人の話に耳を傾けることを教える研修を行ってから、イノベーション数と発言の件数という二つの数値を計測した。もし両方とも増加したら（測定対象人数が同一なら）、試みはうまくいっていると考えられる。そして確信を持って先に進めるだろう。どの行動を変えるべきか、そして二つの行動を実質的に変化させるためにどんな戦略を使うかが、はっきりと理解できているからだ（このような重要な結果につながる行動を、本書では「きわめて重要な行動」と呼ぶ）。

このように、どのような変革プロジェクトでも、明確で切実な達成目標を掲げ、進捗状況を計測しなくてはならない。そして計測は直感に頼らず、正しい方法で、頻繁に行うべきだ。

キー2．きわめて重要な行動を見つける

アメリカでは毎年三〇〇〇人の溺死者が出ている。その多くが公共プールでの事故によるものだ。ＹＭＣＡとレッドウッド保険会社の経営陣は、長年にわたって続いてきたこの問題を解決すべく真摯に取り組んだ。そしてほどなく、これらの溺死事故のうちＹＭＣＡプールで起きた事故について、三分の一にまで減らすことに成功した。

経営陣が使った方法は、痛ましい事故を研究し、それを防ぐためにきわめて重要な行動を見つけ出すことだった。そこでわかったのは、プールの監視員が会員の出迎えやプールのレーン直し、ビート板の片付け、水質調査など、監視員の仕事とは言えないことに多くの時間を費やしているという事実だ。

ところが、「一〇－一〇スキャン」という方式を採用したら溺死事故はたちまち減った。「一〇－一〇スキャン」とは監視員が担当の区域を一〇秒にわたって監視し、そこに異常があれば一〇秒以内に駆けつけるという、単純明快な方式だが、驚くほどの効果を上げた。ケビン・トラパニを筆頭とするレッドウッド保険会社と世界各地のＹＭＣＡのスタッフは、大きな変革をもたらすきわめて重要な行動を見つけて実行し、多くの命を救ったのである。

次にレストラン経営の大物、ダニー・マイヤーのケースを見てみよう。彼は強い影響力を持つ行動をどうやって見つけ、どう適用したのだろうか。彼は従業員にあれこれ要求することなく、たった一つのきわめて重要な行動に焦点を絞った。それは「ABCD」、つまり「Always Be Collecting Dots.」(つねにお客様の情報を集めよう)の頭文字をとったものだ。Dotsというのはダニーの造語で、「顧客の要望や欲求に関する情報」を意味する。ダニーのレストランでは、スタッフは顧客にしっかり目を配り、触れ合う中で情報を集める。ダニーは、顧客情報を集めるのが得意な従業員ほど、ユニークな接客で顧客に特別なサービスを提供する能力があることに気付いた。

ダニーの店の従業員は、客が出版社に勤めていることを知ると、その客を他の出版関係者の席のそばに案内する。さらに食べ物の好き嫌い、席の好み、特別なボディーランゲージや感情表現、誕生日や結婚記念日などを調べ、一人一人に合わせたサービスを提供している。財布をなくした女性があわててグラマシー・タバーンに駆け込んできたときに、従業員がすぐに状況を察したのも、そうした努力のおかげだ。女性客が何を求めているかを正確に理解した上で、独創的な問題解決につなげたのだ。

徹底した改革のために、五〇通りもの行動を変える必要はない。二つか三つの行動を変えれば十分だ。そのことをダニーは理解している。

第三章からは、インフルエンサーがきわめて重要な行動を見つけて人に影響を与える方法について掘り下げてみる。強い影響を与えるには、ほんの一握りの行動を見つければいい。それがあらゆる問題につながっていく。きわめて重要な行動に変化を与えさえすれば、望みの結果がすぐに手に入るだろう。

キー3．六つの影響要素をすべて活用する

影響力の三番目のキーは、きわめて重要な行動を実際に人にやらせる方法を見つけることだ。何を変えたいか、そのためにどんな行動が必要か。それがわかったら、あとは人にその行動をやらせるだけだ。だが、小手先の技術では無理だ。ここでは、山のような書物をあさって見つけた成功事例から、ハイレベルな原則を紹介しよう。それは六つの影響要素をすべて活用することだ。インフルエンサーがこれまで不可能だった変革をもたらすことができたのは、彼らが成功を過剰決定したからだ。インフルエンサーは人を動かすための六つの影響要素すべてを活用することで、変革を確実なものとしているわけだ。

教育分野のインフルエンサー、デビッド・レービンとマイク・フェインバーグは、スラムに住む数万人の若者を大学に進学させることに成功した。彼らはその方法をたまたま見つけたわけではない。それは研究した結果である。レービンとフェインバーグが一九九四年に設立した「知は力なり」プログラム（Knowledge is Power Program、ＫＩＰＰ）という組織は無料

の特別認可学校を運営しており、現時点で一三三校に三万人の生徒が在籍している。教員の給与は公立学校並みで、予算も限られている。しかも教員は長時間勤務が当たり前だ。なぜなら、彼らは街に出て教育の機会に恵まれない子どもたちを勧誘してくるからだ。全生徒の八五パーセントが低所得者層の子たちだ。

だが、これらの困難にもめげず、ＫＩＰＰ出身者が大学を卒業する割合は、同じ地区の公立校出身者の四倍にもなる。

何がこうした影響力をもたらしているのだろうか。よく見れば、すでに三つのキーのうち二つが見いだせる。第一に、明確な目標を定めて正しく計測している点。自分たちが望む結果がわかっており、それを厳密に計測しているのだ。第二に、彼らはきわめて重要な行動が何かも知っている点だ。ＫＩＰＰでは「猛勉強する」と「人に優しくする」が合い言葉になっており、教師と管理者は全生徒がこの習慣を身に付けられるよう気を配る。そして成功の第三のキーは、結果を過剰決定する日常的能力にかかっている。彼らは六つの影響要素を慎重に組み合わせて、全生徒が二つのきわめて重要な行動を実践できるよう手助けしている。この強力な要素とは、以下の六つである。

影響要素一・個人的意欲

まず、人に影響を与えようとするとき、最もよく使われる要素は個人的意欲だ。いつも失敗続きで成功できない人たちを見たら、こう考えてみよう。「彼らは楽しんでいるのだろうか？」と。個人的意欲――「楽しんでやる」ことは、行動を推し進め、習慣づけるための最重要なファクターだ。例えば教育に関していうと、多くの子どもが学校をつまらない場所、無意味な場所だと考えているだろう。

KIPPではその逆だ。KIPPの子どもたちは、勉強に打ち込めば明るい未来が開けると考え、大学進学のことが当然の話題になっている。子どもたちはこんなふうに自己紹介する。「僕はクリフトンです。二〇一八年にここを卒業する予定です」。勉強すれば成績が上がるという成功体験を積み重ねることで、さらに勉強が楽しくなる。勉強が成功に結び付くとわかれば、勉強そのものが面白くなるのだ。先生たちも楽しい授業を心がけている。KIPPのどの教室からも、退屈なはずの九九の練習がラップのリズムに乗って生き生きと聞こえてくる。

影響要素二：個人的能力

もちろん、意欲さえあればそれで事足りるわけではない。やるべきことをやらない人がいたら、こう考えてみよう。「彼らはそれをする能力があるのだろうか？」。楽しくやっていたとしても、成功するとは限らない。きわめて重要な行動を達成するには、それを行うためのスキル、能力、理解が必要だ。レービンとフェインバーグによれば、学校を中退する子は街でぶらぶらしているのが好きだからではない。自分が授業や課題についていけないのは無能なせいだと、自身を責めてしまうからだ。つまり中退とは、自分が劣等生であることを繰り返し思い知らされ、失望を続けたことに対する正常な反応なのである。

ＫＩＰＰのカリキュラムは、生徒たちが自分の能力と習熟度を確認できるように組み立てられている。先生たちはそれに沿って面白くてためになる練習問題をやらせ、きちんと評価する。新入生にその効果が表れるまで、どのくらい時間がかかるのだろうか。そう尋ねると、レービンはにっこり笑ってこう答えた。「一時間です。一回でも成功を体験すれば、子どもはもっと繰り返してみたくなるんですよ。来たその日のうちに子どもに成功体験を与えるのが私たちの目標です」

影響要素三：社会的意欲

次に、社会的な影響について考えてみよう。他の人からの影響は、失敗とどう関係しているのだろうか。同級生の多くが中退していくような環境にいると、それが当たり前になってしまう。それが貧困層の子どもたちの現状だ。周囲の友達が成績にかまわないと、自分も気にしなくなる。

ＫＩＰＰの学校では、あちこちに大学のペナントが貼ってある。レプリカではない。大学に進学した卒業生たちからのプレゼントだ。生徒たちは仲間同士で、どの大学に行くのか、なぜ進学したいのか、入学してから何をしたいのかを話題にする。新入生も進学のために勉強に打ち込む仲間たちと出会い、交流することで、自分も同じ道に進もうと考えるようになる。子どもたちはＫＩＰＰに入学した初日から、この新しい慣習に浸される。この社会的な風潮がすべての生徒を引っぱり上げるのだ。

影響要素四：社会的能力

仲間は意欲を与えてくれるだけではない。きわめて重要な行動が可能になるのも、仲間がいるからだ。他者の存在という重要な影響要素を、つねに頭に入れておこう。学校を中退する子も、周囲に励ましあえる仲間や指導者、相談相手がいないことが多い。

ＫＩＰＰでは、教師が新入生の家庭を訪問して親子と初めて面談をする際に、一風変わったやりとりがある。教師は親に対して、子どもが学校でうまくやっていくために、とくに家では何もしなくてもいいと告げる。そして、そのことをわからせるために、面談の最後に自分の携帯番号を教えて、子どもにこう言い含める。「勉強はクラスの友達が手伝ってくれるから安心して。もし宿題で困ったら、この三人の友達に電話しなさい。それでもまだわからなければ、先生に電話してね。いい？『先生に電話する前に三人に電話する』。はい、言ってみて」。先生が自分の携帯番号を教えてくれるなんて信じられない、という子どもも多い。本当かどうか気になって、試しにその番号にかけてみる子もいる。聞いたことのある声が電話の向こうから聞こえると、子どもの心の中に何かが生まれる。それは希望だ。

影響要素五：組織的意欲

個人的・社会的ファクターは手っ取り早く変化を促すが、組織的要素（物の役割）も忘れてはならない。「物」にもきわめて重要な行動を促し、それを可能にする力がある。賞と罰に人間の行動を促す力があるかどうかも考えてみよう。落ちこぼれが問題になっている学校では、子どもたちが授業に出たくなる要素がほとんどない。スラムの子は、勉強するよりも働くほうが（合法か非合法かはともかく）、ずっと自分の利益になると考えている。

ＫＩＰＰでは期日までに課題をすませた子を対象に、毎月楽しい賞が与えられる。例えば一定日数以上の出席を達成すると、参加者限定のダンス大会に招待されるなどだ。

影響要素六：組織的能力

最後に、「物」には業績を高めたり悪化させたりする力がある。能力を発揮できるような環境づくりに目を配る必要がある。学校がつまらないのは多くの場合、教材が古くさいからだ。また、家庭環境が安定していないと、高度な問題に取り組むことは難しい。

ＫＩＰＰでは家庭と学校の環境が学習の両輪をなすと考えられている。レービンとフェインバーグらは定期的に家庭訪問を行い、生徒のために何が必要か、何が学習を妨げているかを調べて解決に動く。次はフェインバーグのエピソードだ。ヒューストンのスラムにある家で、母親が頭を抱えていた。娘が宿題をやらずにテレビばかり見ているというのだ。当時、学校長だったフェインバーグは家庭環境を調べるため、その女子生徒の自宅を訪れた。母親の悩みを聞いた彼はこう言った。「そうだ、テレビをなくしましょう！」「え？　それは困ります」。母親は抵抗した。するとフェインバーグは言った。「お母さん、やれることは全部やったんですよね。だとしたら、テレビを取るかＫＩＰＰを取るかのどちらかですね。どうします？」。母親は躊躇なく「ＫＩＰＰ」と答えた。数分後、フェインバーグは三六インチのテレビを抱えてアパートを出てきた。そのおかげで、その女子生徒は大学に進学できた（後にテレビは返却された）。こんなぐあいにＫＩＰＰの教師は、勉強に打ち込めて成功につながる家庭環境を生み出すための手助けをしているのだ。

これらのケースから分かるように、ＫＩＰＰのレービンとフェインバーグは六つの重要な影響要素を使ってさまざまな戦術を実践してきた。彼らの手順はこうだ。きわめて重要な行動を一つ選び出す。そして六つの影響要素を目的に沿って分析し、目的の妨げとなっているファクターを特定する。最後にこの妨害ファクターを自分たちの有利なように変える。これらを組み合わせることで、彼らは成功を過剰決定するのだ。その結果は明らかだ。

以上が影響の三つのキーである。病気の根絶から顧客サービスの改善、落ちこぼれ生徒の救済に至るまで、この三つの原則は人に影響を与えて現実を変革するための効果的な基礎になる。これはトリックやからくりではないし、一時の流行やその場しのぎの解決策でもない。それは成功のための学習可能な方法であり、変化をもたらすための科学なのである。

第3章

きわめて重要な行動を探す

ベストを尽くすだけでは足りない。何をすべきかを知り、それからベストを尽くすのだ。

――W・エドワーズ・デミング

もしあなたが自分の影響力を最大限に高めるために、インフルエンサーの効果的手法をまねているなら、すでに影響力のキー1「目標を定めて成果を測定する」を使っているはずだ。つまり、明確で切実かつ測定可能な目標を持っているということだ。何を求め、いつまでに、どうやってその効果を測定するかも把握しているだろう。スタートは上々だ。

次に、成果を上げるためにどの行動を変えたらいいのかをはっきりさせねばならない。インフルエンサーは例外なく、このポイントをしっかり押さえている。彼らはどの行動を変えるかを慎重に特定してから、それをどうやって変えるかを決めるのだ。

こう言うと大変な仕事のように聞こえるかもしれない。一人の人間が一日に取る行動は、何千件になるだろうか。しかし、変化を与えることだけに絞れば、何千もの行動を考える必要はない。百とか数十でも多すぎる。きわめて重要な行動は通常、一つか二つにすぎない。それをうまく変えてやれば、大きな違いを生み出すことができる。というのは、どんな成果を期待する場合でも、必ず影響が極大化する決定的瞬間というものがあるからだ。その瞬間に、選択した行動がすばらしい結果につながるのか、問題を生み出したり長期化させたりといった否定的な結果につながるのかが決まるのである。

幸いなことに、この決定的な瞬間を見分けるのは簡単だ。ダニー・マイヤーのレストランを例に考えよう。一人の客が何かで困っているとき、その瞬間にスタッフがどう行動するかで、店に対する客の印象は大きく左右されることだろう。また、医師が病室に入るときに手を洗わなかったらどうなるだろうか。その決定的な瞬間にたった一つの行動をやり忘れたがために、深刻な問題が引き起こされる可能性がある。ギニア虫の感染者が痛みをこらえきれず腕を村の水源に浸す。その行動は翌年にもギニア虫症を流行させるという大きな問題につながる。

これらの決定的な瞬間を察知し、望みの結果を導くための重要な行動を特定すれば、ほとんどの問題に変化をもたらすことができる。つまり、どの分野でも変革のカギとなる「きわめて重要な行動」はそう多くはなく、それさえ見つければ影響の第二のキーを見つけたことになるのだ。

では、天才的なインフルエンサーのやり方に目を向けてみよう。

国王誕生日のプレゼント

ウィワット・ロジャナピタヤコーン博士（ここではお許しを得てウィワット博士と呼ぶ）は自らの経験から、ごく少数のきわめて重要な行動に焦点を絞ることの大切さを学んだ。

タイ国王のラーマ九世は六〇歳の誕生日を記念して、国民に一つのプレゼントを与えた。ところが不幸にもその善意のプレゼントは、現実には国民に向けて恐ろしい疫病を放つことになってしまった。タイではそれ以前、エイズは刑務所の中だけの病気だった。というのは、囚人たちが感染したのは麻薬の注射針の使い回しが原因だったからだ。数年のあいだ、エイズは囚人とともに獄中に閉じ込められていたのである。ところが一九八八年、節目の日に慈悲心を示すという国の伝統にのっとり、王は三万人の囚人に恩赦を与えた。囚人とともにおりから放たれたエイズウイルスは、まるで自由を祝うかのように麻薬常用者の静脈注射を通じて大暴れを始め、わずか数ヵ月でタイの麻薬常用者の約半数がエイズに感染してしまった。

タイの感染症専門家は、エイズが驚異的な速さで村から村へと広がっていく様を、恐怖とともに見守っていた。麻薬常用者の次に犠牲になったのは、セックスワーカーたちだ。一年もたたないうちに、いくつかの地域でセックスワーカーの三分の一がエイズウイルスの検査で陽性となった。さらに既婚男性がウイルスを家庭に持ち込み、妻を通じて新生児にまで感染が広がった。一九九三年にはタイのエイズ感染者は推定で百万人にもなった。世界の保健衛生関係者は、数年以内にタイの成人の四人に一人がウイルスに感染し、人口比で世界最大の感染者を抱えることになると予測した。

だが、現実にはそうはならなかった。二年もたたず感染は頭打ちとなり、エイズの流行は下火となった。一九九〇年代後半にウィワット博士が実行した見事な戦略が効を奏し、新規感染者が八〇パーセントも減ったのだ。世界保健機関（ＷＨＯ）の予測では、二〇〇四年には五〇〇万人以上の感染者が見込まれていたが、彼らは感染を免れた。

しかし問題解決は容易ではなく、一度で成功したわけでもない。エイズがタイで猛威を振るい始めたころ、ウィワット博士は少数の同僚とともにラチャブリ県でこの恐ろしい伝染病と戦い始めた。博士は当初、伝染病を抑えるには大衆にその恐ろしさを知ってもらうことがカギだと考えた。現場での経験がない専門家から、「病気は無知の中で育つので知識を広めるべきだ」とのアドバイスを受けたからだ。

この言葉を信じた博士は、タイの保健省で性感染症の専門家として、知識のない大衆に向けた広報活動に取り組んだ。その手法は企業の経営者が品質や顧客サービス、チームワークを改善しようとするのと同じで、ポスターの配布、セミナーの開催、有名人を使ったテレビやラジオのコマーシャルなどが中心だった。

だが、これらの努力は失敗に終わる。ウィワット博士は二年にわたって労力と経費をつぎ込んだのに、調査の結果、何の効果も上がっていないことがわかった。むしろ状況は悪化していた。ウィワット博士が感染症予防のテキストを投げ捨てたのはこのときだ。現場で病気と戦ったこともない専門家の話を聞くよりも、集中的な調査を実施して戦略を立て直すことにしたのだ。そして全国のエイズ感染サイクルに関する報告書に目を通した。

ほどなくして、ウィワット博士は次のような事実に気付いた。エイズの新規感染者の九七パーセントが、セックスワーカーとのセックスによるものだったのだ。タイには一五万人のセックスワーカーがいる（成人男性一五〇人あたりに一人）という事実を知らないと、この統計はやや奇妙に思えるかもしれない。ウィワット博士の目を引いたのは、セックスワーカーの供給過多と低価格のせいで、多くのタイ人男性が定期的に売春宿を訪れている点だった。

この統計から、ウィワット博士は問題の本質に迫ることができた。タイ政府は巨大なセックス産業の存在を否定しているが、セックスワーカーとの接触が感染拡大の原因であれば、そこに焦点を当てるしかない。一〇〇万人のエイズウイルス感染者の存在を念頭に置くならば、政治的に配慮したり社会的に敏感な問題を避けて通っている時間的余裕はない。また、問題の発生源が売春宿なら、解決方法もまたそこで見つけなくてはならない。

さらなる調査の結果、ウィワット博士はエイズ感染の拡大や防止に大きな影響を及ぼす決定的な瞬間があるのではないかと考えた。それはセックスワーカーが客に対してコンドームを使うように求める（または、求めない）瞬間である。ウィワット博士が明らかにしたのは、(一)決定的瞬間（感染を避けるための行動が可能な瞬間）と、(二)その後に続くきわめて重要な行動である。もしこの決定的瞬間にすべてのセックスワーカーの行動に変化を及ぼすことができれば、エイズ拡大を食い止めることができる。これが博士の基本戦略となり、すべての売春でコンドームを使用させるという方法につながった。そのプランは数百万の命を救うことに成功し、世界の感染症専門家たちをあっと言わせたのである。

ミミが指摘した方法

少数のきわめて重要な行動を探すことの大切さを示すのに、この一例だけでは足りないだろう。従来の常識から言えば、たった一つや二つの行動を変えるだけで大きな成果を上げるなど、とても信じられないだろうからだ。そこで、もっと複雑な問題に対してこのアイデアを適用したもう一つの事例を示そう。二つのきわめて重要な行動を見つけて実行することで、困難な変革を成し遂げた好例だ。その経験を聞くために、我々はサンフランシスコのミミ・シルバート博士に会った。彼女は「ディランシー・ストリート」というユニークな企業の設立者だ。サンフランシスコの富裕層が暮らすエンバルカデーロ通りに本部を置くこの会社はさまざまな企業の集合体であると同時に、居住型更生施設でもある。

ディランシーでユニークなのは、そこで働く従業員だ。シルバートは説明する。「彼らは性悪な人種差別主義者、暴力的で貪欲強欲な、泥棒、売春婦、殺人者の集まりです。三〇年前にディランシーを始めたとき、ここにいる人たちのほとんどはギャングのメンバーでした。いまではその多くがギャングの孫たちです。だから居住者のところにお祖母さんからこんな手紙が来るんですよ。『帰っておいで。ギャングが待ってるよ』って」。ここに入所する者の多くは、凶悪犯罪で有罪判決を受けた再犯者たちだ。何年もホームレス状態で暮らし、多くは長年にわたって薬物に手を染めている。

にもかかわらず、シルバート博士は希望を捨てなかった。彼らは入所するとたちまち、レストランや運送業者、自動車整備工場などディランシーの企業で働き始める。ここのメンバーはシルバート博士を除きすべて重罪人と薬物依存症者である。セラピストも専門のスタッフもいない。寄付も補助金も受けておらず、監視員もいない。シルバート博士は優れた影響力だけを活用して、三〇年にわたって一万六〇〇〇人の生活を根本から変えてきた。ここに来た者の九〇パーセントが、薬物や犯罪に二度と手を出さない。それどころか、彼らは大学に行き、手に職をつけ、根本的に新しい生活を始めるのだ。

ジェームズに会う

ディランシーのレストランに行くと、一人の従業員に会うだろう。仮にジェームズとしておこう。彼はこざっぱりとした格好をし、愛想がいい。だが、鋭い目つきをしている。ジェームズの経歴は、ディランシーでは典型的なものだ。他の五〇〇人の居住者と同じく、彼は若いうちから犯罪と薬物依存に手を染めた。四年間にわたり家出、犯罪、薬物乱用を繰り返し、一〇歳になったころにはイリノイ州全体に彼の悪党ぶりは知れ渡っていた。州の司法当局は、一歳だったジェームズを残してカリフォルニアに出て行った父親の居場所を突き止めた。そしてジェームズに「シカゴにはもう戻ってくるな」と念押しした上でオヘア国際空港から追放した。

カリフォルニア州オークランドに着いたジェームズは、港の近くで再び父親と暮らし始めた。ところが懐かしの父親が最初にジェームズに教えたのは、ヘロインの注射法だった。それからの二五年は、暴力犯罪、薬物乱用、刑務所暮らしの連続だった。六年前にはさらなる暴力犯罪で懲役一八年を言い渡され、向こう一六年間は仮釈放も禁じられた。満期まで刑務所暮らしをするよりは、と彼はディランシーに行くことを希望した。

それからのジェームズの変わりぶりは、想像もつかない。ディランシーで彼を見かけた者は、酒や麻薬を断ち、パリッと制服を着こなした彼の姿に驚くだろう。シルバート博士はいかにして彼を変えたのだろうか。それを知るために、本書では随所で彼女の仕事ぶりに触れていく。彼女の活動もまた、他のインフルエンサーたちと同じ原則と実践に基づいている。

ほんの二、三のきわめて重要な行動がどうして大きな役割を果たし、ジェームズのような問題を引き起こし、あるいは根本的な解決をもたらすのだろうか。その理由を探るため、シルバート博士がディランシーの人々の人生を立て直すために何をしているのかを分析してみよう。

反社会的な人生を送ってきた人間を変えるためには、少数のきわめて重要な行動を見つけ出し、影響の範囲を絞り込んでから彼らに働きかけるべきだ。さもなければ、努力は実らず、変革の試みは失敗に終わるだろう。シルバート博士は早くからそのことを学んできた。彼女に尋ねれば、前科者の人生を変えるにはその価値観を問題にしたり説教を垂れるなど感情に訴えるのではなく、彼らの行動に焦点を絞るべきだと答えるだろう。もしジェームズがディランシーに来た初日に、シルバート博士が人生の価値について説教をしたらどうなるだろうか。

ジェームズの生々しい話を聞けば、彼女が直面した問題が分かる。

「入居して入った九人部屋で、最初の朝に『おはよう』とあいさつすると、『くそったれ』と返されるんですよ」。ここで礼儀について説教しても意味がないことがわかるだろう。

だからシルバート博士は、説教を垂れるのではなく、行動を変えることに焦点を絞る。念押しするが、何十もの行動ではなく、ほんの二つか三つの行動だ。シルバート博士の言葉で言えば、「二〇もの行動をいっぺんに変えようとしたら成功はおぼつかない」。だからシルバート博士は、犯罪者を更生させるポイントとなるごく少数の行動を探し出すため、人間の行動をどうやって変えるかを研究した。一万六〇〇〇人以上の凶悪犯罪者とともに働いた結果、シルバート博士はたった二つの行動が大きな変化へとつながることを確信した。この二つの行動に焦点を当てるだけで、価値観、態度、成果など、他の行動にまで変化が及ぶのである。シルバート博士はその理由をこう説明する。

「いちばん難しいのは、裏社会のおきてを頭から追い払うことです。『自分のことだけ考えろ。仲間を裏切るな』という考えですね。でも、この二つの行動さえ変えられたら、他のすべてが変わるんですよ」

ジェームズがこう補足する。「困難に立ち向かうには、メンバー同士の助け合いが欠かせません。ここには『クリップ』や『ブラッド』とかいうマフィアもいるし、白人至上主義者やメキシコのマフィアもいます。みんなが一つ屋根の下に暮らしているんです。だからストレスも多いですよ。ここでの目標は、ギャングの文化を変えることです」

シルバート博士はこの点に留意しつつ、居住者たちがギャング文化を捨てられるよう、目標を二つの重要な行動に絞り込んだ。一つ目は、各自が他の誰かの成功に責任を持つことだ。二つ目は、全員が他のメンバーの違反行為や心配事に気を配ることだ。

それを実現するため、新しく入居した者は最初の週に、他のメンバーの管理の下に置かれる。例えば、あなたがホームレスで、一週間前にコカイン中毒になっていたとしよう。ヴィランシーに入居して一週間は、あなたより少し前に入居したメンバーが、あなたを自分の保護下に置き、レストランでテーブルのセッティングのやり方を教える。そして一週間後、誰か新顔が入って来ると、今度はあなたの番だ。あなたはその新入りにテーブルのセッティングの方法を教える。するると、周囲の反応が変わる。みんなはあなたに対して「調子はどうだい？」とは聞かずに、「相棒の調子はどうだい？」とあいさつするようになる。つまり、あなたは責任者になるのだ。

次は、二つ目のきわめて重要な行動だ。ルールを破ったり暴言を吐くなどの問題行動を起こした者がいたら、遠慮なくそれを指摘する。前科者の多くにとって、このような問題を指摘するのは、外国語を話すのと同じで、まるで別世界の出来事だ。シルバート博士はこのたった二つのきわめて重要な行動に焦点を当てることで、居住者たちの価値観、態度、心に変化を与える。一五〇〇人の居住者にこの二つの行動さえ定着させることができれば、すべてが変わるという事実を、シルバート博士は目の当たりにしてきたのだ。

シルバート博士は気乗りしない者たちに、どうやってこれらの行動を受け入れさせてきたのだろうか。また、ウィワット博士はどんな手法を使ってセックスワーカーたちのコンドーム使用率を一〇〇パーセントにまで引き上げたのか。それは後で説明しよう。明らかなのは、きわめて重要な行動が何かを知っているだけでは足りないということだ。しかし、いまはこの影響の第二のキーを忘れないようにしよう。多くの人は、影響力を及ぼすことを急ぐあまりに、どんな行動を変えるべきか立ち止まって考えることを忘れてしまうからだ。インフルエンサーは変革への作業に入る前に、きわめて重要な行動を慎重に見極めるのだ。

あわてることは失敗につながるだけでなく、大きな副作用をもたらすこともある。エイズ対策であわてて啓蒙キャンペーンを張ったが、それは資源の無駄になっただけで、病気の根絶に何の効果ももたらさなかった。重罪人たちに対して拙速なやり方で対応すれば、失敗は目に見えている。そのことは、現在の刑務所が更生に何の役にも立っていないことを見ればわかることだ。

フォーカスを合わせ続ける

ウィワット博士とシルバート博士の業績から連想されるのは、昔ながらのパレートの法則（八〇：二〇の法則）である。この法則は、どのような変革プロジェクトでも、その成果の八〇パーセントはつぎ込んだ努力の二〇パーセントからもたらされる、というものだ。ということは、いかに複雑な問題であっても、それが十種類の行動に影響されているなら、インフルエンサーは上位の二種類の行動に焦点を当てればいいことになる。もし上位四種か五種、さらには一〇種類の行動すべてに時間をとられるようなら、手を広げすぎていると言える。

すべての行動に目を向けていたら、ウィワット博士は焦点を見失っていたかもしれない。タイでは風俗産業は恥部として日陰に追いやられており、上品なタイの社会ではコンドームの話題はタブーだった。ウィワット博士にとっては、そうした圧力に屈して戦略を骨抜きにし、例えばセックスのタブーの撤廃、性差別の改善、風俗産業の減少といった数多くの肯定的変化を社会に訴えるほうが、ずっと簡単だっただろう。確かに、これらはすべて重要な問題だ。だが、ウィワット博士はすべての問題に手を出すのではなく、望みの成果を上げるために最も重要な行動を見つけ出す必要があった。数百万の命を救うという劇的な変化をもたらすには、セックスワーカーたちにコンドームを使わせるという行動にフォーカスを一〇〇パーセント合わせることだったのだ。シルバート博士も焦点を絞ったおかげで成功し、その試みは世界の犯罪者更生モデルにもなった。

次に、この方法がもっと身近な問題に当てはまるかどうかを考えてみよう。例えばあなたの結婚や大事な人間関係についてだ。あなたと誰かとの関係が、いまひとつしっくりしないとする。改善策は何だろうか。繰り返しになるが、良好な人間関係をつくるキーとなる行動は何十種類とある。時間の共有、共通の趣味、相手の話の傾聴、セックスの相性などだ。では、こうした行動のうち、二つか三つによって人間関係を大きく変えることは可能なのだろうか。

この疑問を解くため、我々は夫婦関係の専門家ハワード・マークマンのリレーションシップ・ラボを訪れた。長年の観察の結果、マークマンは四つの有害な行動を克服するだけで、離婚や不和の確率を三〇パーセント以上減らせることを発見した。マークマンらはカップルの会話を一五分観察するだけで、二人が五年後に幸せでいるかどうかを九〇パーセントの確率で言い当てることができる。両者の意見が対立した決定的瞬間の二人の行動を見ればいいのだ。

マークマンは、幸せな結婚生活を支える行動は、実はあまり多くないことを発見した。毎日、または週にほんの数分間だけ、二人の意見が食い違ったときにどう行動するかが、何よりも重要なのである。もしカップルの意見の違いが四つの行動（相手への非難、対立の激化、相手の否定、意見の撤回）につながるときは、将来的に関係は壊れる。逆に、そこで一息入れてお互いを尊重して数分の話し合いができれば、二人の未来はずっと明るいものになるのだ。

八〇：二〇の法則は、試験の成績向上、石油掘削の安全確保、医療ミスの防止など、多様な分野で有効性が立証されている。一握りのきわめて重要な行動がどんな分野を改革するにも有効だというのは、我々の直感には反するかもしれない。だが問題の大小にかかわらず、きわめて重要な行動を見つけてそれを変化させれば、トランプでつくった城のように簡単に突き崩すことができるのだ。

■インフルエンサーの行動に学ぶ

看護師長のジュディ・Bは、たった二つの行動に焦点を当てただけで、病棟の患者からの評価を三倍まで改善することができた。その行動とは、（一）看護師は毎朝、患者と有意義な対話を交わし、ホワイトボードに患者のその日の目標と計画を書き込む、（二）医師をはじめすべての病棟スタッフはホワイトボードに目を通し、書き込まれたことに対応し、新たな情報を書き込む、という二点である。

きわめて重要な行動を見つける

きわめて重要な行動を見つけ、それに努力を集中すべきことがわかったら、次にはこんな疑問が湧いてくるだろう。どうやってその行動を探せばいいのか。それがはっきりしないときはどうすればいいのか。軽率な人であれば、間違った行動に注意を向けたあげく、何の成果も得られないこともあり得る。著名な心理学者アルバート・バンデューラ博士の弟子の大学院生が、アルコール依存症患者にリラックスの仕方を教えるという課題に取り組んだ。彼は、アルコール依存症の治療のためには、酒を断つことが重要な行動だと考えた。そしてアルコール依存症患者は生活で多くのストレスを抱えており、リラックスする技術を教えることが酒量の減少に役立つだろう。その大学院生はこう結論付けた。

その結果、アルコール依存症患者はすばらしい学習能力を持っていることがわかった。リラックスすることにかけては、名人の域に達していたのだ。ところが、それは飲酒の抑制はまったく役に立たなかった。研究が終わるころには、研究室はリラックスした酔っぱらいたちでいっぱいになってしまった。リラックスすることは、飲酒を減らす上できわめて重要な行動ではなかったのだ。

成功したインフルエンサーたちはこのような失敗を冒さない。彼らは次の四つの戦略を使って、きわめて重要な行動を探し、間違った行動に時間とエネルギーを浪費するのを防ぐのだ。

- **明らかなことに注目する。** 明らか（少なくとも専門家にとっては）ではあるが、まだ十分に活用されていない行動を探す。
- **決定的な瞬間を探す。** 行動が成功を危険にさらす瞬間を探す。
- **ポジティブな逸脱者に学ぶ。** ポジティブな逸脱者（同じ条件にありながら、なぜか他よりよい結果を出す人）の行動を観察する。
- **慣習を打ち破る。** 強固な文化的慣習やタブーを打ち破る行動を見つける。

探索戦略一・明らかなことに注目する。

一九七〇年代のこと、筆者グループの一人がスタンフォード大学の心臓病予防センターの夏季研究に参加した。この特別研究プロジェクトの目的は、カリフォルニア州サンノゼの健康な住民と病気がちな住民の違いを生み出している行動を見つけることだった。この研究はかなり前に完了したものであり、あなたはサンノゼを訪れたことがないかもしれないが、その結果、何が見つかったかわかるだろうか。

ヒント、それは非常に明らかなことだ。

被験者たちの健康に差異をもたらしているのは、次の三つの行動であることが研究でわかった。健康な人ほどよく運動し、よく食べ、タバコを吸わない。では、変革を目指す者として、ここから学ぶべきは何だろう。これらの重要な行動を見つけるのに、高度な学問はいらない。きわめて重要な行動は、このように明らかなものだ。

つまり、きわめて重要な行動を見つけるための、第一の戦略はこうだ。まず明らかで、かつ十分に使われていない行動を探す。これは望みの結果に直結する行動であり、「そんなの当たり前だろう」と言われそうだ。だが、それらの行動はあまり活用されていない。それは知らないからではなく、実行が困難だったり、楽しくなかったりするからだ。これらの強い影響力を持つ行動は、すでに知っていることを応用したり、そのテーマについての専門家の発言を検索すれば、すぐに見つけることができる。もしその行動を簡単に見つけられたり、専門家の共通見解がすぐに探し出せたなら、それはきわめて重要な行動だと考えていい。

この種のきわめて重要な行動に影響を与えるには、六つの影響要素のすべてを使うこと（影響キー3）が必要だが、同時に影響キー2の重要性も軽視してはならない。その行動が明らかだったり、すでに専門家が発見したものであったとしても、きわめて重要な行動を特定してフォーカスすることは影響力を高めるための重要なカギだ。

明らかなことなのに活用されていない行動に注目した例を、もう一つ見てみよう。大学に入学した学生が一年目をうまく切り抜けるための三つの重要な行動は何だろうか。ある大学での事例だ。その大学では一年目に五〇パーセントもの学生が中退してしまう。そのため教授陣は一年生にどう働きかけたらいいのか、頭を抱えていた。中退は学生と大学双方にとって不幸なことだ。

この問題は一般市民には明白でないかもしれない。そこで専門家の力を借りてみよう。インターネットで少し調べれば、次のような研究が検索できる。アメリカ中西部の大きな大学が、学生の成功と失敗のパターンを大量に調査して、三つのきわめて重要な行動を特定した。一年目の難しい時機をうまく乗り切るには、きちんと授業に出席すること、しっかり課題をやること（これは当たり前だ！）、友達をつくることだ（本当だろうか？）。このうち前の二つは自明に思える。また、中退する学生が活用していない行動であることも明らかだ。しかし、三つ目の友達をつくることはどうだろう。それが成績に影響するのだろうか？

では、なぜ友達をつくることがそれほど重要なのか、専門家の意見を聞いてみよう。彼らの見解はこうだ。学生が大学に入学して最初の一一月末、感謝祭の連休に、ある種の「通過儀礼」

が訪れる。一年生にとっては入学後の初めての長期休暇だ。彼らの多くが故郷に帰るが、そこで高校時代からの恋人と別れたり、振られたりする。この「感謝祭の別れ」はよくあることで、大学のカウンセラーはそれに「ターキー・ドロップ」（感謝祭に食べるターキー（七面鳥））と命名しているほどだ。恋人と別れた学生たちは落ち込み、深刻な顔でキャンパスに帰ってくるが、大学のカウンセラーたちはターキー・ドロップを喜ばしいことだと考えている。学生が高校時代の付き合いと縁を切り、自分の新しい役割を見いだすからだ。彼らは勉強に打ち込み、大学で新しい友達をつくる。このようなアイデンティティの切り替えができない学生は、ドロップアウトする確率が高い。

以上のように、あわてて間違った行動に照準を合わせる前に、いったん立ち止まり、すでに明らかであったり専門家が見つけていたりする行動に目を向けてみよう。まずは自分がすでに知っていることを適用し、次にインターネットで検索したり、身近な専門家の話を聞いたりして、高い影響力を持つ行動についての一致した見解を探してみよう。

■インフルエンサーの行動に学ぶ

ある銀行の幹部が鼻高々にこう言った。「ドラゴンボート・レースで勝つための、きわめて重要な行動を突き止めたよ」。彼の銀行はタンパベイ横断ドラゴンボート・レースの参加チームを後援していた。彼が見つけたきわめて重要な行動とはいったい何か？「ひたすらオールをこぐことさ！」。その幹部は笑顔だったが、大真面目だった。「レースの途中、メンバー間で作戦について言い争いが始まることがよくある。そのとき誰かがこう叫ぶ。『黙ってオールをこげ！』。するとレースに勝てるのさ」。これこそ、明らかだが活用されていない重要な行動の一例だと言える。

探索戦略二：決定的瞬間を探す

本書ですでに触れているが、きわめて重要な行動を探す際には、決定的瞬間についてよく知っておく必要がある。多くの人は日常的に大きな問題もなく過ごしているので、問題の解決を求められるのは、何もかもうまくいかない最悪の事態だと考えていい。これが決定的瞬間だ。このわずかな決定的瞬間を切り抜けて、成功をもたらす行動こそが、きわめて重要なのだ。

ノーブル・ドリリングという世界的な海底油田掘削会社でコンサルタントをしたときのこと。同社は安全管理でもトップクラスだ。社内の安全管理のエキスパートがこんな説明をしていた。「当社では九八パーセントの社員が、その能力の九八パーセントを、九八パーセントの時間に正しく活用しています。でも、それでも十分とは言えません」

この言葉は、きわめて重要な行動をどう探すのかを、うまく指し示している。もし二パーセントの社員が、その能力の二パーセントを、二パーセントの時間に誤って使っていることが発見できたら、それは業務改善のための大きなカギとなる。この会社の経営陣はそれを実行しているわけだ。彼らはまず、決定的な瞬間を探す。安全基準に反する事例はないかを調べ、改善すべき問題があれば、それが起きた時間と人と場所と状況を記録する。

その結果、従業員たちは、ほぼすべての時間、ほぼすべての安全基準に従っていることがわかった。ただ、わずかな例外があった。一つの例外は、リグ〔海底油田の掘削装置〕が停止したときだ。リグは運転していると一日に二五万ドルを稼ぎ出すが、停止してしまうと何ももたらさない。当然、リグの運転再開のため、総員が突貫作業に入る。「早く金を稼ぐんだ！」という声がリグから鳴り響き、従業員たちはリグを早期復旧させるために抜け道を使い、その際に安全確認を怠ることになる。誰も抜け道を使えとか、安全基準に目をつぶれと言っていないにもかかわらず、彼らは自分からそうするのである。

これと似ているが、次の例外は天候にからんだものだ。大嵐が近づくと従業員は仕事を切り上げてリグから脱出するが、その際に彼らはやはり抜け道を使い、安全確認を怠る。まるでそれが当然のように考えている。

三つ目の例外は、沖合のリグが垂直に立っているという環境に関係している。作業場は何十メートルもの高い場所にある。つまり第三の決定的瞬間は、はしごの上かその周囲に人がいるときだ。最も多い痛ましい事故は、作業員がはしごから落ちたり、物を上から落とすことだ。

これら三つの決定的瞬間から、会社が奨励すべききわめて重要な行動が何かが明らかになる。ノーブル・ドリリング社のきわめて重要な行動は次の通りだ。

・リグが停止したり掘削スケジュールに遅れが出たとき、または嵐が近づいているときは、安全会議を開いて事故予防対策を徹底すること。
・デッキに登るときは、つねにはしごをしっかり固定し、安全具を使用した上で、何も手に持たないこと。

これを実行するのはけっして簡単ではない。だが、ノーブル・ドリリング社は全社を挙げてこれら二つのきわめて重要な行動にフォーカスを絞って実行し、何十人もの従業員を事故から救ったのである。

次は油田よりも身近な場所に移動しよう。ファストフード店だ。我々は大手のファストフード・チェーンの管理職と膝を交えてコンサルティングに取り組む中で、あまり目立たないが、きわめて重要な行動に気がついた。

ハンバーガー・チェーンのオーナーが顧客サービスを改善しようとするとき、最初に思いつくのはショップのマネジャーとスタッフの研修だろう。マネジャーたちは喜んで研修を受け、有用だったと感想を述べる。しかし、その店の顧客サービスの順位は上がらない。

そこで、決定的瞬間ときわめて重要な行動を探してみる。最初に「故障モード」（故障を引き起こす不具合の様式分類）に目を配る。この店の場合、顧客のオーダーを忘れること、オーダーに時間がかかること、オーダー時の手際が悪いこと、という問題が明らかになった。思ってもみなかったことだ。怒鳴ったり無礼な振る舞いをする者もいないし、従業員はいつも感じがいいが、それだけでは高い顧客満足度は生まれないのだ。

次に、これらの問題が生じる時間と状況（決定的瞬間）を探す。時間帯と曜日、店の状況ごとに問題を調査・分析していく。その結果わかったのは、問題の八〇パーセント以上が次の三つの状況で起きていることだ。人手不足のとき（シフトで二人足りないとき）、オーブンが一台以上故障したとき、客が多くてさばききれないとき。

では、この決定的瞬間におけるオーナーとスタッフの行動を見てみよう。すると、オーナー自身が問題に関与していることがわかった。店が立て込んでいるときや、オーブンが故障しているとき、オーナーが従業員の仕事にまで足を踏み入れる。レジにも立ち、オーブンの修理もする。これにより管理者の仕事がおろそかになり、顧客サービスの低下につながっていたのだ。オーナーは自らの故障モードと決定的瞬間、つまりスタッフの不足や設備のトラブルで客をさばききれなくなる時間に気付き、二つのきわめて重要な行動にフォーカスする。

- オーナー自身が手を出すのをやめ、緊急時に対応できるスタッフを配置する。
- オーナーは管理者に徹し、スムーズな料理提供が可能になるよう、ただちに新しい人員シフトを決める。

決定的瞬間に必要なきわめて重要な行動を見つけ、それを変えることで、顧客の満足度は劇的にアップするに違いない。

探索戦略三：ポジティブな逸脱者から学ぶ

逸脱というとネガティブな印象があるが、必ずしもそうではない。他の誰もが困っているときに、なぜか一人だけ涼しい顔で問題を解決する人がいる。それを「ポジティブな逸脱者」と呼ぶ。もし悪戦苦闘している人たちの中で、同じ問題に直面しながら、自分だけ成功への道を歩んでいる人がいれば、そこから何らかの解決策が見つかるはずだ。

■インフルエンサーの行動に学ぶ

ある企業からこんな相談を受けた。その会社のマネジャーたちは、つねにプロジェクトの予算をオーバーするというのだ。そこでプロジェクトの執行プロセスをフローチャートにして分析し、問題が生じる決定的瞬間を突き止めた。そこでわかったのは、彼らが悪循環に陥っていることだ。役員はマネジャーが浪費していると考え、つねに予算を二〇パーセント削り、資金や人員の削減を求めていた。一方、マネジャーたちは役員のたくらみを知っていたので、つねに予算を二〇パーセント水増ししていたのだ。

水増しは削減を正当化し、削減は水増しを正当化する。それが悪習となり、相互の信頼にひびが入る原因をつくっていた。この決定的瞬間に、どうやって悪循環を断ち切ればいいのだろうか。経営陣とのブレーンストーミングで、我々著者チームは次のきわめて重要な行動を発見した。「プロジェクトの予算が非現実的だと思ったら、率直に誠意を持って指摘しましょう」。この行動がきわめて重要なのは、それが社内メンバーに憶測混じりでない、現実的な対話を促進するからだ。相互不信が募っていたマネジャーと役員の双方にとって、これは容易なことではなかったのは確かだ。だが、いったん胸を開いた話し合いが可能になると、悪循環が好循環へと切り替わり、プロジェクトも予算内で達成できるようになった。

一例を挙げよう。ある病院からこんな相談を受けたことがある。医師の話を書き起こす職場に問題があるというのだ。書き起こし作業にあたる職員はコンピューターに向かい、ヘッドホンをつけて、医師の話を入力する。ところが最近の技術革新の結果、その仕事に大きな変化が起きた。病院が導入した最新の音声認識システムが、従来の仕事の八〇パーセントを代替するようになったからだ。だが、ここにジレンマがあった。技術の進歩にもかかわらず職員の生産性は低下し、士気も急降下したのである。彼らは誇りとやる気に満ち、新しいシステムを稼働させるためにベストを尽くしていたが、しだいにイライラが募ってきた。

なぜ成果が上がらないのか、どうしたら改善できるのか、どこで解決策を学べるのか。ポジティブな逸脱者に学ぶ第一のステップは、状況の変化にもかかわらず成功への道を見つけ出した人を探し当てることだ。つまり、ポジティブな逸脱者を職場の中心に据えることだ。部門の管理職はさっそくこれを実行し、三人の女性を見つけ出した。彼女たちは生産性が落ちるどころか、けた違いの改善を示していたのだ。

第二のステップは、職場のメンバーとポジティブな逸脱者のそれぞれに、決定的な瞬間における各自の行動がどう違うのかを観察してもらう。とくに重要なのは自分自身、ここでは書き起こしチームのメンバー自身を観察させることだ。自分で発見した証拠は、人から言われたことより説得力を持つ。

その結果、書き起こしのチームはこのような発見をした。三人のポジティブな逸脱者たちはそれぞれ独自にキーボードのショートカットをつくり、仕事の能率を高めていた。このショートカットこそ、すべてに影響を与えるきわめて重要な行動だったことがわかった。

第三のステップは、このきわめて重要な行動を全メンバーに受け入れてもらうことだ。書き起こしチームのケースでは、三人のポジティブな逸脱者は各自のメモを比較して、三人のショートカットのうちでいちばんいいものを選んだ。そして簡単な研修を設けてそれを他のメンバーに教えた。すると一週間もたたずに全員の生産性がけた違いに改善され、士気も元通りになったのである。

■インフルエンサーの行動に学ぶ

空港からホテルに向かう深夜の送迎バスの車内でのこと。一人の客室乗務員（キャビンアテンダント、ＣＡ）が愚痴をこぼしていた。乗客の中にキーキーと泣き叫ぶ子どもたちがいて、どうしても静かにしてくれないときがあるという。その愚痴に他のＣＡたちもうなずくと、われ先にと自分の経験を打ち明け始めた。泣く子の相手をするのは、すべてのＣＡを困らせる決定的瞬間だ。

ところが、一人だけ黙ってみんなの話を聞いているＣＡがいた。他のＣＡたちも彼女の様子に気付き、こう尋ねた。「あなたは子どものことで困ったことがないの？」。「ないわ」。そのＣＡはそう答えると、ポーチを取り出した。「こんな小さなおもちゃを持っていると、役に立つわよ」。そしてポーチの中から、安くて子どもが喜びそうなおもちゃをいっぱい取り出して、みんなに手渡した。他のＣＡたちは、まるで天才でも見るような目で彼女を見つめた。たしかに天才だ。多くのＣＡや旅行者を悩ませる難問を、簡単に解決する方法を見つけ出したのだから。その夜、ポジティブな逸脱者の好例のおかげで、バスに乗り合わせたＣＡ全員が解決策を学んだのだった。

探索戦略四：慣習を打ち破る

きわめて重要な行動を探す際には、決定的瞬間に影響するようなタブーや文化的な慣習がないかも考えてみよう。不健康な行動が長年にわたって続いているのは、それが組織の中でタブーになっているからだ。その問題について率直に語れば、その代価を支払わされる。例えばミシガン州グランドラピッズに本社を置く医療機関スペクトラム・ヘルスが、院内感染の根絶プロジェクトを立ち上げたときのことだ。同社の幹部は感染の主な原因が一部スタッフの手指衛生の不徹底にあることを突き止めた。そこで病室に出入りする者はすべてそのたびに手を洗うか消毒剤を使うことを目標に定めた。

そのため医療スタッフは、毎日数百回も手を洗わねばならなくなった。普通の人なら、たまには洗い忘れることもあるだろう。そこで、ハイレベルの手指衛生を順守させようとするポジティブな逸脱者グループは、二つのきわめて重要な行動を準備した。一つは、手を洗い忘れた人が誰であろうが、それを見つけた人は注意すること。

ここで慣習が頭をもたげる。ミスを率直に指摘するのは、医療業界ではタブーとされている。相手が自分より序列が高い場合はとくにそうだ。ハウスキーパーが病室の窓拭きをしているところに、たまたま医師が入ってきたとする。医師が手を洗わなかったことにハウスキーパーが気付いたとして、それを指摘するだろうか。従来の慣習からいえば「ノー」だ。もしハウスキーパーが、このきわめて重要な行動をとったら、そして何度も繰り返せば、これが新たな慣習となるのだろうか？

それは二つ目の決定的瞬間にかかっている。ハウスキーパーが医師の手洗いを指摘した瞬間、彼は医師に対して引け目を感じているはずだ。だが、それは医師が二つ目のきわめて重要な行動をとることで解消される。「ありがとう」と言うことだ。医師のこの効果的な一言で、ハウスキーパーはほっと胸をなで下ろす。自分が医師の手洗いを指摘したことで、プロジェクトは成功し、自分が怒鳴りつけられることもない。ハウスキーパーはそう確信するだろう。この二つ目のきわめて重要な行動（手洗いを指摘した人に礼を言う）がなければ、古い慣習がそのまま残り、手指衛生の問題もさらに悪化するに違いない。

この二つのルールは、古いタブーを完全にひっくり返すものだ。暗黙のルールを逆転し、明示された実践的な慣習へとすげかえたのだ。スペクトラム・ヘルスに初めて導入されたこの二つのルールは、イェール・ニューヘブン・ヘルス・システムでも採用された。イェールのスタッフは当初、それが古い慣習とあまりにかけはなれていたため、受け容れられるかどうか懐疑的だった。しかし、どちらのケースでも六つの影響要素のすべてを導入し（影響キー３）、新しい慣習として定着した。その結果、手指衛生の問題は劇的に改善されたのである。

ところで注意深い読者は、古い慣習を打ち破るためのきわめて重要な行動の実例を見て、そこに一つのパターンがあることに気付くだろう。数百人のインフルエンサーを調べた結果、大きな変化を促すきわめて重要な行動の一つは、クルーシャル・カンバセーション（crucial conversation：決定的会話）である。事実、クルーシャル・カンバセーションに関する我々の研究は、これらの一貫性ある結果をまとめたものだ。タイのエイズ感染、ディランシーの再犯率、ブルキナファソのギニア虫症、ソフトウエア開発のバグ発生率など、それらを根絶するための最も効果的な行動は、人を縛り付けていたタブーを打ち破り、率直な発言を引き出すことだ。自分自身のきわめて重要な行動を探す際には、慣習に縛られた決定的瞬間に注目しよう。

ストーリーを集めて慣習を発見する。よかれと思って提案したきわめて重要な行動が、長年の社内的慣習と正面からぶつかる様子を目の当たりにすると、驚くかもしれない。慣習として染みついた社内文化は、灯台下暗しのことわざ通り、当のインフルエンサーには見えないことが多いのだ。文化は知らず知らずに人を包み込むので、その慣習の独自性や暗黙のルールにはなかなか気付かない。

もちろん存在に気付かないからといって、その慣習が強い力を持っていないわけではない。そこでインフルエンサーは慣習を壊すために、まず慣習を解読する必要がある。その最善の方法はストーリーを集めることだ。我々はガーナとインドネシアの金鉱で働くトラックドライバーの安全を守る仕事を請け負ったことがある。ドライバーと住民の双方にとって安全な道路環境をつくることが仕事だった。ドライバーは紙に書かれた交通法規を知ってはいた。スピードや追い越しの制限を守り、事故現場を通りかかったら何もせず立ち去ってはいけないことなどだ。だが、交通法規がほとんど守られていないことも、彼らはやはり知っていた。そこでこの状況を根本から変えるために、文字に書かれていない交通ルール、つまり実際にドライバーの行動を支配している暗黙のルールに関心を向けることにした。

　まず、数百人のドライバーからストーリーを集めた。我々が求めたのは意見や提案ではなく、事故やヒヤリとしたケースに関する実際の体験談だ。このプロジェクトでは、ドライバー自身の言葉によるストーリーを集めるためにネットワーク・ツールを用いた（もちろん従来の個別インタビューやグループインタビューの手法を使うこともできる）。ストーリーは語り手たちの文化をのぞく窓だ。このケースでは、ドライバーが実際の運転で従う暗黙のルールが明らかになった。例えば、「ボスが急いでいないかぎり、スピード制限を守るべし」とか、「歩行者は必ずしも優先ではない」などである。これらは金鉱会社の経営陣がけっして変えようとしない暗黙のルールだった。だが、いったんそれが明るみに出ると、彼らはそれを変えるためのきわめて重要な行動を探し求めた。そしてこれを実行するための六つの影響要素すべてにフォーカスした。しかし、もし最初に時間をかけてストーリーを集め、陰に隠れた強力な慣習を明るみにしていなければ、この変革は不可能だったことだろう。

成果を確かめる

　以上で説明した、きわめて重要な行動を見つけるための四つの探索方法は、スタートに踏み切るよいきっかけとなるが、絶対確実というわけではない。主観的判断が求められることもあるし、それによってきわめて重要な行動らしきものが見つかっても、厳密な検証が必要だ。それでもこの探索方法を使えば、プロジェクトを推し進めるための十分な情報が得られるだろう。潤沢な資金とリソースさえあれば、自前の研究プロジェクトを立ち上げることもできる。きわめて重要な行動とその成果の両方を見比べて、行動が成果につながっているかどうかを確認し、その後必要に応じて変更を加え、望みの結果が出るまで小さな実験を続ければいい。個人的にこのような研究を完了するだけのリソースがないとしても、従来型企業でもこれは可能なことだし、実際に行われてもきたことだ。

エトナ・リードのケース

教育分野の専門家であるエトナ・リード博士の事例を見れば、きわめて重要な行動を見つけることが変革を導き出すキーとなることがわかるだろう。リード博士は五〇年以上にもわたって教師を観察し、あらゆるタイプの教育方法を体系化して比較・研究した。その結果、優れた教師を見つけ出すための一握りの非常に効果的な行動、つまりきわめて重要な行動を発見した。

リード博士によるきわめて重要な行動の一つ目は、一見当たり前に見えるかもしれないが、褒めることと叱ることだ。優れた教師は平凡な教師よりも子どもを肯定し、ずっとよく褒める。二つ目は、教えたらすぐにテストをすることだ。平凡な教師はだらだらと時間をかけるばかりで、生徒がつまずいて誤りを繰り返してもそれを放置する。だが、優れた教師はテストを繰り返し、その場で誤りを見つけて指導をする。リード博士はポジティブな逸脱者（学習能力が高いのに成績の上がらない生徒を教えている教師）を観察し、彼らと平凡な教師との違いを見極めることによって、読解力から語彙の習得にいたるすべての成績を引き上げる、きわめて重要な行動を発見した。

もちろん、新たに発見されたきわめて重要な行動が本当に効果を上げるかどうかは、実験によって確かめなくてはならない。もしそれが正しい行動なら、きわめて重要な行動を実行した被験者たちは、それをしなかった対照群と比べて、ずっと大きな改善を示すはずだ。

この点でエトナ・リード博士の研究はすばらしい成果を上げている。メーン、マサチューセッツ、ミシガン、テネシー、テキサス、ノースカロライナ、サウスカロライナ、ネブラスカ、ワシントン、バージニア、ハワイ、アラバマ、カリフォルニアの各州で、科目、生徒、学校の規模、予算、人数を問わず、彼女が発見したきわめて重要な行動が子どもたちの成績を改善するとともに、その後の人生にいたるまで影響を及ぼしていることがわかった。

この成功事例から、二つの重要な事実を学ぶことができるだろう。一つは、一握りのきわめて重要な行動を見つけ出すためには、数ある「よい」行動を注意深く観察し、そこからごく少数のきわめて重要な行動だけをピックアップする作業が必要だということだ。もう一つは、影響を与えたい分野が何であれ、きわめて重要な行動はすでに発見されている場合が多いということだ。例えば、もしあなたの友人や子どもなど大切な人が1型糖尿病だとしたら、二つのきわめて重要な行動がすでに発見されている。一つは、毎日四～七回、血糖値を測ること。もう一つは、血糖をコントロールするためにインスリン量を適切に保つこと。あとは患者がそれを実行するよう力づければよい。この二つの行動を実行すれば、患者が健康的な日常生活を送れる可能性は高まるだろう。注意深く調べれば、優れた研究者がすでに発見した、さまざまな難問を解決するためのきわめて重要な行動が見つかるだろう。

まとめ

優れたインフルエンサーは、一握りの行動が各分野で大きな変化につながることを知っており、そのために一連の変化を生み出す一つか二つの行動を慎重に探し出す。そこで使われるのが、四つの探索戦略だ。第一に、明らかなのにあまり活用されていない行動を探す。それから専門家の意見を参照して、それが正しいかどうかを検証する。第二に、決定的瞬間を活用する。自らの変革プログラムを組んで状況に合わせて役立てるには、業務がうまく運んでいる九八パーセントの時間ではなく、失敗につながる二パーセントの時間を観察することだ。この二パーセントの決定的瞬間を活用して、そこでどんな行動をとるべきかを考える。第三に、ポジティブな逸脱者を探す。優れたインフルエンサーは、同じ組織や状況の下で同じ問題に直面しながらも成功の道を見つけたポジティブな逸脱者を観察し、そこから強力な影響力を持つ行動を発見する。第四に、古い慣習を打ち破る。インフルエンサーは問題の要となっている古い文化を変えるために、どのような行動が必要かに目を配る。

どのような結果が必要なのかを定め、それを手に入れるためのきわめて重要な行動を見つけたら、あとは人を促してその行動を実行させればよい。これでは運を天に任せるに等しい。人にやるべきことをやらせることがそんなに簡単なら、世の中の困難な問題はとっくに解決されているところだろう。そこで本書では後半の六章にわたって、きわめて重要な行動をどうしたら多くの人に実行させることができるのかを考えていきたい。

第Ⅱ部

六つの影響要素を活用する

すでにあなたは達成したい重要な結果を見つけたことだろう。また、進捗状況を測るための適切な方法を開発しただろう。そして大きな進歩を生み出すきわめて重要な行動を見つけたことだろう。だが、それは人に実行させられたならの話だ。そこで必要なのが、影響の第3のキーである。つまり、すべての人にきわめて重要な行動を実際にさせる方法を見つけ出さねばならない。

第Ⅰ部で見たように、凡人は一つの影響戦略から別の影響戦略へと慌ただしく乗り換える一方で、インフルエンサーはより徹底的で思慮深いアプローチをとる。彼らは変化を過剰決定する。つまり、六つの影響要素がどのように間違った行動を促進するかを体系的に見極め、その影響を逆転する方法を注意深く開発する。そして変化を後押しするために、最低限必要な六つの影響戦略をかき集めて活用する。その結果、変化を確実なものにすることができるのだ。

もっとわかりやすく言うと、一般の人は誰でも影響力を行使する際には、法律を通すとか、問題の重要性を強調するとか、研修プログラムを提供するなど、自分の好みの影響戦術を使っている。だが、好みの方法にこだわることの問題点は、その方法自体が間違っているからではなく、あまりに単純だからだ。弁当を一つだけ持ってヒマラヤにハイキングに行くようなものだ。弁当が悪いわけではない。だが、もっと多くの装備が必要になるだろう。複雑な問題に対して単純な解決法を適用しても、ほとんどうまくいかない。

にもかかわらず、単純な影響戦略を選択する人は多い。言われたことしかしない従業員を、品質の向上に熱中させるにはどうしたらいいだろうか。そう尋ねると、ほとんどの経営者は従業員に新しい研修プログラムを受けさせると答える（彼らは、この手の研修のおかげでゼネラル・エレクトロニック社の株価が一九九〇年代に最高値を記録したと思い込んでいるが）。研修は入り口としてはいいかもしれない。だが、品質重視の社内文化をつくるには、研修だけでは足りないだろう。また、政治家に犯罪を減らすにはどうするか聞いてみよう。彼らは重大犯罪に対してはさらなる厳罰で臨むと答えるだろう。それも十分な影響力を持たない。自治体のトップに肥満児対策としてどんな手を講じているか聞いてみよう。彼らは学校からお菓子の自販機を撤去するという最新の持論をぶち上げることだろう。

正直に言おう。あなたがいま直面している問題に必要なのは、責任感を引き出す強力な一言とか、夢のような婚活プロジェクトとか、長期的視野を持つ従業員を養成する二時間研修とかの、急場しのぎの解決策なのだろうか。

こうした単純な方法は魅力的であっても、急場しのぎの解決策はまず役に立たない。もし変化させたい行動がたった一つの影響要素によって支えられているなら、その一つを変えれば改善するには事足りるかもしれない。しかし、長期的でしつこい悪習慣に立ち向かうには、六つ全部ではないにしても、もっと多くの影響要素を考慮する必要がある。もし六つの影響要素のすべてが悪習慣を後押ししているのに、そのうち一つだけを相手にしていたら、どうなるか。「何も変わらない」が正解だ。これは数学の問題であって、何の不思議もない。五つの影響要素は一つより強い。六つの影響要素について考えるのは、数学の問題を解くのと同じだ。

六つの影響要素をマスターする

本書ではすでに二人の教育者を取り上げて、六つの影響要素を活用した事例を紹介したが、ここではそのモデルが実際にどのように効果を示したのかを見てみよう。実は人の行動を左右するのは、たった二つの原動力だけだ。数千ではなく、たった二つだ。一つは「自分には必要とされる行動ができるのか?」、もう一つは「その行動にはやるべき価値があるのか?」である。もっと簡単に言えば「自分にはできるか?」、二つ目は「やる気になるか?」ということだ。人間の行動に影響を及ぼす力の数は無数にある。中学生が仲間からのプレッシャーに抵抗すること、ヒスパニック系移民の多い地域で識字教育を行うコストを市民に納得させること、ビバリーヒルズでアンガーマネジメント〔怒りのコントロール〕のレッスンを提供すること等々、挙げれば切りがない。だが、それを実現する戦略は一つか二つしかない。やる気にさせるか、できるようにさせるか、あるいはその両方だ。

意欲（やる気になる）と能力（できる）の二つの原動力が、影響要素を考える際の基本軸となる。この二つの原動力は、それぞれさらに個人的・社会的・組織的要素の三つのレベルに分けられる。この三つの影響要素は、哲学、社会心理学、組織理論という学問分野の反映でもある。この三つのレベルを探っていけば、既存の多くの影響テクニックから自分だけの戦略を引き出すことができるだろう。

優れたインフルエンサーが利用している影響要素をざっと見てみよう。以下の六章でそれぞれの要素について詳しく説明していくので、いまの時点ですべてを理解する必要はない。おそらくこれらの事例の中には、あなた自身も使ったことのある戦略がいくつかあるだろう。だが、本書を読めば、その強力な影響要素を、必要に応じていつでも活用できることだろう。

「個人的」レベルでは、インフルエンサーは目的のある演習によって各人の実行力を開発すると同時に、きわめて重要な行動を内発的意欲に結びつけようとする。「社会的」レベルでは、インフルエンサーは社会的影響力を利用して、新たな行動への意欲と能力を引き出す。そして「組織的」レベルでは、インフルエンサーはほとんど知られていない方法を巧みに利用する。きわめて重要な行動への意欲を持たせるために報奨と罰則を適切に使い、最後にきわめて重要な行動を促す「物」、つまりシステム、プロセス、組織構造、視覚的刺激、職場の配置、工具、資材、機械等々を活用する。インフルエンサーはこのモデルをつねに頭に入れておき、成功のチャンスを過剰決定するためにどの力を活用するか、明確に把握しているのだ。

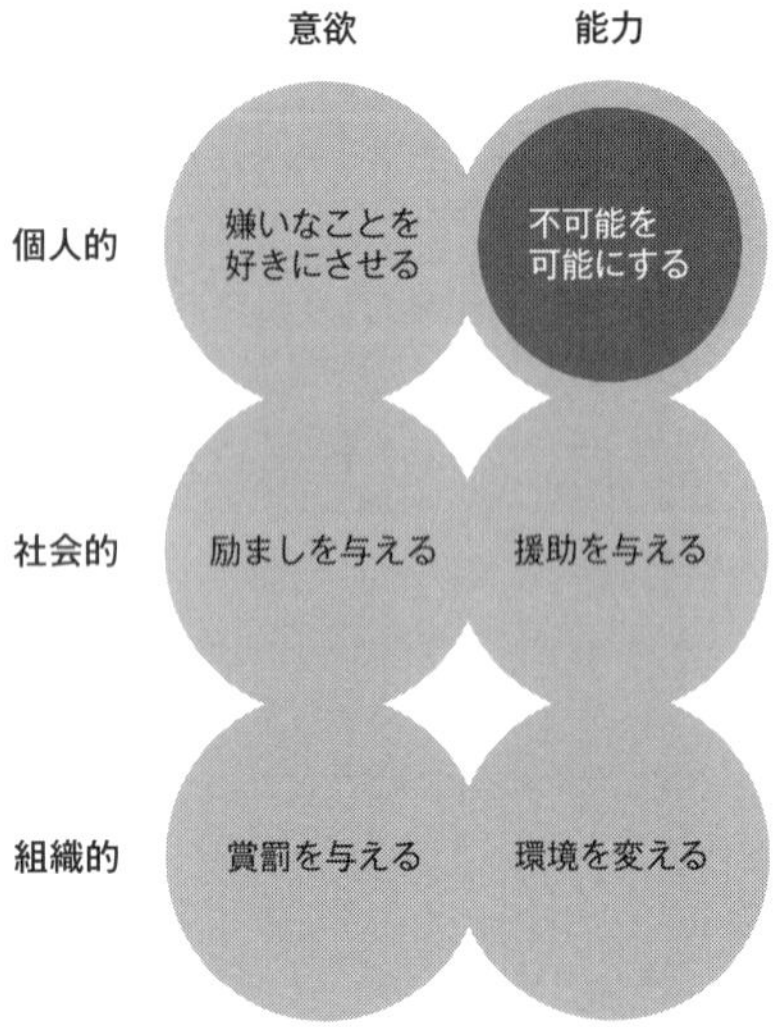

以上で簡単に説明した六つの影響要素を図で示すと、上のようになる。

この六つの影響要素の働きをよく理解するために、ナイジェリアのギニア虫撲滅計画の事例を見てみよう。寄生虫を撲滅するために必要な、きわめて重要な行動は、次のたった三つだけだ。一つ、飲み水を濾過すること。二つ、ギニア虫症患者は治癒するまで公共の水場に近づかないこと。三つ、濾過しない水を使ったり、ギニア虫に感染した者を見かけたら、それを通報すること。

すでに必要な行動がわかっているのだから、ギニア虫の撲滅はそう難しくなさそうに見える。これらの注意書きをカラー印刷したパンフレットを村々に配ればいいのだろうか。いや、その前に六つの影響要素がこのプロジェクトとどう関わるのかを確認してみよう。

影響要素一：個人的意欲

ギニア虫が感染者の体を食い破って出てくるときには、激痛を引き起こす。だが、腕や足から頭を出した虫を、むやみに引っ張り出してはならない。もし途中で虫がちぎれると、それが恐ろしい感染を引き起こしまたどこかから顔を出すからだ。だから数週間〜数ヵ月かけて、ゆっくりと棒で虫を巻き取るしかない。

この長い痛みを和らげる唯一の方法は、患部を水に浸すことだ。つまり患者は個人的に、きわめて重要な行動の一つである「水場に近づかない」とは逆の行動をとる意欲にかられることになる。この個人的意欲に対処しなければ、ギニア虫の撲滅プロジェクトは失敗に終わるだろう。

影響要素二：個人的能力

考えの甘い人は、意欲さえあればできると思いがちだ。だが、ホプキンス博士が「水を濾過すれば病気を防げます」と言うだけで、村人の行動は変わるだろうか。答えは「ノー」だ。ホプキンス博士はこう述べる。「しっかりと水を濾過するには、それなりの技術が必要です」。つまり、水を濾過する際にまだ濾過していない水が跳ねて濾過済みの水を汚染し、そこから感染が起きることもある。また、濾過済みの水をうっかり濾過していない水が残っている水瓶に移し替えてしまうこともある。個人的能力を高めるには、トレーニングが必要なのだ。

影響要素三:社会的意欲

あなたが村人を集めて、ギニア虫症を退治する方法を教えるとする。ところが、あなたのアドバイスに耳を傾ける人は誰もいないだろう。なぜなら、よそ者であるあなたを簡単に信用する人はいないからだ。あなたが村の長老と良好な関係にあるとしても、村に住む三つの部族のうち二つは長老を快く思っていない。長老をバックにつけている者が何を言っても、彼らは顔を背けるだけだ。その状況を変えないかぎり、社会的意欲は生まれてこないだろう。

影響要素四:社会的能力

社会でうまくやっていくには、お互いに助け合わねばならない。病気の流行に個人的な力で対処することは不可能だ。村が総出で問題に当たる必要がある。ギニア虫症にかかったら、誰か他の人が患者のために水くみをする必要が出てくる。水の濾過にしても、お互いに協力して水くみと濾過のための水瓶を融通し合わねばならない。村人たちが助け合いに消極的なら、社会的能力というキーは使えない。

影響要素五:組織的意欲

村人たちの生活はその日暮らしだ。そうした経済状況を念頭に置くと、感染者に働くことを禁ずることはできない。それは感染者を水場から遠ざけることもできないことを意味する。食べていくには、作物と家畜のために水くみをしなくてはならないからだ。

ここで三つのきわめて重要な行動は、一般的な報奨のシステムとは矛盾してしまう。感染者は水場の近くで働かねば報奨を得られないからだ。この矛盾を解決しないかぎり、感染者は家族のために村全体を犠牲にしてでも働くに違いない。この組織的意欲の問題に取り組まないかぎり、問題に影響を与えることはできない。

影響要素六：組織的能力

最後は環境の問題だ。村人たちは濾過器を持っておらず、水場に近づかずに傷を手当てする薬品なども持っていない。さらなる問題は、水場が村でいちばん便利な場所にあるという点だ。これでは感染者は、思わず痛む手足を水に浸したくなってしまう。それがすべての村人にとって脅威になるのだ。この組織的能力という影響要素を解決しないと、やはり失敗は免れないだろう。

六つすべての影響要素を活用する

以上、ギニア虫撲滅プロジェクトと六つの影響要素がどう関係するかを見てきたが、インフルエンサーが長引く困難な問題を解決しようとするとき、なぜすべての影響要素を考慮するのか、これでわかるだろう。影響要素を一つでも省けば、成功へのチャンスは減少する。現在、ギニア虫症は世界で数十例しか報告されていないが、ホプキンス博士がこの優れた業績を達成できたのは、村人たちに六つの影響要素すべてを適用し、三つのきわめて重要な行動を実行させたからだ。治療法のない病気を根絶するために、少数の勇敢なインフルエンサーが数千万人の行動に影響を与えた驚くべき事例だ。ギニア虫は医学の力ではなく、社会学を通じて撲滅できたのである。

本書の後半では、六つの影響要素をどう組み合わせて活用するかを示すとともに、ホプキンス博士をはじめ多くのインフルエンサーたちが影響要素をどのように使って根本的な行動変化をもたらしたのかを見ていこう。有害な社会慣習を変えたり、学校でのドロップアウトを防いだり、職場の安全管理のためにも、六つの影響要素は活用できる。あなたも自分自身が抱えている問題を念頭において、以下の六つの章を読んでほしい。それを正しく実行すれば、あなたも他のインフルエンサーのように、長年頭を悩ませてきた問題を解決できるに違いない。

■お好みでもOK

もし本書を読んでいて、六つの影響要素のうちから一つだけアイデアを抜き出して使おうと考えても、べつに後ろめたく思わなくていい。例えば社内の誰かを説得して会議に出席させたいという程度なら、インフルエンサーモデルのすべてを参考にしたり、六つの影響要素すべてに取り組んだりするまでもないからだ。

このような単純な問題を解決するために、本書のアイデアを「お好み」で使ってみてその効果を確かめるのなら、遠慮はいらない。変化を生み出すために、つねに六つの影響要素すべてを使う必要はない。だが、この簡単なやり方が実らなかったら、その原因を突き止めた上で、より大きな成功を目指すために六つの影響要素すべてを活用してみよう。

第4章

嫌いなことを好きにさせる ——個人的意欲

努力が報われるのは先のことだが、怠惰の酬いはいますぐに訪れる

——スティーブン・ライト

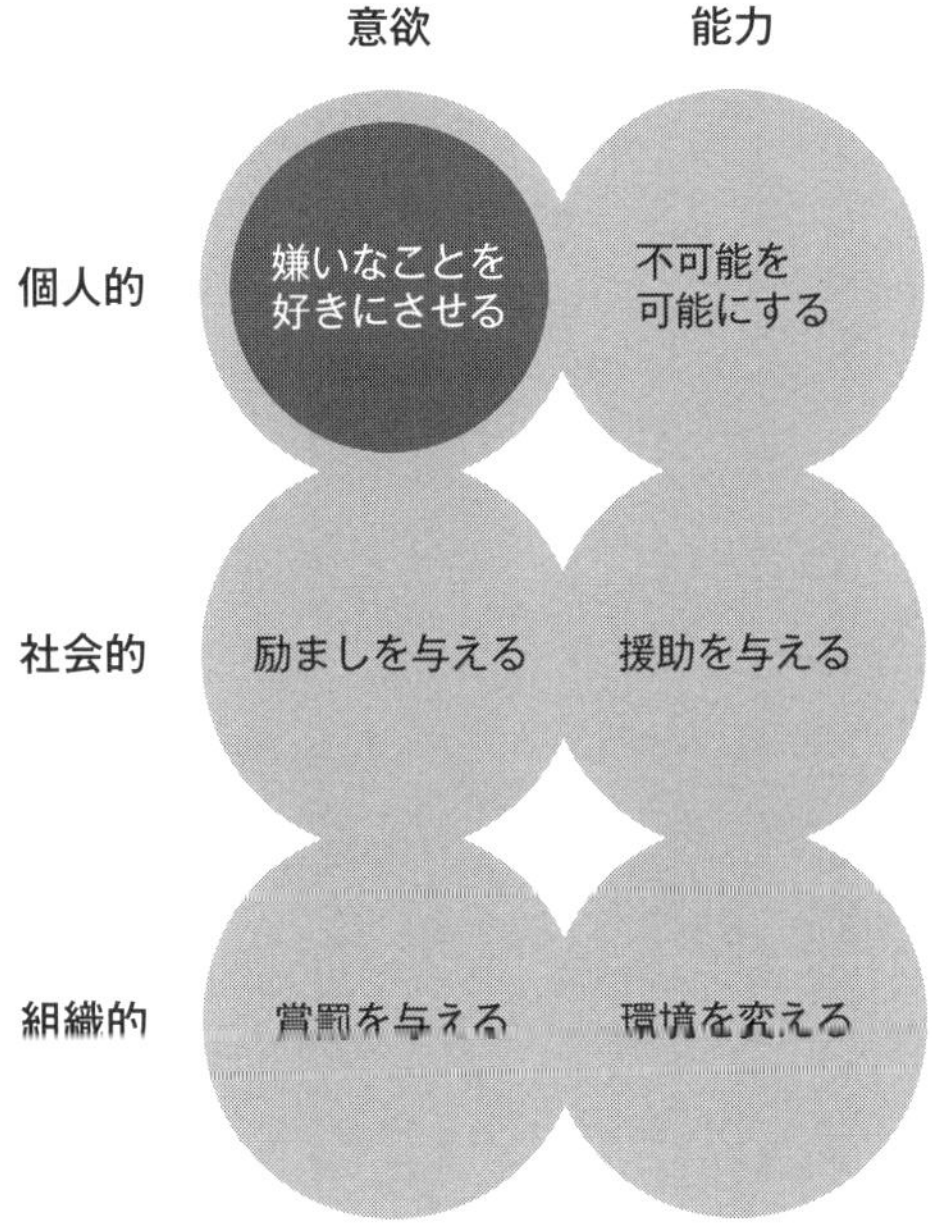

まず六つの影響要素（図）のうち、第一の要素である「個人的意欲」について取り上げよう。この重要な影響要素について、次のような疑問をぶつけてみる。「きわめて重要な行動は本来、楽しいものなのか、それとも苦痛なものなのか？」

なぜこのような問いを立てたかというと、インフルエンサーたちがしばしば直面する最初の問題は、正しい行動は不快であり、誤った行動は快である、という点にある。例えばギニア虫は体外に出てくる際に感染者に激しい苦痛を与える。その苦痛を和らげる唯一の方法は、手足を水につけることだ。ところが、この病気を撲滅するには三〇〇万人の感染者にその行為をやめさせる必要がある。そんな苦しく困難な忍耐を、人を説得してやらせることができるのか？

だが、不快なことを人にやらせなくてはならない場面は、ギニア虫撲滅に限った話ではない。困難な問題や高い目標が手ごわいのは、悪いことは楽しく、よいことはつまらないからだ。致命的なエイズウイルスが蔓延したのは、その感染の原因となる行動が快楽をもたらすからに他ならない。同様に、毎年数万人が院内感染で死亡するのは、医療従事者がきちんと手を洗わないからである。なぜなら手洗いは退屈だし、毎日数十回も手を洗うのは苦痛だからだ。ニューヨークでレストランを経営するインフルエンサーのダニー・マイヤーを引き合いに出すなら、数千人の従業員がサービスをすることを喜びとしなくてはならない。しかし、どうやって？しかも相手は、身勝手で短気なお客様だ。

やりたくないことを、どうしたらやりたいことに変えられるのか。嫌だと言っている行為を好きにさせることは果たして可能なのだろうか。

火曜日の午後、ディランシー・ストリートで

火曜日の午後三時一七分。元凶悪犯だったテリーは経理データの入った一枚のＣＤを手に、会計事務所からディランシー・ストリートのレストランに向かうところだ。レストランのマネジャーからせかされたので、彼女は自分のパソコンを立ち上げ、データをＣＤにダウンロードしてレストランを目指した。

自分でも驚くほど足取りが軽い。こんなこと、いったい何年ぶりだろうか。九歳のときから、わざとだらしなく歩くくせがついていたのに。「自分は悪くない。悪いのはすべて相手」。これが彼女の生き方の流儀だった。そのせいで、青春時代の大半を刑務所暮らしに費やした。バーで他の客に横目でにらまれたのがきっかけで過失致死罪に問われたが、誰も忠告してくれる人はいなかった。

しかし、なぜこれほど足取りが軽いのか。テリーが刑期の残りの五年間を刑務所で過ごす代わりにディランシーで働くよう言われたのは、一年七ヵ月前のことだった。それ以来、期末ごとに開かれるディランシーの卒業式には必ず出席してきた。サンフランシスコ・キャンパスの住人五〇〇人がメインホールで一堂に会し、お互いの進歩を祝う大きな集まりだ。最初の二回

は自分が褒められても、フロアからじっとにらみつけて無視するだけだった。「テーブルのセットができたからって、それが何になるの？　ばかばかしいったらありゃしない」。テリーをたたえる拍手が鳴り止むと、彼女はむっつりとした顔で自分の席に戻った。

ところが先週の卒業式では、彼女の修了とグループ・リーダーへの進級のことが話題になった。シルバート博士に目をやると、博士は腕を振り回しながらテリーがいかにすばらしい成果を上げたかを力説していた。だからテリーはいつもと違って、ほんの数秒、うっかりその話に耳を傾けてしまったのだ。続けて大きな拍手が彼女を包んだ。ホールを見回すと、何人かのチームメンバーと目が合った。あわてて床に目を落とす。席に戻ったときには、足から力が抜けてしまった。「いったいどうなってるの？　きっとお腹がすいたからだ」。そうつぶやくと、チョコレートバーをむしゃむしゃ食べた。

テリーはいま、レストランへと急ぎながら、自分の足を見下ろす。足が勝手に走っているようだ。手を頬にやると、なぜか濡れている。「いったいどうしたっていうの？　こんなバカな」。テリーの目から涙が流れていた。

苦痛を喜びに変える

テリーの心の中で始まった優しい変化は、いったい何だろうか。彼女自身が説明するように、その瞬間、これまで抱いたことのない感情が湧き起こったのだ。彼女は何かを成し遂げることに喜びを感じていた。仕事に楽しみを見つけ、さらに何かを大切にすることを学んだ。テリー自身の言葉で言えばこうだ。「その日の午後、ずっと考えていました。なぜ涙が出たのか。そしてついにわかったんです。ＣＤをリオネルに届けることがとても大切なことだったから」

これが真実なら、また、テリーが以前は嫌いだったことを喜びに変える方法を見つけたのなら、我々もここから学ぶことができるだろうか。息子が喜んで家の手伝いをするような、不思議なトリックが身に付くのではないだろうか。あるいは、職場で不良品を一〇〇万個あたり三・四個に抑えるような改善を、誰もが喜んでやるような魔法の薬になるのか。テリーの万能薬があれば、嫌いだったニンジンをチョコレートケーキのようにむしゃむしゃ食べられるのか。

実は、人間はある行動が本来は楽しいものでなくても、それを喜んでやる方法を身に付けることができる。精神科医のＭ・スコット・ペックはその点について次のように明確に述べる。「欲望や行動が自然なものだとしても、それを変えられないことを意味しない。歯磨きをしないのは自然だが、人間は不自然なことをやるよう自分に教え込むことができる。人間の一つの特徴は――おそらくそれこそ人間を人間たらしめるものだが――不自然なことをやる能力、自然から脱却して本来の性質を変える力を持っていることだ」

この議論をさらに進めてみよう。人間はただ不自然な行動をするだけでなく、本来は楽しくない行動を楽しむ方法を見つけるのだ。見ようによって病院での手洗いは退屈な雑務でもあるし、神聖な義務にもなる。締め切りを守るのはうんざりする官僚主義の表れでもあるし、誠実さのアピールにもなる。赤ちゃんのおむつ替は身の毛もよだつような作業でもあり、貴重なひとときでもある。問題はどうしたらきわめて重要な行動を前者でなく後者のように感じさせることができるかだ。

人に嫌いなことを好きにさせるために、インフルエンサーは四つの方法を使う。

一．自分で選択させる。
二．実際にやらせてみる。
三．有意義なストーリーを使う。
四．ゲームにする。

ここに影響を与えよう

意思に反することを覚えさせても、その人の意見は変わらないままだ。

——ベンジャミン・フランクリン

我々はインフルエンサーが個人的意欲をどうやって喚起するかを調査して世界を旅するうちに、マディソン・スクエア・パークのハンバーガー・チェーン、シェイク・シャックにたどり着いた。ハンバーガーが食べたかったこともあるが、第一の用件はあくまで、ダニー・マイヤーのカジュアルなレストランが最高の顧客サービスを実現できているかを、この目で確認することにある。

あなたがこの人気ハンバーガー・ショップのマネジャーであると想像してみよう。あなたはビフという名の従業員を雇ったが、彼はまだ新米で、顧客サービスの何たるかを知らない。サービスの基本に始まり、あいさつの仕方、テーブルの片付け、その他もろもろを手取り足取り教え込む。ところがだ。今日、あなたがテラス席をのぞいてみると、五個のテーブルが汚れている。さらにそこには、ビフが座ってフライドポテトを頬張りながらメールを打っているではないか。あなたは、彼に何と言えば、その行動に影響を与えることができるか考えてほしい。

決めつけ：あなたの考えた一言は何だろう。どの影響メソッドを使っただろうか。平均的な人であれば、その一言は小言、罪の追及、脅しなどだろう。ビフのような人物を見ると、「こいつは何も気にかけていない」と思うのがふつうの人だ。つまり、問題は単に彼には意欲がなく、仕事に喜びを感じていないことだ、というわけだ。そして続けて、一足飛びにこう考える。「意欲がないのは、精神的に欠陥があるせいだ」

だが、ちょっと待ってほしい。医師が手洗いを忘れたとき、あなたはどう思うだろうか。「うっかりしていたのだろう」と思うのではないか。ところがビフが顧客の存在を忘れていたときには単純ミスとは思わず、「あいつは怠け者だ」と決めつける。問題のありかを性格の欠陥に求めるのだ。そして最終的に、いささか耳障りな見立てかもしれないが、この扱いにくい異端児を変えてやろうとして最後の手段、強制力に訴えようとする。

このように人の最悪な行動を性格の根本的欠陥のせいにする傾向はかなり一般的だ。そのため、心理学者はそれに「根本的な帰属の誤り」という名称をつけている。こうした発想は、人間が何かの行動を起こすのはそれが好きだからだ、という考え方に基づいている。「こいつ、どうして割り込んでくるんだ？　こっちのことなどかまわずに、行きたいところに行きたかったからだろう！　きっと好きでやっているに違いない」というわけだ。誰かから迷惑をかけられたり苦しめられたりしたとき、人はつねにそれが悪意をともなう身勝手な動機によるものだと疑う傾向がある。

その点で、インフルエンサーは凡人とは違う。誰かが問題行動をとっても、すぐにそれを性格的欠陥によるものだと決めつけはしない。むしろもっと軽微な原因を疑い、修正が可能だと考える。インフルエンサーの目から見たら、問題行動を起こす人はモラルに欠けているのではなく、モラルが眠っているにすぎない。つまり問題は、彼らが他人を思いやる能力に欠けていることにあるのではなく、いま現在、他人のことを考えていないことにあるのだ。

言い換えると、例えば心筋梗塞の経験者がいま〝死の〟チョコレートを食べているとしたら、それは彼が衝動的な性格で我が子の将来を考えられないからではない。たまたま彼は現時点で、カロリー摂取量と我が子の将来について考えていないだけなのだ。同様に手洗いを忘れた医師は、患者のことを考える能力がないのではない。いま現在、病原菌と感染のことを考えていないだけかもしれない。診察のことや、患者の家族を安心させることで頭がいっぱいなのかもしれないのだ。

そこでだ。もしビフの問題がモラルに欠けているせいではなく、モラルが眠っているだけなら、どうやってそれを起こしてやればいいだろうか。どうしたらこの決定的瞬間にモラルの重要性を吹き込み、顧客によりよいサービスを（単に散らかっている物を片付けるような感じではなく）提供させられるのだろうか。

方法一．自分で選択させる

「ノー」と言えないとき、「イエス」という答えには意味がない。選択の余地がなければ、責任は持てないからだ。——ピーター・ブロック

最初に「自分で選択させる」を取り上げるのは、これが個人的意欲に影響を与える他のすべての方法の入り口だからだ。逆に、強制すると意欲を失わせてしまう。「ノー」と言うことが許されない状況では、責任ある仕事は期待できない。

あなたの自由意思が奪われようとしたとき、どう対応するか考えてみよう。ふつうは抵抗するだろう。人間を最も深いところから動かす要因の一つは、意思を保とうとする欲望に由来する。歴史を見れば、自由のために命を捧げる事例がしばしば見られる。自由意思への侵犯がいかに小さくても関係ない。それをめぐって戦争までしたことはよく知られている。

原則としては、この考え方は理解されやすいだろう。だが、現実には人間の強力な衝動とは衝突する。誰かが意図的に悪さをしているように見えるとき、それに対する正直な反応は、小言を言い、とがめ、脅すことだろう。

「ビフ！　仕事に戻りたまえ！」

しかし、自分が正しいと思う生き方を人に強制しようとしても、たいていうまくいかない。命令に従わせようとすればするほど、人は言うことを聞かないものだ。誤った行動が依存症にまで至っていればなおさらだ。その人たちはすでに家族からの愛の忠告に涙をのみ、ポッドキャストで専門家の有益な意見に耳を傾け、教会で自他共に傷つける行為を戒める牧師の説教にうなだれており、それでも悪行をやめられないでいるからだ。

なだめたら、そうした人たちの行動を変えられるのだろうか。専門家も含めて、多くの人がそう考えている。テレビでは有名なタレント心理学者が、あらゆるタイプの依存症に対してそうアドバイスしている。最初はやさしく指示し、訴えかけ、最後は「きっぱりと」物申す。視聴者はそれを見て野次を飛ばす。チャンネルを変えても、ライバルの心理学者の主張は五十歩百歩だ。なだめてだめなら、「介入」はどうだろうか。友人や親戚が一丸となって代わる代わる説教し、脅したりすかしたりしたら、うまくいくだろうか。

この件については、あなたも潔白ではない。これまであなたがどうやって説得に努めてきたか、思い起こしてみよう。あなたの家にも、いつも家族の行事に遅れてくる子どもがいるかもしれない。遅刻した子どもが歩いてくるのを見て、あなたは「いまごろ来たの？」と小言を言う。あるいは配偶者が高カロリーのデザートを頬張るたびに、あなたはじろりとにらみつける。また、隣人がヘルメットをかぶらずにオートバイで通りかかると、あなたは冗談交じりに笑顔で声をかける。「脳みそが飛び散ってもいいの？」。これらの行動は何の役にも立たないにもかかわらず、人はそれを繰り返している。結果が変わらないのに同じ行動を繰り返すなんて、どうかしているんじゃないか。いや、もう少し丁寧に言うと、必死なのだ。他人を変えたいと思っているのに、我々は小言を言ったり脅したりという一連の戦略しか持ち合わせていない。それしか手がないので、何度も繰り返すのだ。

ウィリアムが示した道

私は教師ではなく、覚醒者だ。　――ロバート・フロスト

だが、それとは違う形で人に影響を与えようとする人もいる。インフルエンサーの一人であ

るウィリアム・ミラー博士は、説教を聞くのは嫌だが変わりたいと考えている依存症患者を救う方法を見つけた。また、モラルの正しさを説く教師を、眠れるモラルを目覚めさせる目覚まし時計に変身させる術を知っている。

ミラー博士がこのすばらしいテクニックを発見したのは、ある簡単なアンケートがきっかけだった。その質問はこうだ。「依存症患者の治療にはカウンセリングをもっと増やすべきか？減らすべきか？」。固唾をのんで調査の結果を見守っていたカウンセラーたちは、カウンセリングの時間は治療の効果と無関係だとの集計結果に憤慨した。次に博士はこう質問をした。「より効果的な心理療法というものは存在するのか？」。その結果、どの方法も大差ないことがわかった。

キャリアを否定するような調査結果に、多くのカウンセラーがミラー博士を非難したが、博士はさらに面白いことに気付いた。治療の効果はカウンセラーが「したこと」よりも、むしろ「しなかったこと」に関係していたのである。

タレント心理学者が言うように、心理療法においては問題行動を直視することが変化を促す、という誤った思い込みが広まっている。だがミラー博士は、無理に問題行動を直視させたり、その問題行動を嫌っている友人や同僚、カウンセラーと対面させても、効果が上がらないことに気付いた。むしろある研究によれば、問題を直視するとアルコールの摂取量が高まった。この発見でミラー博士は方向を変え、逆のやり方を試すようになった。もし患者の周囲の者たちが望むことではなく、患者自身が望むことを見つける手助けをしたらどうなるか、と考えたのだ。

その結果、ミラー博士は、心の底にある動機と行動を一致させるには、思考や行動をコントロールしようとしないのが最善だと気付いたのである。審判を下す代わりに共感し、教え諭す代わりに問いかける。もしそうすれば、影響を与えられる。他人を思い通りにしようとするのをやめれば、コントロールする必要もなくなり、どちらが正しいかをめぐる不毛な対立も終わりを告げる。

ミラー博士はこの発見に基づき、「動機付け面接」と呼ばれる影響メソッドを開発した。カウンセラーがオープンで被暗示的な質問をすることで、患者は自ら自分が重要だと思っている価値を見出し、その価値に基づいて生き方を変えていける。質問をしながら相手の話を聞いて患者自身に考えさせることにより、自分がすべきことを発見させるわけだ。あとは患者が自身の願望と信念に後押しされて、必要に応じて変化していくのである。

アルコールや喫煙、薬物依存、エイズのハイリスク行動、ダイエット失敗の繰り返しなどを断ち切るには、自分の健康を気づかい、きわめて重要な（だが不快な）行動へと踏み出す決意が必要だ。ミラー博士の取り組みがそのことに効果があることは、多くの研究が証明している。さらに動機付け面接の効果は心理治療だけには限らない。有能なリーダーたちは命令を対話へと切り替えることで、安全対策からコスト削減、生産性向上に至るさまざまな問題で成果を上げている。

ロッキード・マーティン社社長ラルフ・ヒースは、第五世代ジェット戦闘機F－22を設計から一八ヵ月で生産を開始せよとの任務を課せられた。そのためには、開発に携わる四五〇〇人のエンジニアと技術者の物づくりに対する概念を変えなくてはならない。つまり、アイデアよりも結果が大事であり（エンジニアにとっては受け入れがたいことだ）、技術部門は生産部門に譲歩すべきだ（さらに受け入れがたいことだ）と理解してもらう必要があった。

だが、ヒースは自分の考えを押し付けはせず、ひたすら従業員の話に耳を傾けた。数週間かけて役職者から平社員まであらゆる従業員の話を聞き、彼らのニーズ、不満、要望を理解することに努めた。最後の段階で指示を伝えるときも、従業員のニーズと関心、目標をできるかぎり取り入れた。彼が影響力を発揮できたのは、単に問題に直面した結果ではなく、従業員の話に耳を傾け、彼らの言葉で変化のプロセスを組み立てたことによる。いまや伝説となったF－22の開発は、ヒースの命令から始まったのではない。従業員自身に彼らの願望と企業の目的とがどう結びつくのかを考えさせるところから始まったのだ。

ミラー博士の教訓は、人間の心は強制的に変えられないということだ。変化は自らが選択したときにのみ訪れる。人は自由意思を持ったとき、大きな犠牲に耐えられる。例えば、医療関係者は以前から、患者に自分で鎮痛剤の服用を任せると、看護師が与えるときよりも服用量が減ることに気付いていた。選択を任されたとき、人は自ら行動するのだ。その逆に、強制されれば死んでも抵抗する。薬物を取り上げようとすればするほど、さらに欲しがるものなのだ。

医療機器メーカー・ガイダント社のＣＥＯジンジャー・グラハムは、危機的な状況でこのことを学んだ。会社が新しい心臓血管用ステント〔血管などを内部から広げる医療機器〕を導入し、売り上げが急上昇したときのことだ。後にグラハムは『ハーバード・ビジネス・レビュー』、二〇〇二年四月号の「If You Want Honesty, Break some Rules〔率直さが必要ならルールを破ろう〕」と題した記事で、ステントの供給不足による危機について書いている。よいニュースが一夜にして悪夢に変わったのは、クリスマスの連休直前のことだった。

経営陣の試算では、増産手段が確保されるまでのあいだ、需要に応じるためには従業員が休日返上で三交代勤務をする必要があった。従業員に命じて勤務させることは可能だ。だが、それではうまくいかないことをグラハムは知っていた。待ちに待った休日の家族だんらんを台なしにするのは忍びない。恨みを買えば、生産にも支障が出るだろう。

そこでグラハムは、逆に助けを求めることにした。全社会議を開いて従業員の功績をたたえるとともに、売り上げデータを公開した。また、バイパス手術の代わりに同社のステントを使って患者の命を救った医師の体験談を読み上げた。その上で彼女は売り上げの予測データを示し、生産の大幅拡大がないと需要に応じることができないことを説明した。最後に彼女はこう訴えた。「これは患者と私たち自身に貢献できるチャンスです。業界でこのような例は初めてです。私たちには、この困難な課題に挑戦する責任があります。もしみなさんがその課題に挑戦してくれるなら、会社は全力でサポートします」

三〇分とたたず、連休中に会社に対して希望するサポート項目の一覧ができあがった。家族へのプレゼント購入とラッピング、深夜の帰宅用タクシーの手配、ピザの配達等々。それをもって従業員側と会社側は協定を結んだ。生産は新記録を達成し、同社のステントを求める患者の声に応じることができた。四半期の総売り上げは約三倍にもなった。従業員もたっぷりボーナスを受け取った。

もっと大事なことは、従業員がこの経験を通じて特別な一体感に包まれ、モラルの向上につながったことだ。これはすべて、会社のリーダーが命令するよりも従業員の選択に任せた方がいいと考えたおかげだ。高圧的なやり方をあらためて個人の選択に任せれば、深刻な依存症や凝り固まった癖も変えられる可能性が開ける。それをもたらすのは人間の最も強力な意欲、すなわち情熱だ。

日ごろは反抗的に見えても、自分から進んで行動するときはそれに熱中できる。そのためには必要なのは、選択の自由である。

方法二　自ら体験させる

自身の見聞から学んだものは教訓に勝る。それは旅人の知識が書物に勝るのと同じだ。

――トマス・ア・ケンピス

方法一では、人にやる気を起こさせる最良の方法は、意欲を削がず、命令するより自分で選択させることだと説明した。ここではそれを念頭に置いて、医師の手洗いと従業員のやる気についてあらためて考えてみよう。しかし、どう見ても選択権を与えたら院内感染が増えたり、顧客そっちのけで座ってフライドポテトを食べる結果になりそうだ。

先に述べたように、人間は長期的利益のために正しい行動をするより、目先の利益のために誤った行動をする傾向がある。今日チョコレートを食べることと、四〇年後に脳卒中に襲われるかもしれない可能性のどちらを取るかという問題だ。ただ、ケーキは遠慮しておこう。

長期的選択の意味を人に分からせる最も有効な方法は、邪魔をせずに自分で体験させることだ。ケンピスの言葉のとおり、旅は書物に勝る。当然ながら、インフルエンサーは人を厳しい現実世界にさらして、自らの選択の結果を体験させている。

例えば医療安全問題の専門家ドン・バーウィック博士が、ハーバードで大規模医療機関のCEOを集めたセミナーで講演をしたときのことだ。参加者名簿には文字通り患者の安全問題を預かるそうそうたるメンバーが並んでいた。彼らはカフェラテをすすりながら、講演内容をメモし、経営的にも痛い医療事故の撲滅を含む医療サービス全体の改善方法を学んで満足する。

確かにそれは刺激的な知的体験だ。だが、バーウィック博士はこれまでの経験から、自分の講演が誰にも影響を与えないことに気付いた。参加者たちは家に帰ると、「今日の話はすばらしかった」と言って、講演のメモを病院の管理チームにメールする。結局、何も変わらない。「そこで一つのアイデアを思いついたのです」とバーウィック博士は語る。「その場でとっさにこう言いました。『みなさん、来月の講演にいらっしゃる前に、あなたの病院で入院中にけがをした患者さんを探してください。そして、そのけがについて調査してください。誰かに任せてはいけませんよ。ご自分で何が起きているか調べて、次回に報告してください』」

バーウィック博士は確信が持てなかった。果たしてCEOたちは宿題をやってくるだろうか。ただ図表やデータだけを提出するのか。それとも情熱を呼び覚ますことができるだろうか。

その結果にバーウィック博士は躍り上がった。「まったく驚くべき結果でした。次の講演で、三つ揃いのスーツを着た役員たちが、喉を詰まらせ、涙ながらに報告したのです。彼らは、自分の病院ではこんなことはありえないという幻想を持っていました。事故の実情を初めて知ったのです」。この目の覚めるような痛切な実体験の結果、多くのCEOたちが自らのキャリアを全うするまで、患者の安全を守ろうと必死になったのである。

いったい何が起きたのか。他のインフルエンサーたちと同じく、バーウィック博士は病院幹部たちにモラルが欠けているとは考えなかった。彼らにも子どもや兄弟姉妹がいる。人間の痛みや苦しみを理解する能力はあるはずだ。ところが、彼らの働く医療分野の世界では、従業員の行動によって引き起こされる人間の痛みや苦しみが覆い隠されてしまっている。痛み、苦しみ、医療の退廃は、単なる統計数字や図表に化けて、報告されても感情に訴えない。では、バーウィック博士は何をしたのだろうか。

バーウィック博士は、もし幹部たちに自分の病院の現状と患者の状態を結びつけて考えるような体験をさせれば、真剣に考えるだろうと信じた。数字を名前に、統計を顔に、図表を患者の状態に置き換えれば、すべてが変わるに違いない。興味を引く抽象的な話は、道徳的義務になるだろう。それが図に当たったのだ。

それを念頭に置くなら、個人的意欲を奮い立たせるには自分で体験させることだという事実は意外ではない。自分で感じさせ、見せ、物に触らせよう。そのように、自分の選択の結果を経験と結びつけるための賢明な方法を、世界各地のインフルエンサーは編み出している。それが人を変え、よりよい行動へと踏み出させるのだ。

■インフルエンサーの行動に学ぶ

マイク・ウィルドフォンは自動車部品業界の老舗、Ｔ－オートモーティブの総支配人だ。彼は職場の安全意識を高めたいと常々考えていた。そこで彼は作業チームを実地見学に連れ出した。チームが訪れたのは、仕事でけがをした元社員である。彼とその家族は障害者年金で糊口をしのぐのが精いっぱいだった。

チームはその日、元社員一家が暮らすトレーラーハウスの屋根を修理し、子どものためのブランコを組み立て、庭に芝を張ることに精を出した。実地見学によって、メンバーたちは職場の安全をおろそかにすることの結果と向き合ったのだ。この日のボランティア体験は、けがをした労働者とその家族の手助けをしただけでなく、職場の安全意識を高めることにも役立った。安全基準は単なる基準ではなく、モラルの問題となったのだ。

人を促して自分でやらせてみる

自ら体験させることは、人間の心に訴えかけるための強力な方法だ。それは最終的にきわめて重要な行動においても、モラルの大切さを見出す手がかりとなるだろう。実地見学がよい例だ。実地見学では自分の目で現場で起きていることを確かめられる。うつろな報告や巧みな話（これらはしばしば現実より割り引かれている）を聞くよりも、直接自分の目で現場を見るほうがいい。そうすれば目で見た現実と痛みを結び付けて感じることができる。それが個人的意欲を生む強力なツールになる。

それだけではない。

個人的体験のもう一つの重要性は、正しいことを行うことへの恐れを取り除いてくれることだ。実地体験であれ、依存症患者同士の話し合いであれ、それを人に勧める際に難しいのは、第一歩を踏み出させることだ。これには二つの理由がある。一つは、変化することで何を失うかは明らかなのに、何を得られるかがはっきりしないからだ。人間は変化が必要となったとき、失うものの価値を高く見積もり、得られるものの価値を切り下げる傾向がある。だから人に言われただけでは、なかなか動こうとはしない。

　このような認知の限界をさらに悪化させているのが、人間が新しい状況をどう感じるか――例えばどうしたら幸せになれるか――予測するのが苦手だという、よく知られた事実だ。

　実際、心理学者のダニエル・ギルバートは、人は自分の幸福を予測するのが不得手であることを立証した。あと三万ドルの追加収入があればもっと幸せになれると信じている人がいる。その人は同じくらいの強さで、毎日三〇分のウォーキングの大切さを信じている。ところが研究の結果、ウォーキングのほうが年収の増加よりずっと幸福感を増大させることがわかった。

　幸福を予測できない人間の特性のせいで、ミミ・シルバート博士は毎日奮闘している。なぜなら、シルバート博士の仕事はディランシーへの新しい入居者に、彼らからすれば苦痛で退屈にしか見えないことをさせることだからだ。犯罪者だった彼らには、法律を守って暮らすことがどういうものか予想もつかない。想像しても見当違いなイメージしか浮かばない。言ってみれば、これまでの生活から面白さを引いたもの、犯罪の興奮や麻薬の刺激をあきらめてトイレ掃除をするような感じだ。彼らは昇給や家の購入など、多くの合法的な人生の楽しみを経験したことがないのだ。

　シルバート博士は入居者に対してディランシーの理念をくどくど説教しない。「きっとここが気に入るわ。ここを出るまでに高校の卒業証書だってもらえるし、字も読めるようになる。コンサートや美術館にも行けるし、職業訓練を三種類、さらに望めば一〇種以上も受けることができる。もちろん友達だってできる。さあ、ここにサインして」などとは言わないのだ。

もちろん、そのように口で言うのはたやすいが、言葉での説得はほとんど効果がない。それにこの説明に示される行動や結果は、相手の価値観とは異なっているし、それを実行するにはいますぐ犠牲（暴力、ドラッグ、勝手な行動は禁止）を強いられるからだ。うまくいくわけがない。

入居者自身が新しい生活の利点を体験できるまでには、しばらく時間がかかるのだ。シルバート博士はこう説明する。「高校の卒業資格をとれば、サンフランシスコ州立大学に二年間通えますし、学士をとることもできます。でも、最初はみんな勉強が嫌いです。美術館やオペラ、演劇にも連れていきますが、行かないと言って大騒ぎです。だからこう言うんです。『オペラが嫌いでもいい。だけど、それを決めるのは一度見てからにしたら』って。入居したてのころは何でも嫌だと言いますが、それは体験したことがないからです」

そこでシルバート博士はゆっくり時間をかけて入居者たちを指導する。学校で勉強したり、オペラに行ったり、他の学生にアドバイスをしたり。それらの新しい体験を通じて、その全部でなくても、いくつかだけでも好きになることがわかったからだ。確かに、オペラ好きになる者はほとんどいないだろう。にもかかわらず、九割以上の者たちが以前なら想像もつかない多くのことを楽しむようになる。

シルバート博士は居住者たちに「とにかくやってみなさい」と言い続ける。いつかそれがテリーの火曜日の体験と同様、博士自身も思いもよらなかったすばらしい何かを生み出すのだ。シルバート博士はディランシーのすべての入居者にそれが起こりうると言う。事実、入居者は多くの面で人生が変わり、初めてディランシーの門をくぐったときとは別人になっていく。彼ら自身も出会ったことのない人間になるのだ。人に気づかい、進歩することに満足感を覚え、法に則った暮らしをすることにひそやかな喜びを感じるようになる。それを後押しするのが、シルバート博士の「とにかくやってみなさい」の一言なのだ。

方法三．有意義なストーリーを語る

直接体験の難しいところは、影響を与えたいすべての人にその体験をさせるのが困難だという点だ。もし資源と時間が限られており、なおかつ個人的意欲の問題を解決する必要に迫られているなら、インフルエンサーならどうするだろうか。さらに、「とにかくやってみなさい」と言っただけで人にそれをさせることは、誰にでもできることではない。言葉による説得に応じない。進んで直接体験をしようともしない。そして「とにかくやってみなさい」という誘いは聞き流される。では、どうすればいいのだろう。言葉による説得と直接体験の中間に、何かできることはあるだろうか。

■インフルエンサーの行動に学ぶ

仕事をするのは楽しくない。だから仕事のことをワークと言うのだ。若者の多くは、仕事が楽しいわけはないと思っているが、一度でも「とにかくやってみれば」、たちまち気持ちが変わる。

著書グループの一人は、おいやめいが高校生だったころ、ユタ州のパークシティーで彼らやその叔母と過ごした。パークシティーの夏はハイキングやサイクリングをして楽しく遊ぶには絶好だ。だが、それは著者がしかけたワナだ。山で遊ぶ前に、週に四〇時間働かなくてはならない。ボランティアとして、負傷した退役軍人や身障児らの世話をするのだ。よくある仕事は、退役軍人が壁を登るときにロープの一方の端を確保することだ。

彼ら高校生は最初、こんな仕事は嫌だと反抗する。しかし一週目が終わるころには、自分たちのシフトが回ってくるのを待ちきれなくなる。彼らはポジティブな影響に気付き、達成感に喜びを感じるようになるのだ。

キャンパスのヘビ

この重要な問いに答えるため、影響力の原則を裏で支える一級の理論家、アルバート・バンデュラ博士を訪ねた。博士は影響力の科学に多くの貢献をしているが、その一つが一九七〇年代に行われた恐怖症に関する目覚ましい研究だ。

バンデュラ博士が恐怖症の研究を始めたころ、治療法は長年にわたって停滞していた。当時の通説では、恐怖症は幼児期の危険な体験に原因があり、唯一の治療法といえば長い時間をかけて記憶をよみがえらせて恐怖を解消するというものだった。博士の見解は違った。過去をほじくり返すより手っ取り早い方法は、影響力のある現在の直接体験ではないかと考えたのだ。

恐怖症はバンデュラ博士の新しい影響理論を試すかっこうの材料だった。というのは、恐怖症患者は思い込みの間違いを指摘し口でいくら説得しても、頑として抵抗する傾向があるからだ。先に述べたように、バンデュラ博士は言葉だけで他人を説得しても信用してもらえず、アドバイスも聞き入れてもらえないことを学んだ。患者のためによかれと思っても、やり方が間違っていれば問題が生じることにある。いずれにせよ、言葉での説得には限界がある。

別の影響ツールを探すために、バンデュラ博士は『パロ・アルト・ニュース』に広告を出して、「ヘビが怖くて困っている人は、心理学部の地下室にて治療します」と研究対象を募った。一〇人も集まればいいと思っていたところ、この怪しい広告を見て数百人が研究室を訪れた。彼らはみな、ヘビに対する理由のない恐怖に参っていた。悪夢にうなされたり、家に閉じこもったりする人も多く、無害な小さなヘビでも無条件に怖がるため、周りから笑いものにされていた。わらにもすがる思いで治療を求めて来たのも不思議ではない。

優れたインフルエンサーなら誰でもそうだが、バンデュラ博士はまず達成したい成果と、どうやってそれを測定するかをはっきり決めた。体長一八〇センチのレッドテールボアを膝の上に置いて座っていられれば合格と決めた。これほど明確なゴールはない。

最初のうちは、ヘビを入れた水槽があるだけで、誰も研究室に入れない。バンデュラ博士が目標を説明しただけで、何人もが気絶する始末だった。

しかし実験の中でバンデュラ博士は、被験者をせかしたり強要したりはしなかった。すべての段階で選択は被験者の自由に任され、もし実験をやめたければ途中で抜け出すこともできた。もっと簡単な目標を選ぶこともできた。つねに被験者が主導権を握っていたのだ。

バンデュラ博士が手始めに使った影響のテクニックは、「間接体験」である。被験者は部屋の入り口から、助手がヘビに触るのを見る。それが難しければ、窓越しでもかまわない。助手はヘビのいる部屋に入り、ヘビを見つめてから水槽のふたを開け、ヘビに触れる。最後はヘビを外に出して膝の上に載せる。

助手がヘビに触るのを見た後、被験者は自分でも体験するよう呼びかけられる。部屋に入るよう言われても、恐る恐るだ。ホッケーのキーパーのグラブや、野球のキャッチャーのプロテクターで武装する者もいる。サムライのような出で立ちで部屋に入ると、水槽に近寄る。それを何度か繰り返すうちに、水槽のカバーを開けては部屋を飛び出す者が現れる。何も問題は起きない。さらに実験を続けると、ついには素手でヘビに触れるようになる。そして最後に、部屋の中に座って一八〇センチの大蛇を膝の上に載せられるまでになる。

ここからが本当の奇跡だ。これまでにかかる時間は三時間にすぎない。長年の恐怖に打ちひしがれてきた人たちが、一日もかからずに完全に克服してしまった。しかも、その効果は一生続く。恐怖症の人たちがたった一回、ヘビと個人的でポジティブな触れ合いをするだけで、もう後戻りすることなく生活が改善されたのである。

バンデュラ博士は言う。「恐怖症から解放された人たちの自由な姿は驚きでした。もうヘビを恐れる必要がなくなり、人生が大きく開けたようです。そして自分は変われるのだという自信が持てたのです。ヘビの恐怖を乗り越えた以上、他の問題も自分で解決していけるでしょう」

以上の影響テクニックをおさらいしてみよう。被験者はヘビのいる部屋に入るようには言われず、直接の体験はしなかった。ただ自分の選択で、他の人がヘビに触るのを見ただけだ。しかし典型的な恐怖症患者にとっては、それはまるで自分自身が体験しているかのように感じる。目の前で人がヘビに触っている。それは否定できない現実だ。その体験はリアルで鮮やかだ（多くの被験者が過呼吸におちいった）。つまりバンデュラ博士が考案したのは「間接戦術」だ。彼は身代わりの体験を用意し、それをステップに直接体験に結びつけ、ついに恐怖を克服させたのだ。

影響力のあるストーリーを語るには

私は長年の経験から、人は琴線に触れる話を聞くことで最もよく学び、変化することができると確信するようになった。リーダーの地位にありながら話の力を身に付けておらず、活用していない人は、バンデュラ博士は身代わりの体験を使って、恐怖症患者に世界をありのままに見る力を回復させたが、日常生活の中で同じテクニックを使うことはできるだろうか。

インフルエンサーのドン・バーウィック博士が数十万人の命を救うために活用した事例が参考になるだろう。彼が医療界のリーダーたちの前で講演をしていると、朝から多くの講演を聴いていた聴衆たちが眠そうに見えた。バーウィック博士がやりたかったのは一方通行の講演ではない。聴衆に影響を与え、会場を出るときは彼らの行動を変えることだった。具体的には医療事故の防止だ。医療事故は患者の死亡事故のいちばんの原因であり、それを防ぐには医療界のリーダーたちが立ち上がらねばならない。しかし、短い持ち時間のあいだに八〇〇〇人の聴衆に事故の調査をさせるわけにもいかない。そこで彼はジョシー・キングの話をすることにした。

ジョシー・キングはダンスの好きな一歳半の少女だった。茶色の目と茶色の髪、やっと「アイ・ラブ・ユー」が言えるようになったばかりだった。二〇〇一年一月、ジョシーは熱湯の中に落ちて大やけどを負う。両親はあわててジョンズ・ホプキンズ病院にジョシーを運び、そこで彼女は小児集中治療室に入院した。幸いにも回復は順調で、中間看護病棟に移り、数日中に退院の見通しとなった。

ところが、母親がジョシーの異変に気付いた。「飲み物を欲しがって泣き叫ぶので、変だと思いました。でも、飲み物は与えるなと言われていたので与えませんでした。看護師と私で風呂に入れたときには、すごい勢いでタオルに吸い付いていました」。母親はジョシーがずいぶん喉が渇いているようだからと、看護師に医者を呼ぶように頼んだが、看護師は問題ないと答えた。別の看護師にもジョシーの様子を見て欲しいと頼んだが、やはり取り合ってもらえなかった。

母親は夜のあいだに二回ナースコールをし、朝までジョシーに付き添っていたが、五時半になって様態が急変した。母親は証言する。「ジョシーの足をさすっていたら、心臓が止まりました。目も動かないので、大声で助けを呼びました。医師と看護師が駆け込んできましたが、私は何もできずに立ち尽くすだけでした。その後で小部屋に案内されると、そこに牧師がいたのです」。退院予定の二日前、ジョシーは喉の渇きによって死亡した。母親が繰り返し助けを求めたにもかかわらず、この愛らしい少女は麻薬の誤用と脱水によって世を去ったのである。

ここで医療事故は単なる統計ではなく、顔と名前と魂を持った。ことの本質を掘り下げるバーウィック博士のおかげで、道徳的な内実をともなったのだ。

インフルエンサーがすること

そんな話しを聞いただけでどれほどの効果があるのか、と一笑に付す人もいるかもしれない。確かに、そこから生まれる感情は長持ちはしないだろう。情熱的な講演を聞いて、自分も行動しなくてはとその場で決意しながら、数時間後にはその気持ちが雲散霧消してしまった経験は誰にでもあるだろう。

しかし、一つのストーリーだけで行動を変えるのは無理でも、他の影響メソッドを組み合わせることによって、ストーリーは強力な影響ツールに変化する。事実、行動科学の分野で最も有名な現場実験がそのことを立証している。一九九三年、マーサ・スワイがたった一つのストーリーによって全国民の行動を変えてしまったケースだ。

スワイはラジオ・タンザニアの編成担当マネジャーだった。常日頃から彼女は、家族のきずなを深めて女性の地位を向上させるとともに、エイズの流行を防ぐためにタンザニア国民の行動を変えたいと思っていた。幸いなことにタンザニアではテレビの普及率が低いため、彼女のラジオ番組のリスナーは毎晩数百万人にのぼった。このツールを彼女はどう有効活用したのだろうか。

スワイは有能なドラマ脚本家を起用するとともに、教養娯楽番組の世界的大家デビッド・ポインデクスターを招いて、影響力を最大限に発揮するストーリーを組み立てた。だが、それが容易ではないこともスワイにはわかっていた。というのも、影響力を与えたい相手は、セックスとエイズの関係について深い迷信を抱いていたからだ。例えば、男性がエイズを治すには処女とセックスすればいいと、多くの人が信じていたのである。

いざラジオ番組が始まる段になると、災難に襲われた。頭の固い官僚によって、タンザニアの中心地ドドマ州ではラジオ・タンザニアの電波がブロックされてしまったのだ。だが、後で説明するが、この放送妨害事件が思わぬ幸運をもたらすことになる。

一九九三年、『時とともに歩もう（Twende na Wakati）』と題されたこのラジオドラマは大ヒットとなった。シナリオ作家はエイズの原因とその影響をリスナーに分からせるため、陽気でマッチョなムクワジュというトラック運転手を登場させた。彼は酒を飲んでは物議をかもす男だ。妻に暴力をふるい、「男の子でなければ要らない」と公言する。さらに仕事の旅先で売春婦と無防備なセックスをしては、その武勇伝を周囲に吹聴する。愛想を尽かした妻のツツ（独立した女性のモデル）は彼の元を去り、独力で小さな商売をして成功する。

数年後、女たらしのムクワジュはついにエイズで命を落とすが、その姿があまりに真に迫っていたため、演じていた俳優が田舎の市場に行ったときには、声だけでそれと気付かれ、女性たちから売り物の野菜を投げつけられる始末だった。

番組が人々の感情と行動に与えた影響を確かめるため、筆者たちはタンザニアの首都郊外でリスナーたちにインタビューを試みた。両親と祖母、叔母、それに五人の成人した子どもたちからなるその一家は、ムクワジュの放埒な生き方に心を奪われ、大きな影響を受けたという。どのような影響かと訪ねると、父親はこう答えた。「はじめのうちはムクワジュを尊敬していました。でも、最終的には彼の無謀な行動が妻のツツと子どもたちを傷つけたと思います」

数週間にわたって番組を聴くうちに、父親はすべてのキャラクターに共感するようになった。

そしてある日の回で、ツツが酔った夫から殴られるシーンに、父親はハッと気付いた。彼も妻に対して同じ仕打ちをしていたのだ。彼はトラック運転手でも女たらしでもなかったが、酒好きなところはムクワジュと共通していた。その日を境に彼は酒を断ち、家族に暴力もふるわなくなった。このような気づきがフィクションのラジオドラマから生まれるのは不思議に思われるが、心を入れ替えた父親の言葉に、一家の全員がうなずいた。彼は本当に変わったのだ。

この感動的な報告の他にも同様のインタビューは多数ある。それは『時とともに歩もう』が単なるドラマを超えるものだったことの証だ。このドラマは人の心を打つ、迫真の身代わりの体験だった。ただ感情に訴えただけでなく心の中まで変化させた。モラルに影響を与えることで、リスナーたちの人生に永続的な変化をもたらしたのだ。そのことは数々のインタビューにも表れている。

だが、これらの事例以外に、このドラマの影響力の大きさを証明する統計的裏付けはあるのだろうか。もちろんだ。なぜなら、この放送は歴史上初めての、全国規模の実験にもなったからだ。先に述べたように、ドドマ州ではこの番組が放送されなかったため、ラジオによる身代わりの体験の効果を比較調査することが可能になったのである。一九九三年から一九九五年にかけて、タンザニア全域でエイズ防止に関するさまざまな試みがなされた。だが、このラジオドラマに接したのは全住民の半分だった。

高名な社会学者エベレット・ロジャーズとアービンド・シンガルは、著書『エイズをめぐる偏見との闘い――世界各地のコミュニケーション政策』（明石書店）で、放送地域の住民の四分の一がエイズを避けるために決定的な行動変化を示したが、それがドラマの影響だったと認めている。そのインパクトがあまりに大きかったので、実験は二年で打ち切られ、すべての人にドラマを聞く機会が与えられた。それから一年後の調査では、ドドマ州でも同様の結果が得られた。

ロジャーズとシンガルの研究は、強力なストーリーを通じて信頼できるモデルに接した人は、考え方や感情だけでなく行動にまで影響を受けることを科学的に証明した。『時とともに歩もう』のリスナーは、番組を聴かなかった人に比べて、夫婦間の問題でカウンセリングを受ける率、家族計画への積極性、配偶者に対する信頼度、コンドームの使用率など、すべてにおいて高い割合を示した。

このようにストーリーを用いた身代わりの体験を使って人間の行動に変化を及ぼそうとする試みは、発展途上国に限った手法ではない。あまり知られていないが、アメリカでも同じ手法が用いられて効果を上げた。デビッド・ポインデクスター（ＮＧＯの人口コミュニケーション・インターナショナルの創設者であり前代表）はアフリカに連続ドラマを輸出する前、『オール・イン・ザ・ファミリー（All in the Family）』や『モード（Mode）』などの人気ホームコメディーのプロデューサー、ノーマン・リアらと協力し、人口抑制政策の一環として、ドラマに定期的に家族計画のメッセージを挿入することにした。

一九七二年にリアが制作してアメリカで四一パーセントの視聴率を取った回（「モードのジレンマ」Maude's Dilemma）で、主人公の中年女性が中絶を考えるシーンが登場するが、これは偶然ではない。ゴールデンタイムのドラマで中絶の話題に触れたのはこれが初めてだったが、それは意図的なものだったのだ。それは好むと好まざるとにかかわらず、社会的変化をもたらすために人の心に訴えるストーリー（身代わりの体験）を使った、綿密な計画の一部だった。そして世論調査によれば狙い通りの効果を上げ、それ以降も同じように心に訴える番組がつくられてきた。

再びビフについて

ストーリーの効果は、テレビやラジオだけとは限らない。心を打つ迫真のストーリーが人々を目覚めさせ、根本的な変化を起こした例は枚挙にいとまがない。医療、ＩＴ、金融、製造業、通信など、各分野のリーダーたちも、従業員の使命感を駆り立てるためにストーリーを活用してきた。

■インフルエンサーの行動に学ぶ
ガーナの金鉱のコンサルティングをしたときのこと、安全管理マネジャーがトラックの運転手たちに、これまでに起きた事故やヒヤリとした経験を思い出すよう求めた。一〇分間与えてメモを書かせ、その出来事を語らせた。
一人が手を挙げた。「話をしてもいいですか？」。マネジャーはうなずき、「タイトルは何だね？」と尋ねた。ドライバーは帽子を脱ぎ、自分の手を見下ろしながら話し始めた。「家族持ちの男が近所の女の子をひき殺した話です」。頬からは涙がポロポロとこぼれ落ちている。彼のストーリーは、単なる交通法規の問題をただちに道徳の問題へと一変させた。

だが、筆者たちはダニー・マイヤー経営のユニオン・スクエア・ホスピタリティ・グループ（USHG）のレストランを調査するに当たって、この見解を限定する必要があるのではないかと考えた。テーブルを拭いてお客にあいさつする、そんなありふれた出来事を、どうして心に響くようなストーリーに仕立てられるというのか。

ところが、実際にはいらぬ心配だった。USHGのリーダーたちはストーリーをつくる天性の資質を持っているのだった。先にお客の財布を取り戻した従業員に関するダニー・マイヤーの語りを紹介したが、ストーリーはこれだけではない。人の心を動かすストーリーの使い手はダニー一人ではないのだ。

再びビフの話に戻ろう。彼がボーッとしていると、店長がやってきてこう告げる。「ねえ、ビフ。さっきテラス席に三歳くらいの女の子を連れたお母さんが来たの。お母さんが娘さんをイスに座らせて注文に行った時に、娘さんがテーブルを手でこすっていたわよ。前のお客さんがこぼしたケチャップをなめ始めたの」

　これを聞いたビフは青くなって、ボスの「ストーリー」が終わるより先に、布巾を手にすっ飛んでいってテーブルを拭き始める。

　いったい何が起きたのか。小言を言ったり脅したりするより、店長のストーリーによる身代わりの体験がビフの行動に結びついたのだ。ストーリーがビフのモラルを目覚めさせ、行動に駆り立てたのである。

　では、ビフが顧客サービスに熱中するために、さらに必要なものがあるのだろうか。もちろんだ。それは残りの章でたっぷりと説明していく。それはともかく、インフルエンサーと凡人との違いはこうだ。きわめて重要な行動をすべきなのに個人的意欲を見せない人がいたとき、それに気付いたインフルエンサーは、その場しのぎの対応はしない。正面から向き合うのだ。インフルエンサーは、この世にモラルに欠けた人間はおらず、ただモラルが眠っているにすぎないという信念を持っている。そして必要とあらば切実なストーリーを語って、身代わりの体験をつくりだすのである。

方法四：ゲームにする

どんな仕事にだって、楽しみはあるものよ。

そのコツさえわかれば、たちまち仕事はゲームに早変わり！――メリー・ポピンズ

好きどころか嫌で仕方ないがきわめて重要な行動を楽しくする、もう一つの方法を説明しよう。あらためて言うが、人は新しい行動が好きではない。では、どうすればいいのか。一つの希望は、人は一見したところ魅力もなく報酬も少ない仕事でも打ち込めるという点だ。なぜか人はそんな仕事からも楽しみを見つけ出す。そのコツは何だろうか。

個人的意欲を生み出すカギは、その行動自体にある。次第に難しくなる目標を目指して熟達することから意欲が生まれるのだ。クレアモント大学院のミハイ・チクセントミハイ博士は、「フロー」の研究に没頭してきた。「フロー」とは彼の造語で、何か（固い決意をもって探し求めているもの）にのめり込んで、楽しくてたまらない状態のことだ。

チクセントミハイ博士は、適度に難しいゴールと明確で頻繁なフィードバックさえあれば、あらゆる活動は熱中の対象になる事実を発見した。これが日常の仕事をゲームに変える要素である。人間はゲームが好きだ。バスケットボールの試合からスコアボードをなくしてしまったらどうなるだろうか。スコアがわからないのに、ファンはいつまで見てくれるだろうか。また、選手はいつまで息を切らしてコートを走り回れるだろうか。つまらない行動を楽しくするには、それをゲームにすればいいのだ。

では、楽しいゲームにはどんな要素があるか考えてみよう。

点数をつける：点数は明確で頻繁なフィードバックをつくりだす。そして仕事を成果に変えて、大きな満足感を生み出す。ゲームのクリエーターは、ステージをクリアして上のレベルに行くために中毒のようにトライを繰り返すゲームを開発するが、彼らはチクセントミハイ博士の研究を直感的に理解しており、その原理を応用しているのだ。

競争する：順位は点数以上に効果がある。順位をつけると、データに意味が吹き込まれるのだ。以前よりも進歩したか、人よりもできたかが気になり出すのだ。この要素は不健全なライバル意識をあおる恐れがあるため、やや議論の余地があるが、率直に言って競争、とくに自分との競争は、単純な反復作業に満足感を与える方法だ。

着実な進歩：どのフィットネスクラブでも、壁にグラフが貼り出してある。グラフをよく見ると、クラブのメンバーが達成した進歩の跡が書き込まれているのがわかるだろう。各メンバーの体重、スリーサイズ、肥満度、骨密度、心拍数など、あらゆる健康指標がグラフ化されている。

グラフの前でインストラクターと利用者が会話しているのを聞いていると、しばしば「傾き」という言葉を耳にする。インストラクターは言う。「現在の数値そのものよりも、グラフの傾きが大事なんです。どちらに向かっているか、ということですよ。思っていたより改善が遅いかもしれないし、最初よりも改善のスピードが鈍っているかもしれない。でも、正しい方向に進んでいれば、あとは時間の問題です」。これもまた、仕事をゲームに変える一つの方法だ。あなたは進歩しているだろうか？

成果の管理：仕事をゲームに変える最後の方法は、手に入れた点数や報奨を参加者自身が管理できるようにすることだ。職場ではこの点についてしばしば過ちを犯している。ある個人やチームの進歩が、あまり成長しない、より大きな部署の成果にひっくるめられてしまうのだ。すると従業員は自分の貢献に対して実感が持てなくなる。この誤りは防ぐべきだ。個人がしっかり管理できる物差しをつくり、それで成果を記録する。そして自分の成果がきちんと見えるようにしてやる。そのインパクトは仕事そのものよりもずっと多くのやりがいを与えてくれるだろう。

まとめ：個人的意欲

人は必ずしも長期的な最大利益のために行動するのではない。いま楽しんでいる短期的な行動のほうが、遠い将来に備えた苦痛よりも意欲を引き起こすからだ。長期的な課題に取り組ませるのは難しい。というのは、誤った行動はリアルで、いますぐ楽しめる。一方、その否定的な影響はあいまいだし、それほど悪くないかもしれず、ずっと先の話だ。

インフルエンサーはこれをひっくり返すため、次の方法を使う。（一）選択権を与えて、嫌なことを好きにさせる。(二)実際にやらせてみる。(三)有意義なストーリーを使う。(四)退屈な仕事をゲームにする。

第5章

不可能を可能にする
――個人的能力

不思議なことに、練習すればするほど幸運が転がり込んでくる。
――アーノルド・パーマー

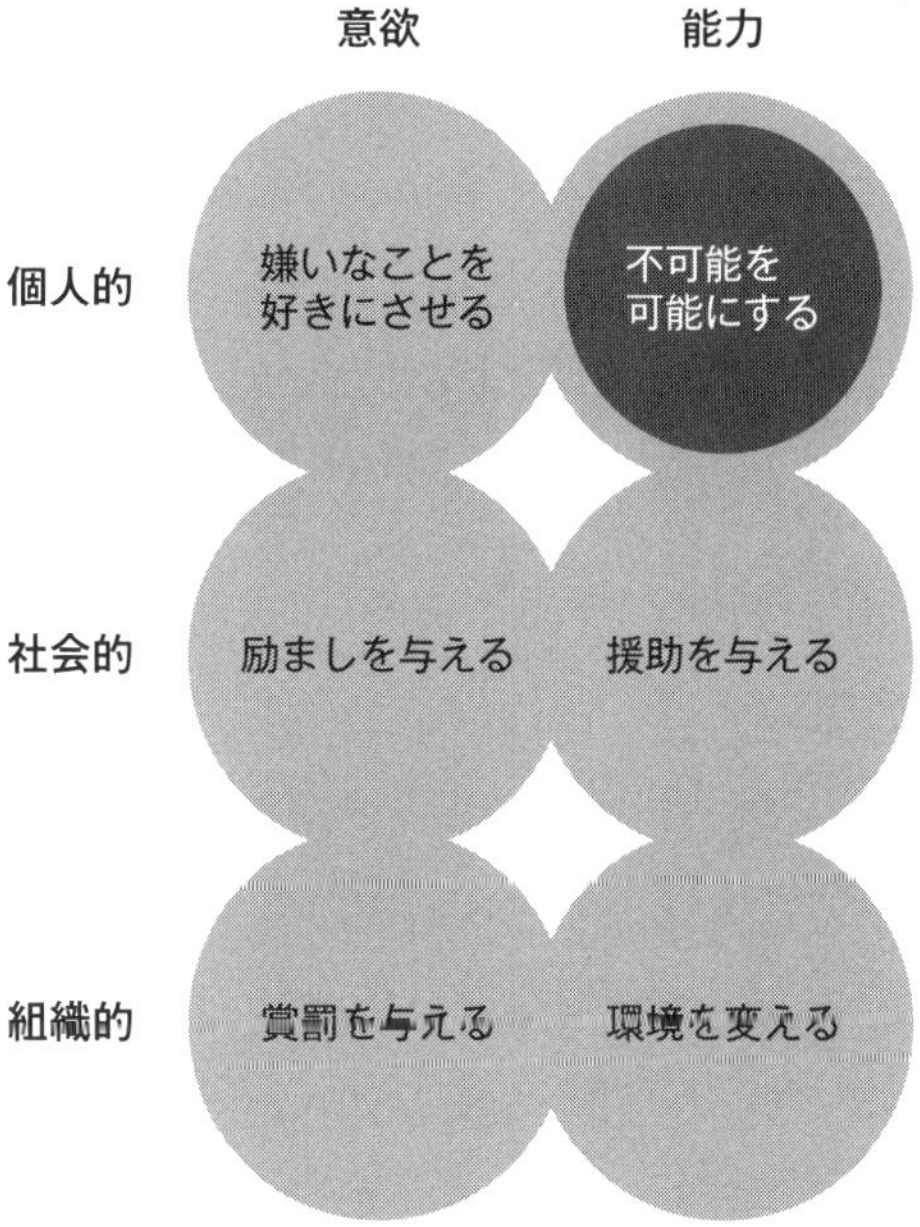

第4章では個人的価値と感情を活用して、きわめて重要な行動に影響を与える戦略について分析した。ここでは二つ目の影響要素である個人的能力（前ページの図）について考えてみよう。人間は気まぐれな動物で、すぐにこの重要な影響要素のことを忘れてしまう。企業の経営陣も例外ではない。例えば管理職はしばしば従業員を集中リーダーシップ研修に送り込み、理論とモデルとケーススタディーを彼らの頭に詰め込む。だが、従業員は実際には教わったスキルを発揮できない。経営陣は研修内容を頭に入れることとそれを実行することは同じものだと誤解しているのだ。もちろん、その二つは別々のものだ。研修参加者はしばしば職場に戻って、研修で学んだことを断片的に仕事に応用しようとするが、これは不思議ではない。経営陣と研修企画者が変化を生み出せないでいるのは、従業員に意欲ばかりを吹き込んで、能力改善の機会を与えないからだ。そして逆に恨みを買い、あるいは意気消沈させてしまう。

インフルエンサーの方法はそれとは逆だ。彼らは従業員の能力を向上させることに慎重に投資する。また、能力改善を目指す際には、意欲を引き出すためのテクニックを使うようなまねはしない。

誰にでも希望はある

実は能力の問題なのに、意欲が足りないことが問題だと見なされることがよくある。そのことについて、二〇キロのダイエットを目指しているヘンリーという男性を例に考えてみよう。いまの仕事に就いて以来、ヘンリーは出張で週二回はおいしいレストランに立ち寄り、ごちそうを腹いっぱい食べるせいでぶくぶくと太ってしまった。そこで彼は同僚とともにグループで減量に取り組んでいる（保険料の引き下げと健康維持を兼ねて）が、道は険しい。というのは、おやつはチョコレートではなくミニキャロットをかじるという、ダイエットのためのきわめて重要な行動が実行できないからだ。いまこの瞬間にも、ヘンリーは重さ一キロもある食べかけのチョコレートバーの銀紙を開こうとしている。ヘンリーの言い分はこうだ。これは自分で買ったのではない。ヘンリーがチョコレートに目がないのを知っている同僚のお土産なのだ。そのうまそうなチョコレートは、かれこれ一週間にわたってヘンリーのデスクの上を占領している。

いましがた、ヘンリーはこの大敵の重さを調べてみることにした。わずか一キロとはとても思えないからだ。測っているうちに、包装紙ののりがはがれそうになっているではないか。そして包装紙の隙間から、銀紙がまるで誘惑でもするように赤く光っている。それはチョコレート本体を守る最後の砦だ。

ヘンリーはちょっとふざけて包装紙をぐいっと引っ張った。紙は簡単に開いた。そこから先はあまり記憶にない。ヘンリーの手が無意識に銀紙をむくと、こってりしたチョコレートがむき出しになった。たちまちヘンリーの頭はチョコレートにまつわる子ども時代の思い出で満たされる。彼の指が茶色の一切れをつまんだ。一粒くらい、ほんのささやかで、無害な楽しみじゃないか。甘いかけらを口に運ぶと、あっという間に溶けて消えてしまう。ココアと油脂と砂糖の混合物が、セルライトへと変身していく……。

ここで一つの問題がある。ひそやかな楽しみに浸っていたはずのヘンリーだが、その瞬間、彼の心は憂鬱だった。チョコレートをむさぼり食うあいだ、彼は一口ごとにダイエットから遠ざかっていることを実感していた。「心が弱いからだ。僕は意志が弱い人間なんだ」。この悲しい享楽に負けるまで、ヘンリーはカロリーをカットして運動療法を始めることを心に固く誓っていた。彼はこの新しい誓いを八日間にわたって守ってきたが、鉄のように見えた意志は、チョコレートの銀紙に触れた瞬間、もろくも崩れ去ったのだ。

これは遺伝子のせいなのか――ヘンリーは自信を失った。効果的なダイエットのためには自制心と運動習慣が必要だ。だが、そのどちらも欠けている。やはり自分には健康的な生活は無理なのか……。と思いきや、ヘンリーがまだ知らないことがあった。多くの研究によれば、彼の運命は決まっていない。チョコレートの誘惑に耐え、運動習慣を改善するチャンスは十分にあるのだという。

つまり、彼の若いころからの思い込みは間違っているのかもしれない。母親からは「お前は人前で話すのが下手だ」と言われ、さらに父親からは「お前には人の上に立つ力はない」と言われた。きっと自分には何の才能もないんだ、ヘンリーはそう思ってきた。スポーツも音楽もだめ、人付き合いも苦手、金遣いは荒いし、ゲームにはまり、チョコレートに目がない。でも、これは遺伝だから変えられないんだ――。

幸いにもヘンリーは完全に間違っている。スタンフォード大学の心理学者、キャロル・ドゥエックの言う「硬直したマインドセット（心のあり方）」の罠にはまっているだけだ。ドゥエックが言うには、自分は進歩できないと思っている人は、単にやろうとしていないだけだ。これを「自己達成予言」（自分で「こうなるのではないか」と思って行動していると、実際にそれが現実になってしまう現象）という。だが、ヘンリーはラッキーだ。かつては身体能力、頭のよさ、意志の強さなどは遺伝子によって決まると思われていた。だが、いまでは遺伝子にそのような運命的な力はないとわかっている。遺伝的・人格的な特徴と考えられていた性格の多くは、歩いたり、話したり、口笛を吹くのと同様、後天的な学習の結果なのだ。つまりヘンリーもいまの自分であきらめる必要はない。ドゥエックの言う「しなやかなマインドセット」を受け入れ、インフルエンサーのように高い学習スキルを開発するやり方、つまり学び方を学べばいいのだ。ヘンリーは多くの人と同様、さまざまな才能を持って生まれたが、その活用の仕方を知らずに生きてきただけだ。

この点を説明するために、自制心の重要な特質を明らかにしようとする長年の研究について考えてみよう。この個人的特質は研究に値する。甘いチョコレートの誘惑に耐えたり、飲みに誘われても勉強のために断ったりする能力、つまり満足を先延ばしする能力が、生まれつきの性格でないとしたら、一体何なのか。

コロンビア大学のウォルター・ミッチェル教授は、誘惑に逆らえない人間の性向に興味を抱き、調査をはじめた。本当に自制心がある人とない人がいるのだろうか。もしそうだとしたら、自制心のある人は成功した一生を送ることができるのか。ミッチェル博士の発見は、心理学の地勢を完全に塗り替えるものとなった。

意志の強さはスキルだ

心理学部の地下にある研究室。四歳のティミーが金属製のテーブルに向かっている。ティミーの目は、テーブルの上に置かれたマシュマロに釘付けだ。ママはいつもココアにマシュマロを入れてくれる。ティミーはマシュマロが食べたくて仕方ない。

優しそうな男の人に連れられて研究室に来ると、ティミーはこう言われた。「後でまた来るからね。マシュマロを食べたかったら食べてもいいよ。でも、もし僕が戻ってくるまで我慢していたら、マシュマロをもう一個あげる」

そう言うと男の人は部屋を出て行った。ティミーはおいしそうなマシュマロをじっと見ながら、イスの上で体をよじったり、足をバタつかせたりしている。我慢しようとしているのだ。もし待てれば、マシュマロを二個もらえるのだから。でも、幼いティミーにとって、誘惑はあまりに強すぎた。ついに彼はテーブルの上に手を伸ばす。そしてフワフワのマシュマロを手に取って、あたりを見回してから、口の中に放り込む。どうやらティミーとヘンリーは気が合いそうだ。ティミーは、ミッチェル博士が四〇年にわたって追跡調査している数十人の被験者の一人だ。ミッチェル博士が調べているのは、どれだけの子どもが満足を先延ばしできるのか、そしてこの性格は成人した後にどう影響するのかという二点である。博士は、自制心のある子どもは将来も大きな成功を収めるだろう、という仮説を立てた。

この実験は子どもたちが成人するまで続けられ、満足を先延ばしする能力が思った以上に人生に大きな影響を及ぼすことがわかった。実験で子どもを観察した時間はほんの数分だが、そこから大きな発見が得られたのだ。マシュマロをもう一つもらうために我慢できた子どもは、有能で自信にあふれ、頼りがいがあって、不満にも耐えられる大人に成長した。ＳＡＴｓ〔イギリスの全国統一学力テスト〕の点数でも、マシュマロを食べてしまった子どもたちより平均で二一〇点も高かった。マシュマロを我慢できるかどうかが、後々まで大きく影響するのだ。

その後も一〇年にわたり、子どもから成人まで多様な年齢層を対象に関連の研究が行われた。その結果、自制心の訓練をした人は、訓練をしていない人よりもよい成果を上げた。例えば、自制心を身に付けた高校生は、成人してから過食やアルコール依存などの問題を起こすことが少ない。自制心のある大学生は学業でも成功し、結婚生活や仕事の面でもよい影響が見られる。

逆に自制心が足りない人は攻撃的で怠慢であり、健康面にも問題があった。

ミッチェル博士は偶然のきっかけで、こうした個人的性向の源が母親にあることを発見した。

生まれつき短期的な欲望を抑える能力のある子どもは、一生を通じて成功する可能性が高い。四歳のときのマシュマロに対する一時的な反応が、その後の一生を左右する事実を聞いて、喜ぶ人もいれば、がっかりする人もいるだろう。それは自分がマシュマロを食べる側と我慢する側のどちらに属するかで決まる。あなたはさまざまな誘惑に抵抗する力を備えているのか。それともヘンリーのように、つかの間の楽しみのために将来を棒に振る運命を背負っているのか。ところで、本当に人が成功するか失敗するかは、生まれつき運命的に決まっているものなのだろうか。

マシュマロ実験から一つ明らかなのは、満足を先延ばしする能力があると、さまざまな面で長期的な成功が予想されるということだ。その点について異論はないだろう。しかし、この強力な効果をめぐっては長い論争が続いてきた。自制心は生まれつきの性格であって変えられないものなのか、学習が可能で変えることのできるものなのか。

一九六五年、ミッチェル博士はアルバート・バンデュラ博士と協力して、自制心の強さは生まれつき決まっているという仮説に正面から挑戦した。満足を先延ばしする能力が不変なものかどうかを確かめるために、二人は小学校四年生と五年生を対象にマシュマロ実験と似たような実験を実施した。満足を先延ばしできない子どもには、大人がお手本を見せてやる。気を紛らわせるために、うつむいて目をつむったり、立ち上がって何か他のことをしたりする姿を、子どもに見せてやるのだ。自制心を高めるテクニックを見せてやると、我慢できなかった子どもたちは、それをまねるようになった。

大人のお手本を一度見ただけで、すぐに子どもたちは満足を先延ばしするスキルを身に付けたのである。さらに興味深いことに、短時間の実験で自制心のスキルを学んだ子どもたちは、数ヵ月後の追試でもほとんどそれを忘れずにいた。自制心は生まれつきの遺伝的性格だとの仮説に、大きな疑問符がついたのだ。

この重要な疑問への答えは、ヘンリーのような人たちにとって一つの希望となるだろう。ミッチェル博士は、満足を先延ばしできる人々をさらに観察した結果、彼らはただ短期的な誘惑を避けるスキルを身に付けているにすぎないとの結論に達した。つまり自制心のある人は、特別な、しかし学習可能なテクニックを使って、短期的な満足に対する関心をそらし、もう一つのマシュマロを手に入れるための長期的な目標に目を向けているというのだ。

ということは、満足を先延ばしする戦略を学びさえすれば、ヘンリーにもそれが可能になるはずだ。だが、本当にこれだけで、ヘンリーは望みの健康的な体を手に入れられるのだろうか。ジョギングやウエートトレーニングはもちろん、あらゆるスポーツが苦手なのに。確かに持って生まれた体形、肺活量、筋力などを見れば、人ごとに運動に向き不向きがありそうだ。やはりフィットネスクラブの引き締まったイケメンになるのは、ヘンリーには無理なことなのだろうか。それとも？

能力は訓練のたまもの

心理学者のアンダース・エリクソンは、各分野の一流どころがどうやってそこに登り詰めたのかについて、興味深い見解を示している。彼によれば、エリートの業績は遺伝や持って生まれた心身能力のおかげではない。ある課題をうまくこなす人とそうでない人がいるのはなぜなのか。他の人をしのいでトップに立つ人は、目的のある演習など基礎的な作業を積み重ねてきたからだ。

「練習だけでは完璧になれない。完璧な練習こそ完璧をつくるのだ」ということわざを聞いたことがあるだろう。自分の運動能力には生まれつき限界があると信じる人は多いが、エリクソンの考えでは、スポーツで抜群の成績を上げる人は、緻密に組み立てられた完璧な練習を積み重ねているからであって、優れた能力と遺伝的な才能とは関係ない。すべては目的のある演習によって技術を高める方法を知っているかどうかの問題なのだ。

エリクソンはフィギュアスケートの練習を例に取って説明する。オリンピック選手はまだマスターできていない技法を練習するが、同好会レベルのスケーターはすでにマスターしている技法を練習する。一方、アマチュアは練習時間の半分を友達とのおしゃべりに費やしている。簡単に言うと、同じ時間だけリンクにいても結果に大きな違いが出るのは、練習方法に違いがあるからだ。この発見は、複雑な表の暗記、チェス、バイオリン、各種スポーツなど、ほぼすべての技術に当てはまる。さらにはスピーチや人間関係、感情のこもった会話や対立をはらんだ会話にも同じことが言えるのだ。

ここで一つ、落とし穴に注意しなくてはならない。目的のある演習によって運動能力を改善できるという事実は、フィギュアスケートやチェス、バイオリンなどの活動に関するかぎり、あらゆるものに通用する。ところが、職場での人間関係改善、品質管理のための士気向上、非行少年との意思疎通、医師に対する医療ミスの指摘などの方法を、コーチについて学ぼうという人はあまりいない。微妙で感情的な人間関係の技術を学ぼうという人はまずいないし、ましてやコーチに付いて練習しようとは思わない。

だが、そのような態度はまったくの誤りだ。病院でよくある問題を例に挙げよう。医師が医療ミスを犯したとする。乳腺切除の手術中に、患者の胸腔を覆う小さな筋肉を誤って傷つけてしまったのだ。麻酔専門医がモニターの針が激しく振れるのを確認する。片方の肺が機能を停止していることを示している。立ち会っている二人の看護師も同じ問題に気が付いた。即座に対処しないと患者の生命にかかわる。だが、その前に、執刀医が自分から責任を認めるか、スタッフの誰かが警告を発しなくてはならない。

手術に立ち会っているスタッフたちはどう動くだろうか。多くの場合、執刀医のミスを指摘することを一瞬、ためらうことだろう。もし自分が十分に状況を把握していなければ、生意気だとか反抗的だとか思われるかもしれないからだ。訴訟問題もからむので、事態はますます厄介だ。さらに悪いことに、手術中に口を出してそれが間違っていたせいで叱責されたケースもある。そんなリスクを自分が負うのはごめんだ。そうこうしているうちに、貴重な時間が過ぎていく。

このような医療ミスは何万件と起きている。血液の採取方法や患者の扱い方、モニターのチェック方法については学んでいても、同僚や医師に対してミスを指摘する訓練はしていないからだ。何をどう話せばいいかわからないし、口に出した結果についても確信が持てないのが現状だ。

もちろん、人間関係のノウハウの欠如が深刻な問題を引き起こすのは、医療分野だけではない。上司が危なっかしいアイデアを提案しても、叱責を恐れて黙っていたり、せっかくよいアイデアがあっても言いそびれているうちに誤った決定が通ってしまうことはよくある。目上の人に対して率直に話すのには技術がいり、技術を身に付けるには訓練が必要だ。配偶者からの精神的暴力に立ち向かったり、学校でのいじめに対処したり、麻薬をやめさせようとするときも同じだ。へたをすれば、あざ笑われたり、けんかになったりするだけだ。人間関係は非常に複雑で、個人的な指導を受け、目的のある演習を積まなくては、改善は難しい。

タイのウィワット博士が直面した問題を例にとって考えてみよう。セックスワーカーはみな若くて貧しく内気な女性だ。そんな彼女たちが、どうしたら年配で金持ちの男性客に向かって、きっぱりとコンドームをつけるように要求できるのだろうか。案の定、最初は何をどう言えばいいかもわからない。もじもじするばかりで、すぐに客の剣幕に押されてしまう。結局はあきらめて、自分と多くの人をエイズ感染の危険にさらしていた。

そこでウィワット博士はベテランのセックスワーカーたちに声をかけ、若い女性たちに身を守るためのトレーニングを施すことにした。ベテランの女性たちは客をうまくあしらって、毅然とした対応をする方法を伝授した。重要なのは、若い女性たちが自信を持って意思表示ができるよう、実際に会話の練習をしたことだ。フィードバックを受けながら、現場で使えるようになるまで話し方を訓練したのである。きめ細かな指導とフィードバックのおかげで、わずか一、二年のあいだにコンドーム使用率は一四パーセントから九〇パーセントにまで上昇し、数百万人の命を救ったのである。

あなたが直面している根深くしつこい問題の多くは、遺伝的運命や勇気の欠如、性格的欠陥によるものではなく、技術の不足（それと目的のある演習の欠如）に原因がある。長らく自制心や高い能力は、遺伝的な特性によるものと見られてきたが、それらは訓練を受けることで手に入る能力だと明らかになった。正しい行動の仕方を学べば、チョコレートの誘惑を我慢することから、気難しい上司と議論することまで、あらゆる技術を身に付けられるのだ。

複雑な技術を完成させる

話を元に戻そう。練習すれば何でもいいというわけではない。独学で練習していても進歩が頭打ちになるのはそのためだ。タイピングや車の運転、ゴルフやテニスなどの単純な技術は、五〇時間ほどの練習で習熟度が頂点に達し、あとは無意識に手足が動くようになる。そうやって身に付けた技術は楽に使いこなせるが、進歩も止まってしまう。技術が最高点に達したと思い込み、よりよい方法を目指さなくなるからだ。

■インフルエンサーの行動に学ぶ

再びガーナ奥地の金鉱の話に戻る。その金鉱の経営陣は自動車事故を減らそうとして、運転手にスピードを出しすぎないよう注意を与えていた。ところが、実は運転手たちは自分ではスピードを出したくないのに、人間関係の問題でやむなくスピード違反をしていたのである。役員たちはしばしば運転手に空港まで送ってもらっていたが、空港までは二時間の道のりだ。さらに時間ギリギリに出発する。だから飛行機に乗り遅れないよう、運転手たちはスピードを出さざるを得ない。

運転手にとってのきわめて重要な行動は、役員に出発時間を知らせるため一時間前に電話をすることだ。ところが運転手にとっては、これは非常に気まずい、慣習に反する行動なのである。つまり、これは能力の問題だった。そこで彼らは台本をつくって練習することにした。また、役員が遅れてきたときに何と言えばいいかも練習した。さらに彼らは安全管理マネジャーとシニアリーダーたちを招いて話し合いをし、苦手な役員と会話するロールプレーイングも行った。

この試みのおかげで運転手たちは自信を持ち、事故を防ぐための決定的瞬間にきわめて重要な行動を行う能力が培われた。同時に、運転手に業務への責任を持たせる（影響要素三）という点で、経営陣にとっても意味のある効果的方法となった。

人はある程度までうまくなると、習熟度が限界に達する前に進歩するのをやめてしまうものだ。頭の中で計算して、新たな技術を身に付ける努力が進歩から得られる利益に見合わないと思うと、もう努力しなくなる。ワープロやウェブサーバーの操作に関しても、頻繁に使う機能をマスターしてしまうと、劇的に能力をアップさせる新たな機能があっても、それ以上学ぼうとしない。

このように技術向上が頭打ちになると、満足できるような成果は期待できない。多くの専門家は自分の技術が許容水準に達すると進歩を止めてしまう。一般にソフト開発のエンジニアは業界に入ってから五年で進歩が止まるという。月並みなレベルを超えてさらなる進歩を達成できるかどうかは、業界での経験の長さとは関係ない。

では、何が進歩を生み出すのだろうか。アンダース・エリクソン博士によれば、進歩を生み出すのは単なる練習ではなく、「目的のある演習」である。エリクソン博士によれば、どの分野でも一流レベルになると、職業経験の長さとパフォーマンスのあいだには相関関係がないことがわかった。

これは驚くべき事実だ。経歴二〇年のベテラン脳外科医の腕前が、まだ五年目の新米医師とあまり変わらないかもしれないということだ。両者の違いは経験の長さではなく、目的のある演習をしたかどうかにある、というわけだ。明確な基準に基づいてきめ細かなフィードバックを受けている医師の方が、同じ手法を繰り返している医師よりも、ずっと早く進歩するのである。確かに時間をかけることは必要だが（作曲家、ダンサー、科学者、小説家、チェス選手、バスケットボール選手などの一流どころは、ほとんど一〇年以上の経験の持ち主だ）、技術の習得の上で最も重要なポイントではない。重要なファクターは、時間を賢く使うことだ。それが完璧さをつくる練習スキルである。

目的のある演習が技術レベルの向上に大きな影響を与えることは、十分な根拠がある。数学から走り高跳びに至るまで、教える能力がどう進歩したのか振り返ってみよう。ロジャー・ベーコンはかつて「微積分をマスターするには三〇～四〇年かかる」と言った。ところが、いまでは高校でその微積分を教えている。また現代の音楽家は、過去の伝説的な音楽家の妙技に勝る技術を持っている。スポーツの世界でも記録はたえず塗り替えられている。映画『ターザン』の主役で有名なジョニー・ワイズミュラーは、一九二四年のパリ五輪で五個の金メダルを獲得したが、後にそれらの記録が高校生によって破られるとは、誰も予想していなかっただろう。では、目的のある演習とは何か。そして、きわめて重要な行動にその技術をどう当てはめれば、影響力を高めることができるのだろうか。

短時間に意識を集中する

目的のある演習に欠かせないのが意識の集中だ。ぼんやりと惰性でやっていてはだめだ。鋭い集中力を持ち、自分が何をしていて、何がうまくいき、何がだめなのか、それはなぜなのかを正確に観察する必要がある。

集中力を維持することがいちばん難しいと言う学生は多い。一流のミュージシャンやスポーツ選手も、目的のある演習を阻害する要因は集中力を維持できないことだと言う。最高レベルの集中力を維持できるのは、気持ちが新鮮な朝のせいぜい一時間ほどだ。どの分野でもそうだが、一流の人間でも一日のうちで集中できるのはトータルで五時間を超えることはない。学生の場合、これが可能なのは昼寝をするか、通常より睡眠時間が長い場合だけだ。

明確な基準を定めて、すばやくフィードバックする

スキル向上のためには、練習時間の長さよりも、明確な基準に基づいて明確で頻繁なフィードバックを与えることが重要だ。チェスの選手は世界のベストプレーヤーと自分の棋譜を見比

べることに毎日四時間は費やす。自分とエキスパートの駒の動きを比較するのだ。自分の指し方と一流選手のものが違ったら、一流選手が何を考え、自分がどう間違えたのかを時間をかけて検討する。そうやって比較すれば、進歩はずっと早くなる。集中してすばやくフィードバックすれば、学習に拍車がかかる。自分がどこで指し手を間違えたのかにその場で気付き、その誤りから学ぶことができるのだ。

スポーツの一流選手もパフォーマンスの向上のために、すばやいフィードバックを活用している。自分の細かいプレーの重要な特徴に焦点を絞って、一回一回のプレーを綿密に比較する。競泳の金メダリストであるナタリー・コーグリンは、ライバルたちよりも少ないストローク数でコースを泳ぎ切るが、それはスタミナの点で大きな利点となっている。彼女はストロークの細部に焦点を当てて練習をする。「水をどう操るかがポイントです。一回一回のストロークのわずかな違いが、大きな結果を生むのです」と、彼女は語っている。ゴールまで何ストロークで泳ぎ切ったかをチェックし、次の回で自分の手の位置を微調整している。むやみに本数を増やすより、このように焦点を絞った目的のある演習こそがパフォーマンスの向上につながる。

すばやいフィードバックという考えは、従来の教育法を根本から覆すものだ。教師の多くは、テストの回数は少ない方がいいと考えている。テストの苦痛が学生のやる気を削ぐと思っているからだ。ところが、研究でわかった事実は逆だ。エトナ・リードによれば、効果的な教育においてきわめて重要な行動の一つは、教えてからテストをするまでの間隔をできるだけ短くすることだ。テストの回数を増やせば慣れて当たり前になり、怖くも何ともなくなる。そして学生たちは、基準に照らした自分の達成度を確認できる。

明確なフィードバックをともなう目的のある演習と、現状のリーダーシップ訓練とを比較してみよう。ビジネス・スクールや大学の経営学科では、リーダーシップが訓練の必要な技術だとは考えていない。学校で教わるのは考え方であって、行動のしかたではない。だからＭＢＡのコースやリーダーシップ・トレーニングを受けている役員候補は、事例の研究や数式を使って経営分析をするだけで、訓練といえるようなものを受ける機会はあまりない。

確かに典型的なビジネス・スクールでは、プレゼンテーションやスピーチなど、当然に必要となるパフォーマンスの練習コースはある。しかし、重要なリーダーシップの技術、例えば社内で議論になっていることへの取組み、問題社員の叱責、協力体制の構築、会議の主宰、上司への提言、変化の促進といった特別な行動を、目的を持って演習する機会はあまりない。

大きな目標を小さなゴールに分解する

目的のある演習を別の角度から見てみよう。まず次の問題を考えてほしい。患者に脳卒中の予防薬を毎日飲ませるにはどうしたらいいだろうか。その患者が一度でも発作を起こしたことがあるなら、薬を飲ませることは簡単だと思うかもしれない。では、もっと複雑な要因が加わったらどうだろうか。その薬は長期的には脳卒中の危険を抑えてくれるが、その一方で足のけいれんや、痛みをともなう湿疹、倦怠感、便秘、頭痛、性機能障害などの副作用をともなうとする。こうなると話は難しい。事実、副作用を嫌って何年も薬を飲まない脳卒中患者は少なくない。

どころが長期的な目標（発作の再発防止）に焦点を当てるのではなく、小さなゴールを設定して患者にすばやくフィードバックを与えるようにしたら、状況は大きく変わった。患者には薬とともに血圧計と管理ノートを渡す。患者は毎日、薬を飲んだら血圧を測り、数値の変化を他の成果とともにノートに書き込む。するとたちまち劇的な変化が現れた。小さなゴール（日々の血圧計測と記録）を設定し、それを達成することで、患者は自分の状態を確認してコントロールできるようになったのだ。これによって、薬の効能をはっきりと意識できるようになり、服薬への意欲も高まった。

明確で達成可能な目標を設定することの重要性を、インフルエンサーは昔からよく知っていた。第一に、彼らは明確な目標を定める重要性をしっかり理解している。口ではわかっていると言う人は多いが、実行に移せる人は多くない。例えば平凡なバレーボール選手は「集中力」（具体的に何を指しているのだろうか？）を高めることを目標に置くが、トッププレーヤーたちは正確なトスを上げることを目標にし、そのために何が必要かも理解している。

達成度をしっかり見極めるために、トッププレーヤーは結果よりも具体的な行動やプロセスの改善を目標とする。バレーボール選手であれば、トス、レシーブ、ブロックなどの目的別にゴールを決める。一方、平凡なプレーヤーが目標とするのは、大量得点するとか称賛を集めるなどの結果だ。バスケットでフリースローの成功率が七〇パーセントを超えるプレーヤーの練習方法は、成功率が五五パーセント以下のプレーヤーとはまったく違う。優秀な選手は「脇を締める」とか「腕をしっかり伸ばす」など技術的な目標を定める一方、成功率の低い選手は「一〇本続けてゴールを決める」など、結果を目標としていることが多い。

どこに焦点を絞るかの違いは、プレーヤーが失敗したときにもはっきりと現れる。フリースローを二本続けて失敗した選手を呼び止めて、失敗した原因について尋ねてみよう。一流の選手は「脇が甘かった」など具体的な技術的ミスを理由に挙げるが、平凡な選手は「集中力に欠けていた」などのあいまいな説明をする。

意欲を維持する上でも、小さなゴールを決めておくことは大切だ。自分は成功できないと不安に思っている人は、一度失敗するとまた何か悪いことが起こるのではないかと恐れるようになる。そして自分はひどい失敗をするに違いないと思っていると、それが自滅的な行動につながるのだ。自分はけっして成功できないし、失敗したら大変なことになると頭から思い込んでいる人は、さらなる痛手を受ける前に自分が失敗する理由を探して逃げようとする。

失敗への恐怖に捕らわれている人の場合は、スキルを改善するだけでなく、実際の能力とともに成功への期待感をふくらませてやろう。だが、すでに前で見たように、そういう人を納得させるには言葉だけでは足りない。「そのヘビは噛まないから近寄ってごらん」と言うようなものだ。例えば、シャイな新入生にデートの仕方を教えることはできるが、その学生は自分が確実に進歩した証拠を見るまで、学んだことが役に立つとは認めず、新しいスキルを実行に移そうとはしない。

では、進歩の証拠はどこに見出せばいいのだろうか。スキルを試して、成功することが大切だ。成功すれば、目標を達成できたことが実感できる（気持ちに変化を起こせるのは、実際に変化を理解できるような体験だ）。だが残念ながら、疑い深い人は危険に近づこうとしないので、けっして成功することもない。そのような人を変化させるには、どうしたらいいのだろうか。

アルバート・バンデュラ博士（先に紹介した社会認知理論の父で、本書は彼の理論を多く参照している）が指摘する方法はこうだ。何かを怖がっている人にその行動を促すには、ポジティブなフィードバックをすばやく与えて、自信をつけさせることだ。短期的で具体的な、失敗のリスクの低い目標を定めて、まず一歩を踏み出させるわけだ。複雑な課題はシンプルに、長期的なゴールは短期的に、あいまいな仕事は具体的に、リスクの高い目標は失敗のリスクのないものにすることだ。

それを大規模に実行している例が、ディランシーでの試みである。シルバート博士が相手にしているのは、罪を犯して社会から見捨てられた、教育や技術とは縁のない人々だ。仕事の経験や学問的素養がないばかりか、人間関係も切れ、社会で生き延びるスキルも持っていない。

そのような人たちにさまざまな社会的スキルを教えるにはどうすればいいだろうか。一度に大きなことをせず、小さなことから始めればいい。まず、レストランでの仕事のような職業的スキルを選び、その中からさらに小さなスキルをピックアップする。ディランシーのベテランが、何もわからない新入りにテーブルのセッティングを教えるのがその例だ。麻薬の禁断症状があったり、カルチャーショックや肉体的・精神的問題を抱えていたりすれば、最初はフォークを並べるだけで精いっぱいかもしれない。それがきちんとできるようになったら、次はナイフを並べる番だ。

失敗から立ち直る術を身に付ける

初期の段階では、短期的な成功を味わうために小さなタスクから始めることが大切だが、もっと重要なのは、最初のうちに成功ばかり体験した人は、失敗すると挫折するのも早いという点だ。短期間で楽に成功を重ねると、あまり努力しなくても成功できると甘く考えるようになる。

この問題に対処するには、努力、忍耐、打たれ強さが成功のカギだということを学ぶ必要がある。つまり、訓練の中に少しずつ努力と忍耐を必要とするタスクを取り入れるべきなのだ。学習者が困難なタスクを達成して一時の敗北から立ち直るとき、失敗は永遠の障害物ではなく、まだ学ぶ必要があることを示すサインにすぎないことがわかるだろう。

■インフルエンサーの行動に学ぶ

ある企業の役員たちがほぼ丸一日かけて、新しい品質イニシアチブの発表準備をしていた。会議も終わりに差し掛かったころ、副社長の一人がこんな提案をした。「皆さんが会議で一生懸命だったことはよくわかります。ですが、社内の不信の声に対して答えがバラバラでは、単なる気まぐれでやっていると思われかねません」。全員がそれに賛同し、会議の最後に三〇分かけて目的のある演習を行うことにした。

まず、参加者たちは難しい質問をいくつか考えた。次に二人ずつペアになり、二分間で簡潔に質問に答える練習をした。まずペアの片方が相方に対して質問に対する回答を話す。すると相方がフィードバックをし、それを参考にしてもう一度話す練習をするという手順だ。三〇分たったころには、役員たちは質問に率直で統一した回答ができるという自信がついた。少しの手間をかけて目的のある演習をしたおかげで、役員たちは会社全体に一致した見解を語れるようになったのである。従業員は幹部の真剣な気持ちを理解し、スムーズに新しいやり方を受け入れた。

以上のように、問題と失敗の本質を知る能力は、とくに自分はだめだと思っている人にとっては重要な役目を果たす。失敗したら「どこに問題があるかわかったぞ！」と考えればいい。「今度もだめか。自分は完全に負け犬だ」などと思ってはならない。失敗はブレーキではなく、成功への手引きだと考えるべきだ。

初期の失敗は、さらなる努力と忍耐の必要性を表すシグナルであり、戦略や作戦の変更を求めるサインでもある。成功できないというシグナルではない。例えば、ダイエット中に思わずアイスクリームに手を付けてしまったとする。どうせダイエットなど無理だと考えるのか。それともアイスクリーム屋の誘惑から逃れるため、店を避けて歩くよう道を変えるのか。前者の考え方だとダイエットのブレーキとなってしまうが、後者はダイエット計画を見直す手引きを与えてくれるのだ。

感情コントロールの技術を身に付ける

最後にまた自制心の話に戻ろう。ヘンリーは包装紙を破りかけのチョコレートを見つめている。目と唇と舌は、早くチョコレートを食べてしまえと脳をせっついている。ヘンリーの運命は終わりなのか。それとも満足を先延ばしするスキルを学べるのか。マシュマロ実験をよく理解するために、研究のおさらいをしよう。

最新の研究によれば、人間は状況に応じて二つの異なったシステムによって制御されている。この二つのシステムは性格や衝動というより、ミッチェル博士とバンデュラ博士の言うように、実はスキルによってコントロールできる。二つのシステムのうち一つは「ホット」または「ゴー・システム」と呼ばれる。これは命を守るためのものだ。例えばトラのような怖いものに出くわすと、「ゴー・システム」が発動し、脳は手足への血流を増やすよう指令する。心拍数と血圧が上昇し、外傷に備えてコレステロールが生成される。

不思議なことに、「ゴー・システム」が発動されて手足への血流が増加すると、脳の中の扁桃体という小さな器官が思考をつかさどるようになる。扁桃体が脳を支配すると、情報を冷静に正しく処理することができなくなる。扁桃体は「爬虫類脳」とも言われ、熟慮したり、高レベルの認知機能を働かせることよりも、スピードを重視する。戦うか逃げるかという判断を含む、感情的で反射的な反応を処理するようにできているのだ。扁桃体は本能に訴えて行動を起こす。トラを見ると、誰でも思わず逃げ出すだろう。この「ホット」または「ゴー・システム」は生まれて間もない時期につくられるため、幼児期には主にこのシステムに支配されている。

二つ目のシステムは「クール」または「ノウ（know）システム」と呼ばれ、より安定した状況で機能する。感情的には中立で、前頭葉を使って高次の認知プロセスをつかさどる。人間がただ生き残りのためではなく、生きがいを持つのはこのシステムの働きだ。友達とおしゃべりしながら野いちごを摘んでいるようなときには、この前頭葉が働いている。このシステムは物陰からトラが現れたようなケースには適していない。「ノウ・システム」はしずかに熟考するような場合には向いており、発達し始めるのは四歳ころ、つまり子どもが満足を先延ばしできる年齢からだ。

二つの異なる制御システムがあることはすばらしいことだが、それぞれ独自のタスクに適応しているため、状況に合っていない方を選択してしまう危険がつねにある。例えばトラが現れたときに、そのスピードに驚きながらも、冷静なまま「さて、あの木に登れば助かるかな……」とじっくり考えていたらどうなるだろうか。あっという間にトラの餌食だ。「ノウ・システム」が「ゴー・システム」から制御権を奪った不運を嘆くしかない。

実際には、「ゴー・システム」が適している状況で「ノウ・システム」が働くことはめったにない。むしろ誤って「ゴー・システム」を使ってしまうことの方が多い。ともかく、危険の兆候が見えたときには、「ノウ・システム」を使うよりも、走って逃げた方がいい。そういうわけで、「ゴー・システム」はしばしば攻撃されそうな兆候を感じただけで発動するようになっているのだ。複雑な問題を熟考している場合ではない、というわけだ。

例えば、経理部の同僚が会議であなたの意見を笑いものにしたとしよう。あなたはムッとする。「数字にしか能のないゴリラ野郎め、よくもおれのアイデアをバカにしたな」というわけだ。もちろん、これは命にかかわる問題ではない。相手は経理担当者であり、トラではないからだ。だが、用心するに越したことはない。あなたの「ゴー・システム」のスイッチが入る。これは頼まなくても無意識に起こることだ。手足への血流が増大し、力がみなぎる。脳内では扁桃体が稼働する。あなたはホットになり、「ゴー」の掛け声を待つばかりだ。マンセスを倒した原始人さながら、カッとなって哀れな経理担当者を言葉でズタズタにする。そのとき、あなたは何を考えていただろうか。もっと具体的に言うと、あなたの脳のどの部分を使って考えていたのか。

この不適切な感情的反応は、ところかまわず発動する食欲や欲求と同じものだ。「ゴー・システム」は、戦うか逃げるかという命にかかわる状況のためだけにあるのではない。それはすばやい反射的反応や生存本能が必要なときには、いつでも発動される。カフェテリアでドーナツのにおいを嗅ぐと、「いま食べないと手遅れだ」というささやきが聞こえるのはそのせいだ。

■インフルエンサーの行動に学ぶ

景気後退の時機、ある金融会社の経営陣は富裕層の顧客をライバル社に奪われるのではないかと恐れていた。調査の結果、顧客との信頼関係を取り戻すには、顧客との感情的トラブルに対して率直に対応することがきわめて重要だとわかった。例えば、資産管理マネジャーの多くが証券運用実績が思わしくないことを顧客に伝えそびれていた。また、株価下落の損失を最小化するために顧客に損切りを勧めるよりも、放置して傷口を広げる社員もいた。逆に、この状況を巧みに切り抜けた者たちは、顧客との信頼関係を深め、より多くの顧客を獲得していった。

そこで資産管理マネジャーたちは、どのようなときに感情がプロの対応を妨げるのかを学び、感情自体を見直すスキルを練習した。恐れにとらわれず問題に正面から向き合って対応すれば、むしろ肯定的な結果を生むことを知ったのである。目的のある演習に理性的に取り組んだ結果、社員たちは知識として知っていたことを現場で実行することを学んだ。会社もまもなく顧客の信頼を取り戻し、業績も好転していった。

この二つのシステムのうち、違う方のスイッチを入れてしまうと大問題になることがわかるだろう。きわめて重要な行動をしようと心に決めていても、ストレスがかかる場面ではその決意がくじけてしまうのはそのためだ。場違いなときに扁桃体が作動しないようコントロールできさえすれば、感情的にならずに理性的に行動することができる。ありがたいことに、そのような自制心のスキルは学ぶことができる。感情の波に飲まれない方法を身に付けたいなら、このスキルはきわめて重要だ。

脳のスイッチを入れる

「ゴー・システム」をコントロールする方法は、マシュマロ実験から学ぶことができる。ミッチェル博士らは満足を先延ばしできる子とできない子に分けたのち、すべての子が満足を先延ばしできるようにする方法を考えた。長期的な利益のために目先の欲望を抑えるには、どうすればいいのだろうか。ただ部屋から出るように言ったり、「我慢しなさい！」と口で説得する方法は効き目がない。そこで彼らは感情マネジメントのスキルを教えようとした。そのスキルとはどんなものだろうか。

さまざまな年齢層を対象とした実験からわかったのは、研究者が本当に戻ってきてご褒美をくれると信じていないと、我慢はできないということだ。後でがっかりするくらいなら、我慢する必要はない。また、自分は目先の欲望に打ち勝つことはできないと思っていると、やはり我慢することは難しい。つまり、ミッチェル博士はバンデュラ博士の主張を再確認したわけだ。人間は（一）それが自分にとって価値があり、（二）自分にはそれができると思わないかぎり、行動を起こそうとはしないのである。確かにその二つがなければ、わざわざやる必要はない。

ミッチェル博士の研究によって、満足を先延ばしできる子どもは、短期的・長期的な報奨から目をそらすのがうまいことが明らかになった。満足を先延ばしできる子は、何か他のことをして気持ちをそらすことができる。目を覆ってマシュマロを見ないようにしたり、イスを反対側に向けたり、机の上で腕枕をしてみたり、という具合だ。さらには独りごとを言う、歌を歌う、手足を使って遊ぶなど、自分なりの気分転換の方法を考え出した。頭のよい子は、立ち上がってモルタル壁の継ぎ目を指でなぞったりもした。つまり満足を先延ばしできる子は、退屈な待ち時間をゲームのようにして紛らわせる賢い方法を発明したのだ。

ミッチェル博士が、他の子らにこれらの作戦を教えると、確実に我慢する能力が向上した。同様な実験では、子どもにある課題を与えて、それに対して後でご褒美をあげると言うと、課題に集中した子の方がご褒美に目を奪われた子よりも長く我慢できた。また、失敗したときの代償など、悪い結果に目を向けさせると、気が散るばかりで、我慢強さを強化することにはつながらなかった。

最後に、退屈で難しい課題に集中できるような「強い意志を持て」と言い聞かせることは、効果がなかった。多くの人が自制心のない人はもっと強い意志を持つべきだと信じ、「責任感を持て」とか、「愚痴をこぼすな」とか、「気合いを入れろ」と要求するが、研究によればこれも意味がない。「頑張れ」と言ってもパフォーマンスの改善にはつながらないわけだ。

それよりもよい方法は、難しいタスクを簡単にし、不快で退屈なタスクを楽しみに変えることだ。その具体的な方法は第９章で扱うことにしよう。とりあえずここでは、テクノロジーの進歩によって仕事はずっと簡単で楽しいものになり、上司は部下に嫌で退屈な仕事をさせるために説教する必要もなくなった点に言及するだけで十分だろう。短期的な目標にフォーカスして成果を測定するようにすれば、部下の尻を叩いて目標達成まで頑張らせるプレッシャーから解放される。

感情をコントロールするもう一つの効果的方法は、自分の気持ちを見つめることだ。心理学の用語で、これを「認知的再評価」と言う。「ゴー・システム」が働いて感情が抑えきれなくなったら、「ノウ・システム」を働かせてその感情を分析するのだ。そのためには、前頭葉を働かせて難しい問題を解かせればいい。うそではない。もし脳に扁桃体の能力を上回る仕事をさせれば、「ノウ・システム」にスイッチが入り、正常な思考を取り戻すことができる。

認知的再評価を起動するには、こんな方法がある。欲しいものから一歩下がって分析する（クリームチーズ・ベーグルを食べたいが、カロリーが高すぎる）。逆の考えや目的を並べて自分の中で議論する（本当の望みは？　後でランチのカロリーを計算して、自分を褒めてやることだ）。気を紛らわせる（スタイルがよくなった自分の姿を想像する）。そうやって満足を先延ばしすればいい。「ゴー・システム」は意外に辛抱強いのである。

例えば、強迫神経症患者が八時間に一〇〇回も石けんで手洗いをしないと気が済まないなどの異常な心理的欲求にとらわれているとき、セラピストはその症状を抑える方法として「一五分だけ我慢してみたら」とアドバイスする。すると短時間のうちに頭が「ノウ・システム」に切り替わって、他の選択が容易になる。欲求は満たされないかぎり弱まることはないと信じている人は多いが、これは事実ではない。

分類、議論、熟考、先延ばしのような方法を使えば、頭を切り替えることができる。脳のどこを使うかで、考えを変えることができるのだ。「ノウ・システム」が起動されるのにともない、脳を制御する場所も扁桃体から前頭葉へと切り替わる。考える場所が変わると、それにともなって考える方法や内容も変わり、長期的な視点でじっくり考えることができるようになる。

ヘンリーのようにチョコレートにかぶりつきたくなったり、ギャンブルや衝動買いの欲求に取り憑かれてどうしようもなくなったりしたときは、欲求を抑えるためのスキルがあることを思い出そう。

まとめ：個人的能力

行動を変化させるには、新しいスキルが必要になる。優れたインフルエンサーは、凡人よりもずっと多くの時間を割いて、人に目的のある演習をさせる。もし人に影響力を与えたいと思うなら、思った以上に多くの時間を割いて、新しい行動を練習させるべきだ。また、練習に当たっては、現実的な条件、コーチ、フィードバックが必要だ。きわめて重要な行動は、取りかかりやすいように小さな単位に分けよう。そして初期の段階で失敗する場合に備えて、挫折から立ち直る練習をする。

最後に、成功のための技術や対人関係スキルだけでなく、自分の心をコントロールするスキルを開発しなければならない。変化を妨げる感情にどう対処するのかの訓練が必要となる。脳を「ゴー・システム」から「ノウ・システム」にうまく切り替えることを知れば、成功を邪魔する目先の衝動に打ち勝つことができる。

ここで大切なことは、くせを直したり、複雑な身体的・知的・人間的スキルを向上させたりすることは、個人的な意欲や性格とはほとんど関係ないという点だ。それらはすべて能力にかかわっている。目的のある演習をし、感情をコントロールする能力を身に付けて、より高度な熟練を目指そう。そうすれば、きわめて重要な行動を習慣付けることができるだろう。

第6章

励ましを与える──社会的意欲

嫌いな人に好かれるために不要なものを買い、不要なものを買う金を稼ぐために好きでもないことをして人生を費やす。私もかつてはそんな不思議な人種の一人だった。

──エミール・アンリ・ゴブロー

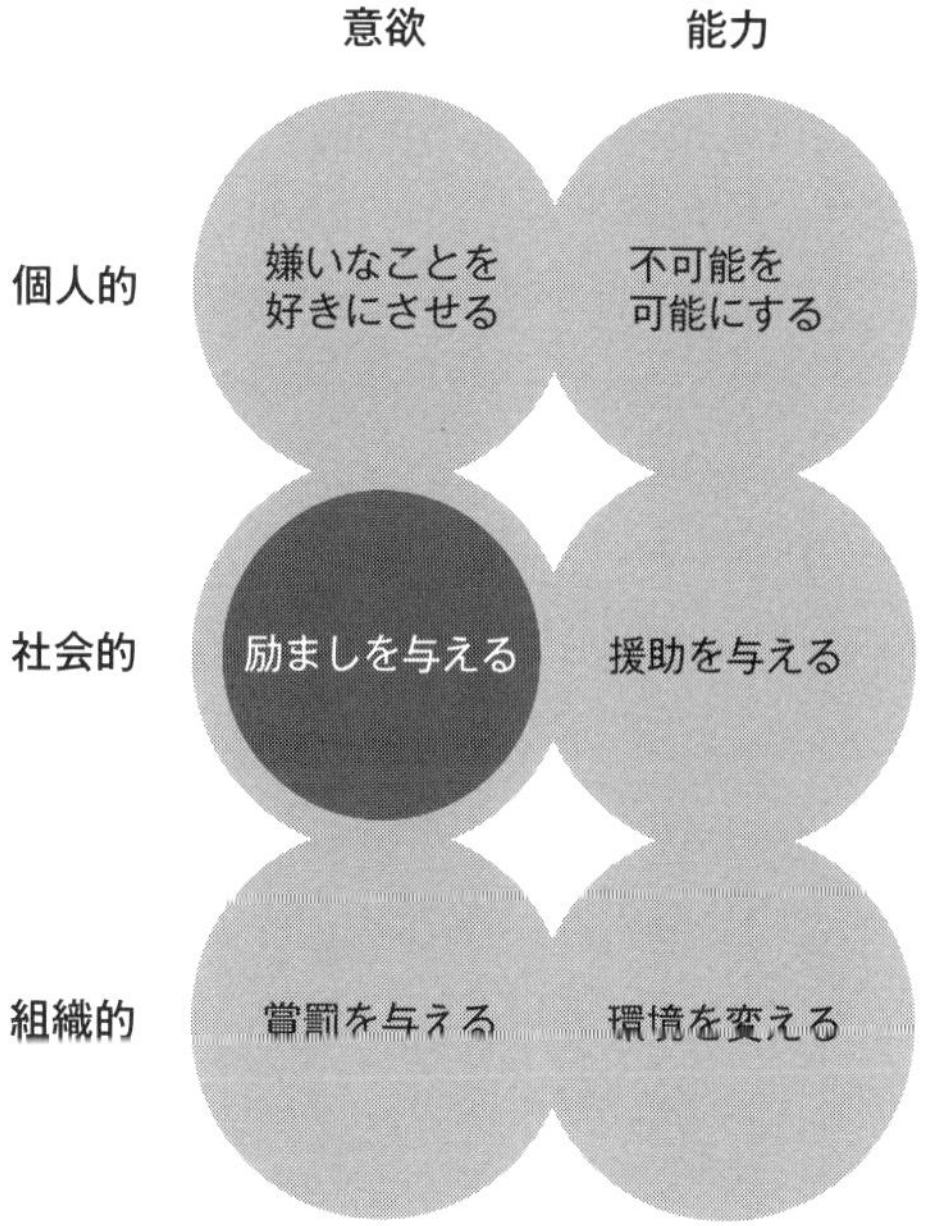

顔見知りの人からの説得ほど、強力で利用しやすい影響要素はない。人が変わろうとしているとき、褒めて、その努力を認めてやれば、背中を後押しすることができる。逆にあざ笑ったり否定したりすれば、努力は水の泡になってしまう。その力は他のどんな影響要素よりも強力だ。眉をひそめる、口を歪める、嘲るような表情を浮かべる、小さく首を振るなどのジェスチャーは、熱弁を振るうよりも大きな影響力を持つ。

優れたインフルエンサーは、この人間関係の力を正しく評価し、侮ったり否定したりせず、逆にそれを味方に付けて利用する。社会的影響力を活用し、決定的瞬間をとらえて適切な励ましと指導を与えてやれば、変化と責任意識を促すことができるのだ。

巨大な力

一九六一年、心理学者のスタンレー・ミルグラムはある実験を企てた。第二次世界大戦中のナチスドイツは、ユダヤ人やポーランド人、ロマ人、その他の数え切れない人々をアウシュビッツのガス室に送り込んだ。アメリカ人の多くはそのような行為に協力した者たちのことを、異常な原理主義者だと考えているが、ミルグラムはアメリカ人もそれと同じ気質を持っていることを証明した。その不穏当な発見のせいで、彼は四方八方から攻撃されるはめになった。誰もそんなデータを信じたくなかったのだ。

ミルグラム博士は、ヒトラー時代のドイツでどんなタイプの人間が罪のない友人や隣人の虐殺に手を貸したのかに興味を抱いた。しかし、政治的狂信の下で非道な命令に従うような、分別のない原理主義者が、コネチカット州の田舎町にいるとは思えない。それでも、ミルグラム博士はその手の人間を見つけ出そうとして詳細な調査を開始した。

もちろん尊敬すべき研究者ミルグラム博士が、近所の人たちに本物の殺し合いをさせるわけはない。ある種のトリックを使って、誰も傷つけていないのに自分が誰かを殺しつつあるように思いこませることにしたのだ。ニュー・ヘブンの新聞に広告を出して、実験への参加者を募った。報酬は一時間の実験で四ドル五〇セント。広告に目を留めた人たちが、イエール大学のホールの地下に集まった。表向きは、学習における負の強化（不快な刺激を避けようとして、ある行動が増えること）について調べるための実験だということになっていた。

実験の報酬をもらう順番待ちのあいだ、被験者はもう一人の参加者と仕事の内容についておしゃべりをする。この愛想のいい参加者は実はサクラであり、研究チームの一人である。次に白衣を着た研究者が現れ、二人につぼに入ったくじを引かせる。くじ引きの結果、一人は「先生」役、もう一人は「生徒」役となる。だが、本当はどちらのくじにも「先生」と書かれており、本物の被験者は必ず先生役になることが決まっている。

先生役と生徒役は研究者とともに小部屋に入り、そこで生徒役はイスに座らされ、研究者から腕に特殊なペーストを塗られる。研究者はこう説明する。「こうすると皮膚と電極が密着して、電気ショックが伝わりやすくなります」。ここで生徒役は何食わぬ顔でこう尋ねる。「数年前に病院で心臓に軽い異常があると言われたんです。本当に大丈夫ですか?」。すると研究者は自信たっぷりに答える。「はい、電気ショックの痛みはありますが、危険はありません」

生徒役の腕に電極を巻き付けた後、研究者と先生役の被験者は小部屋のドアを閉め、隣の部屋に移動する。そこには生徒役に電気ショックを与えるための、おどろおどろしい電気装置が置かれている。そこから本当に電気が発生することを信じさせるため、まず先生役に四五ボルトの電気ショックが与えられる。生徒役が実験で最初に受ける電気ショックと同じだが、かなり痛い。

実験の表向きの名目は「学習における負の強化」なので、先生役はペアになった二つの単語を、隣の部屋の生徒役に読んで聞かせる。その後、先生役は各ペアの最初の単語を読み、生徒役は二つ目の単語を思い出して言う。生徒役が間違えると、先生役は装置のスイッチを入れて生徒役に電気ショックを与える。単語を言い間違えるたび、先生役は電圧を上げ、心臓の悪い哀れな生徒役にさらに強いショックを与える。

先生役は生徒役がミスをするたびに電圧が上がっていると思っているが、実際は生徒役はまったく電気ショックを受けていない。先生役がスイッチを入れるたび、研究者が事前に録音してあった声を壁越しに流しているのだ。最初の電気ショックでは低いうめき声が聞こえる。二度目にはぶつぶつと不平の声。次にははっきりと文句を言い、さらに叫び声になる。ついには叫び声とともにドンドンと壁を叩く音がし、「心臓が……」などと言う声がする。最後に三一五ボルトにまで電圧が上がると、単語を読み上げても隣の部屋からは何の音も聞こえなくなる。

もちろんミルグラム博士は、電圧をどんどん上げるような者はあまりいないだろうと予想していた。事前に何人かの社会心理学者に結果を予想させたところ、電圧を最大まで上げるような「サディスティック」な人間は、人口の一・二パーセントほどだろうという答えだった。

しかし、白黒フィルムで映された実験の模様を見ると、身の毛がよだつことは間違いない。最初のうち、コネチカットの善良そうな人たちは、四五ボルトの電気ショックで生徒役がぶつぶつ言う声を聞いて、不安げに薄笑いを浮かべる。電圧が上がって叫び声が聞こえると、一部の人は顔をこわばらせる。一三五ボルトまでくると、多くの人が手を止め、研究者に実験の目的を確かめる。

ところが、被験者が実験をやめようとするたびに、白衣の研究者が続けるよう促す。最大四回まで継続を促し、五回目に達したら実験は中止されるが、さもなければ電気ショックが最大の四五〇ボルトに上がるまで実験は続けられ、生徒役はもはや声を上げることもなく、完全な沈黙状態となる。先生役に、生徒役が気絶したか死んだと思わせる仕掛けだ。

抗議の叫びを上げ、許しを請う生徒役に対して、被験者はさらなる電気ショックを与え続けたが、それを楽しんでいたわけではない。記録映像に映し出された被験者の苦悩の表情からは、「拷問をやめるべきだ」と思っていることが見て取れる。だが、実験をやめようとすると、研究者から続けるよう求められる。

実験を観察・記録していた研究者たちは、最後まで電気ショックを与え続ける人はほんのわずかだろうと高をくくっていた。ところがふたを開けてみると六五パーセントにものぼったのである。

この結果はミルグラム博士を悩ませた。コネチカットには全体主義に進んで魂を売り渡す狂信者や反社会的人間がごまんといることになるからだ。博士の発見は、誰でも悪に手を染める可能性があることを意味する。異常者を探そうとしていたら、博士自身が――そして我々自身も――異常者だったわけである。もちろん、この結果は誰からも歓迎されなかった。

それにしても、なぜ人間は知り合いでもない人の言葉をそれほど重視するのだろうか。社会学者ならそんな疑問を抱くだろう。人に変化を与えようとする影響力のエキスパートであれば、その目的はともかくとして、この驚くべき力が何に由来するのか興味を持つだろう。その仕組みさえわかれば、その力を自分の目的に使うことができるのだ。

目ざとい人なら、この影響要素をさまざまな方面に活用することだろう。そのためには、一つの簡単な原則に従えばいい。人がきわめて重要な行動を取ったら、周囲から褒められたり、支持されたり、励まされたと思わせればいい。逆に問題行動を取ったときには気持ちをなえさせ、さらには社会的制裁を加えることだ。

この「研究衣を着た権威者」の巨大な力、つまり社会的影響力は、インフルエンサーたちが実際に活用しているものだ。これについては多くの文献があり、リーダーシップ、人間関係の影響力、集団力学など、さまざまな分野で論じられている。

膨大な研究の中から、もう少し的を絞って、社会的影響力がよい方向にどう役立つのかを考える。具体的に言うと、社会的サポートの力を拡大する三つのベストプラクティスに注目しよう。第一に、「一人の力」について考える。自分自身の社会的影響力を犠牲と象徴的行動を使って拡大する方法だ。第二に、オピニオン・リーダーと手を組んで社会的影響力を拡大するやり方を考える。第三に、すべての人がかかわっている強力な社会的慣習をどう変えるかを見ていく。

一人の力

スタンリー・ミルグラム博士の研究で明らかになったのは、尊敬を集める一個人に多くの人が影響を受け、場合によってはおかしな方向へと引きずられていく恐れがあることだ。だが、彼はまた、逆も真実であることを発見した。人は自分の意思に反して行動してしまう場合があることを発見した後、ミルグラム博士はどの要素が行動に大きな影響を持つのかを調べ始めた。部屋のサイズ、電気装置の見た目や感触、被験者との距離……。さらに多くの被験者を対象に実験した結果、ついに人間の行動に最も大きな影響を与える要素が特定された。それは第三者の存在だ。

被験者の隣にサクラを一人座らせておき、生徒役に四五〇ボルトの電気ショックを与えさせたり、研究者に反抗させたりすると、それが被験者の行動に劇的な影響を与えることがわかった。街角で一般の人をつかまえてサクラになってもらい、被験者の順番の前に最高圧の電気ショックをかける様子を見せただけで、電圧を最高値まで上げた人の割合は六五パーセントから九〇パーセントにまで上昇した。同様に、もしサクラが実験を拒否して見せると、最高電圧を与えた人の割合はわずか一〇パーセントにまで下がった。いずれにせよ、たった一人の人間が決まりごとを守るかどうかに大きな影響を与えたのだ。

この発見は人間性に明るい希望をもたらすと同時に、影響力に関するすばらしい手がかりを与えてくれた。社会的サポートの大きな力を生かすためには、他とは違う行動をする尊敬すべき人物を見つけ出し、新しくよりよいきわめて重要な行動の手本を示してやればいい。あるいは、自分自身がそういう存在になればいいのである。

一つ、慣習に反する行動を示して周囲に大きな影響を与えた人物の例を挙げよう。ある大手防衛システム開発企業での事例だ。その会社のＣＥＯは長年の問題を解決するため、消極的な社内文化を変えて、社員がもっとオープンに意見を言い合うような雰囲気をつくりたいと考えていた。そして数ヵ月間、口をすっぱくして改革の重要性を強調してきたが、ついに決定的瞬間が訪れた。二〇〇人が出席した幹部会議でＣＥＯはこう述べた。「私は近寄りがたい人物だと思われているらしい。自分でも改善しなくてはと思うが、正直言ってどうしていいかわからないんだ。誰かフィードバックを与えてくれたらありがたい」

一瞬、会議室は霊安室のように静まりかえった。呼びかけに応じる人はいないかと、CEOは出席者を見回したが、気まずい沈黙が続くばかりだ。あきらめて次の議題に移ろうとしたとき、ケンという名の役員が手を挙げた。「いいですよ。私が協力します」

その声に応えて、CEOはケンと二人で会う約束をした。案の定、その日から会社のあちこちで、「バカな選択をしたものだ」などと、ケンの噂話に花が咲いた。ケンとCEOのマンツーマンの会議をネットで中継したら、空前のアクセス数を稼いだことだろう。まもなく、その結果がCEOから発表された。

CEOはケンとのミーティングの後（もちろんケンの許しを得て）、フィードバックの詳細をEメールで発信した。メールの中でCEOは、より親しみやすくなるための二つの変化を掲げ、必ず実行することを誓った。そしてケンの率直な協力に心からの感謝を述べた。たとえ直言を受けて傷ついたとしても頭から反発するのではなく、正直なアドバイスに感謝で報いることで心からの支持を示し、自分の変化を態度で示したのである。

その効果は大きかった。CEOとケンによるフィードバックの生きた見本は、他の一九九人のマネジャーたちを勇気づけ、数ヵ月のうちに社内に率直にものを言う雰囲気が急速に広まっていった。従業員も心を開いて問題解決にあたるようになった。

ケンもCEOも何か特別な権威者というわけではなかったが、社会的影響力を発揮した。二人とも尊敬を集める人物として、伝統を破って率直に話し合う方法を身をもって示した。もしCEOの呼びかけが口先だけのものなら、変化のための努力は水泡に帰しただろう。また、言葉による説得に終始していたら、やはりその影響力は限られたものだったに違いない。そうではなく、トップが自ら率直な態度を奨励するとともに自らもそれを受け入れ、本音を言う勇気を持った者を褒め称えることで行動に報いたのである。

尊敬される者がきわめて重要な行動を行って見せたとき、他のどの影響要素よりも人に変化への意欲を促すだろう。ここで留意すべきことは、人に生きた見本を示すことは、その人が尊敬を集めていなければ力を発揮できないという事実だ。例えば、筆者たちがコンサルタントをしていたある中堅合板工場でのこと。そこの人事マネジャーがある研修プログラムをしつこく売り込もうとしており、彼女は社長が新しい研修方式を絶賛する様子をビデオにまで撮った。社長は短くエネルギッシュなスピーチの最後をこう締めくくった。「今日の研修のエッセンスを、みなさん一人一人が噛みしめてくださるよう希望します」

人事マネジャーがそのビデオを研修の冒頭で見せたとき、参加者は社長をあざ笑い、野次を飛ばした。研修の参加者たちは、経営陣が言うことすべてを毛嫌いしていたのだ。彼らは社長をとんでもない偽善者だと考えていたため、彼の熱烈な推薦は逆に研修の信頼性を傷つける結果となった。

ある人は影響力を発揮できるのに、ある人は影響力がないどころか、プロジェクトに悪影響を与えてしまうこともある。あなた自身はよい手本となれるだろうか。世界のインフルエンサーの例から、三つのベストプラクティスを取り上げてみよう。

■インフルエンサーの行動に学ぶ

ある病院の看護師長は申し送りで、前の週の「成功例、失敗例、最悪の例」を共有する際、いつも自分の例から始めることにしている。そうすることで、悪材料や失敗を包み隠さずに打ち明けても大丈夫だという手本を示すことになる。

他の看護師が思いきって自分の問題や失敗を語ると、師長はむしろ「それはすばらしい所見です！」、「知らせてくれてありがとう！」などと感謝の言葉を述べる。それによって、安心して率直に話せるように勇気づけているわけだ。その看護チームはこうして失敗や成功のエピソードを共有し、日々の仕事の改善に生かしている。

道案内をする

社会的影響力を探すには、まず鏡の中をのぞいてみよう。自分の姿を見つめるのだ。人に新しい行動を勧めると、最初にこう言われるだろう。「なぜあなたの言うことを聞かなきゃいけないの？」

なぜなら、行動を変えることは現状を維持するよりも、肉体的・精神的にずっと大変だからだ。これまでの慣れた行動を捨てて、不慣れで難しいことを始めなくてはならないのだから。

南スーダンの通信会社であるＭＴＮのムハマド・シディキからアドバイスを求められたことがある。シディキが同社のＣＥＯに就任したとき、職場の雰囲気は最悪だった。政治・経済の混乱で、南スーダンの通貨価値は額面の一五パーセントにまで落ち込んでいた。つまり従業員は前年より八五パーセントも低い賃金水準でやりくりしなくてはならないということだ。さらに従業員は賃上げを要求し、経営陣と反目していた。

だが、シディキが解決しようとしていたのは別の問題だ。従業員の士気と生産性は耐えがたいほど低く、その状況を劇的に改善する必要に迫られていたのだ。そのためには従業員の理性的な参加意識が必要だ。そこでシディキは、きわめて重要な行動を促す努力を始めた。その新しい行動とは、全従業員が「相手の地位や役職に関係なく、遠慮なく物を言う」ことだ。

従業員たちは驚いた。そもそも、これは国の文化に反する。南スーダンでは会話の際に厳しい上下関係がある。ましてや反対意見を言うなど、とんでもないことだ。さらに、それを求めている人物が、従業員の不満の種をつくっているからだ。シディキは、大幅な賃金上昇は会社の存続を危うくすると説明していた。なのに今度は、気詰まりで危険な行動まで従業員に要求してきている。冗談ではない。

悲しい真実：誰かの行動を変えようとするとき、相手はあなたがどれほど信用できるか見極めようとする（シディキの従業員のように）。「この人についていって大丈夫なのか」という疑問を拭うために、過去から現在にいたるあなたの一挙手一投足を観察する。それだけではない。あなたが何かあいまいな言動を示せば、厳しく追及する。疑わしきは罰す、だ。残念なことに、不信感に満ちた状況では（この世界のことだ）、あいまいな言動はすべて否定的に受け止められる。ところが問題は、すべての言動はあいまい、という点だ。

例えば、金融サービス会社のＣＥＯであるクリスのコンサルタントをしたときのこと。彼は企業ブランドの変更に合わせて、それまでの縦割り化された社内文化を変えて、部門の枠を超えたチームワークと協力を生み出そうと試みた。クリスはコミュニケーション・チームに命じて、ブランドの変更記念にしゃれたコーヒーマグをつくらせた。そのマグカップには古い商標とスローガンが書かれているが、熱いコーヒーを注ぐとコーティングの化学物質が熱に反応して、新しいブランドが浮かび上がるという仕掛けだ。ところがある朝のこと、クリスがエレベーターに乗っていると、一人の従業員が新しいマグカップを手にしている。クリスはそれを指さして自慢げに聞いた。「そのマグはどうだい？」。すると従業員は暗い顔でこうつぶやくではないか。「まもなく首切りが始まるということですね」

クリスは目を丸くした。「それはどういう意味だ？」

「だって、このマグは前のものより小さいでしょう」と、従業員が説明した。

クリスはまだ納得できず、こう聞き返した。「まだわからないな」

「簡単でしょう？」と、従業員は子どもに説明するように続けた。「コーヒー代をケチるためにカップを小さくするくらいだから、もうすぐ首切りも始まるに決まってます」

すべての言動はあいまいだ。人は自分の都合に合わせて解釈するのである。

誰かに何か新しいことをさせようとするとき、相手は何か手がかりを得ようとしてあなたの言動に目を向ける。ところが問題は、彼らはあなたの言動を解釈する際に、自分が抱いている懸念や不信感を裏付けようとする傾向があるという点だ。だから人を変えようとする際には、信用を得るために明確であいまいさのない証拠を示さねばならない。しかし、どうすればいいのだろうか。

犠牲は死んだ価値をよみがえらせる：信頼を築くには時間がかかる。社会的影響力を築く唯一の道は、導こうとする相手との信頼関係をじっくり育てることだ。ところが、「機が熟すのを待つ」というもっともらしい言葉は、シディキのような人にとってみたら死刑宣告のようなものだ。彼は他国から赴任した新顔のＣＥＯであり、一〇年後ではなく、いますぐに影響力を行使したいのだから。

幸い、この「時間」に対する考えはほぼ間違いだとわかった。シディキはわずか数ヵ月で社内での影響力を築き上げ、社員の行動も目覚ましく変わり始めた。シディキは自分の言動がすべて否定的にとられるような状況で、どのようにして信頼を勝ち取ったのだろうか。それは犠牲を払うことだった。

最初にシディキが取った行動は、南スーダンの文化では前代未聞のことだった。傾聴と謝罪である。公開の席で、彼は従業員の言葉に耳を傾け、貨幣価値の大幅下落にともなう苦労に関心を向けた。続けて会社の窮状を説明し、ブレーンストーミングでダメージを減らす方法を模索した。だが、最終的に彼が強調したのは、会社が生き残る（そして従業員の仕事を守る）ために、自分にできることはあまりないという事実だった。しかしながら、この話し合いは驚くほど率直なものであり、会社のトップが謙虚に頭を下げて「申し訳ありません」と謝罪の言葉を口にする姿は従業員たちの目を引いた。それをきっかけに、彼らの中の何かが目覚め始めた。

まもなく、衝撃的な噂が社内を駆け巡った。先週末、シディキが七歳の娘を連れてジャファル（仮名）の家を訪れたというのだ。ジャファルはＭＴＮで尊敬を集める従業員の一人だが、彼の役職はシディキよりも一〇階級も下の管理人である。会社のトップからの電話に、あっと驚いたのも当然だ。シディキと娘は約束通りの時間にジャファルの自宅を表敬訪問し、一緒に住む両親に丁重にあいさつをした。そして暮らしぶりについて尋ね、ジャファルの長年の働きに感謝するとともに、信頼を得るためにトップとして最大限の努力をすることを約束して立ち去った。

シディキは週末ごとに社内の非公式な有力者たちの自宅を訪れるようになった。数ヵ月のうちに、変化を求めるシディキの言葉に嘲笑を浴びせる者はいなくなった。「信頼できる男だ。

こいつのためなら協力してやってもいい」というわけだ。

恐ろしくて困難で、尻込みするような大きな変化を人に求めるとき、それが心からのものであってもなかなか受け入れてはもらえない。変化させたい相手への影響力を高めたければ、自分の言動は疑われたり誤解されたりする余地があることを念頭に置いた上で、さらに何か「犠牲」を払う必要がある。自分の言葉は本心からのものだという動かぬ証拠を示しつつ、つねに誠意を見せることが重要だ。信用を勝ち得るにはプライドを捨てて率直であれ、とよく言われる。ＭＴＮの従業員はこれまで、自分のプライドばかり気にかけて、相手を自分の意見に従わせようとするトップばかり見てきた。ボスは絶対だったのだ。

ところが、そこへ自分のプライドを犠牲にして、仲間（ときには奉仕者）になろうとする人間がやってきた。彼はオープンで率直な対話を望み、人の話に耳を傾け、頭を下げることを知っている。さらに質素な家を訪ねてきた。生真面目な、有言実行の男だった。一言で言うと、古い価値観を壊して、新しい価値観の重要性を身をもって示したのである。数週間のうちに従業員たちは、シディキにとっては開かれた議論や人間関係の方が、権威に従うことよりもずっと重要なのだということを確信した。

自分の言動を正しく理解してもらうためには（もちろん相互の信頼があればいちばんいいが）、自分の何かを犠牲にすることが重要だ。信頼を促進するための、四つの犠牲を挙げておこう。

一．**時間**：シディキの行動にはさまざまな犠牲が含まれており、注目に値する。最も印象的なのは時間の使い方だろう。シディキが従業員の家を訪れたという噂を聞いた人たちは、その詳細を知りたがった。何を話し、どのように振る舞い、どこに座り、どのくらい滞在したのか――。誰でも時間には限りがあることを知っている。時間を人より余計に持っている人はいないし、つくり出すこともできない。だから時間はその人の価値観を示す指標となっている。時間を犠牲にすることは、その人自身を犠牲にすることと等しい。ともかく、充実した時間ほど貴重なものはない。シディキが従業員の自宅を訪れたのはわずか五分間だが、それはお茶を飲みながら大勢で雑談する一時間とはまったく違う意味を持った。もし真剣に人を説得したいなら、時間を犠牲にすることだ。

二．**金銭**：我々著者グループは二〇〇一年九月一一日のアメリカ同時多発テロ事件以来、ハーツレンタカーの大ファンになった。事件発生時に我々のうち二人が仕事でダラスにいたが、全旅客機が緊急着陸して離陸のメドが立たなくなったため、心配する家族の元に帰る手段がなくなってしまった。そこでハーツレンタカーに電話をし、ダラスからソルトレークシティーまでの二五〇〇キロを走ると料金がいくらになるか尋ねた。すると窓口の担当者はこう答えたのだ。「お代はけっこうです。車はご自由にお使いください。早くご家族のところにお帰りになって、車は最寄りのハーツ代理店にお戻しください。乗り捨て料金も不要です。どうぞお気を付けて」。我々はあぜんとした。

あの困難なときに示してくれた犠牲的行為に感動した我々は、ハーツに対する印象をガラリと変えた。ハーツが顧客サービスを大切にしているという話は聞いていたし、広告にもうたわれていたが、この一件でそれが真実だと信じるようになった。というのは、危機に当たって顧客に最高のサービスを施すために、ハーツは（少なくとも短期的には）収支の上で大きな損失を出したからだ。サービスのために金銭を犠牲にする企業は、顧客を本当に大事にしていると言える。

三．

エゴ：あなたはいつか失敗するだろう。間違いなく、何かを失うときが来る。自分がきわめて重要な行動だと考えていることとは逆のことをしでかすときがくる。偽善者と言われることもあるだろう。だが、それは世界の終わりではない。むしろ、それは信頼を高める絶好の機会にもなる。しかし、どうやって？　エゴを犠牲にすることでだ。

例えば、著者たちはクアラルンプールのある企業で、施設マネジャーを務めるリズという女性の相談を受けたことがある。彼女が企画した品質改善キャンペーンは、説明会の最後でつまずいてしまった。二〇〇人の聴衆の前に彼女は質問カードを見ながらそれに答えていたが、一枚のカードにこう書かれていたのだ。「昨日、あなたは日本から来た重役たちと施設見学ツアーに行かれたそうですね。私のチームはツアーのために週末を潰して準備していたのに、あなたはついに現れませんでした」。リズの顔が真っ赤になった。彼女はカードを演壇の床に放り投げると、メガネを外して言った。「昨日、私には二つの選択肢がありました。我が社の重役と二時間の施設見学をするか、我が社の未来について話し合うかのどちらかです。私は後者を選び、今日もそちらを選択しました。次の質問は？」。その集まりはきわめて気まずいものとなった。

リズはすぐに信頼を壊したことに気付き、ひどく後悔した。自分が大切にしている、きわめて重要な行動（もちろん「会議で誰かを罵倒して独善的に腹を立てる」などという行動は含まれていない）に背いてしまったのだ。幸いにも、翌週の同様なブリーフィングですべてが変わった。リズは最初に演台の前に出てきて頭を下げた。そして気持ちのこもった口調で話し始めた。「先週の私の態度は見下げたものでした」。そして何があったのかを説明し、最後にこう締めくくった。「皆さんの許しを請いたいと思います。私の行動は許されないものでした。二度とそういうことのないようにいたします」。彼女はその約束を守った。

彼女はその謝罪によって大きな信頼を勝ち取った。もし前回でミスがなかったとしても、そこまでの効果は得られなかっただろう。

そのときの態度から、彼女の部下たちはリズが率直さと思いやりという価値を自分のエゴよりもずっと大切にしていることを理解した。彼女は前者のために後者を犠牲にすることをいとわなかったからだ。あなたにも同じことが可能だ。一つや二つのミスで世界が終わるわけではない。自分のエゴよりも誠実さを上位に置いて、あなたにとって何が最も大切かを示せばいいのだ。

四．従来の優先事項：ロッキード・マーティン社のＣＥＯ、デイン・ハンコックは「イメージばかりを大事にする」と、一部の従業員から誤解されていた。デインは資金不足の折りに、社内のいちばん暑い区画にエアコン設置を求める声に反して、立派な玄関をつくることを優先したからだ。ハンコックの決定は、従業員の要望よりも見栄えを重視するものと受け止められた。

この悪評は一夜にして覆った。デインが従業員との対話集会を開いたときのこと。予定の九〇分のうち一五分がすぎたところで、秘書が駆け込んできて告げた。「王子が二時間早く到着しました」。王子との約束は、数十億ドルの売り上げが見込まれるＦ‐16の受注交渉のためだったが、それは本来、対話集会の後に予定されていた。デインは話を中断し、ちょっと困ったような顔をした。ホールにいる全従業員が、デインが集会をキャンセルすると思っていたに違いない。ところがデインは、代わりに社長が王子を出迎えて謝罪しておくように告げた。王子が来社したにもかかわらず対話集会を継続するとの決定は、一万三〇〇〇人の従業員にあっという間に伝わった。「外面ばかりを気にする」という従来の印象を覆して従業員の言葉に耳を傾けることを重視したデインは、絶大な信用を勝ち得ると同時に、全社員の手本を示すことができた。従来の重要な価値を犠牲にして新しい価値を優先したおかげで、新しい価値が信頼性を獲得できたのだ。

要するに、変化を社会的にサポートするのは、第一にあなた自身の行動だ。こう自問してみよう。「他の人たちは何を信じて自分についてくるのか？」。そして自分が信ずるきわめて重要な行動の大切さを強調し、何か他の大切な価値を犠牲にする。つまり、きわめて重要な行動をさせるために、あなたの時間、金銭、エゴ、そして従来の優先事項を犠牲にすることだ。そうすれば、本当にあなたにとって重要なものが何か、相手に信じさせることができる。そして社会的影響力も飛躍的に高まるだろう。

公的なリーダーと非公式なオピニオン・リーダーを使う

以上のように、一人の人間が大きな影響を及ぼして、きわめて重要な行動への意欲を沸き立たせることもできる。また、公的リーダー（企業のＣＥＯや学者）も人の行動に大きな影響力を持つ。したがって、影響力を増大させるには、命令系統を使うことが必要不可欠だ。優れたインフルエンサーはじっくり時間をかけて、公的リーダーの社会的影響力を利用することで、きわめて重要な行動を促している。インフルエンサーは、公的リーダーが人々を教育し、導き、称賛し、コントロールして、新しくよりよい方法で行動させるようなプランを開発しているのだ。

しかし、リーダーさえいればすべてオーケーというわけではない。忘れてならないのは、あなたの影響力を社会的にサポートしたり、あるいは妨害したりする第三者の存在だ。その第三者がいったいどういう人たちなのか、そして彼らにどうやって協力を求めるのかを知るために、エバレット・ロジャース博士の仕事を例にとって考えてみよう。博士の歴史的な業績は、社会的サポートに携わろうとするすべての親、コーチ、リーダーたちには大いに参考になるだろう。

ロジャース博士は社会学と統計学の博士号を取得した後、地方大学の住民サービス事業に携わった。具体的には、アイオワ州の農民にトウモロコシの改良品種を普及させることだ。一見、簡単な仕事に見えるかもしれない。その品種は、収穫量が多く病気にも強いため、従来の品種よりもはるかに収益性が高いからだ。

地元の農民たちに新品種の長所を宣伝したロジャース博士は、すぐに自分の学歴や大学での肩書きが何の役にも立たないことを悟った。博士は完全によそ者だった。農民たちは服装からして違う。手は日々の労働でごつごつしており、好みの雑誌やテレビ番組も違う。英語を話すという以外に、ロジャース博士とは何の共通点もなかった。

当初、ロジャース博士はこの違いが有利に働くのではないかと考えていた。自分は農民と違う経歴を持っているから、農民たちはきっと自分の言うことに耳を傾けるだろうと思ったのだ。自分は作物の研究に打ち込んできたし、いまは農学のエキスパートとして働いている。だから農民たちは自分の話をノートにメモし、収穫量を増やすためのアドバイスに感謝してくれるだろう――。

ところが予想は裏切られた。農民の目から見たら、彼はよそ者だ。都会育ちの甘ちゃんで、土いじりもしたことがない。確かに、勉強しているかもしれない。だが、もし間違っていたらどうするのか。大学を出たばかりの若造の話に、一年の収穫を賭けるバカはいない。それが農民というものだ。

農民たちから拒絶されたロジャース博士は、落胆に打ちひしがれた。よりよい品種を発明したとしても、それを誰も使ってくれなかったなら、いったいそれが何になるというのか。文明というものは、人々が古くて非効率な方法を捨て、新しくて効率的な方法を受け入れることで進歩するのだ。そう考えたロジャース博士は、農民たちにとってよりよい方法を考えついた。

自分が農民から尊敬されていないならどうすればいいだろうか（それは明らかだった）。農民が耳を貸さないのは、それを言っているのが自分だからだ。だったら、新品種を受け入れてくれる農民を探せばいい。農民たちの中で誰か一人がよい結果を出しさえすれば、他の人たちも喜んで従うだろう。もし新品種に興味を持って使ってくれる人を探し出せたら、もう半分成功したようなものだ。

最終的にロジャース博士は一人の農民を引き込み、トウモロコシの最新品種を試してもらうことに成功した。彼は他の農民たちとは一風変わっていた。流行に敏感で、バミューダパンツをはき、キャデラックを乗り回している。新しいものには目がない。トウモロコシも新品種も試した結果、大豊作となった。これで他の農民たちも変化を受け入れるに違いない。

しかし、そうはならなかった。

農民たちはトウモロコシの新品種を受け入れなかったのだ。というのは、農民たちは偉そうに違うやり方を押し付けてくる学者と同様、自分たちのライフスタイルを拒絶するバミューダパンツの変人も好きでなかったからだ。

この無残な失敗は、ロジャース博士の人生を変えた。その後、博士は革新技術の普及メカニズムの研究に半生を費やした。なぜ、あるアイデアは受け入れられ、あるアイデアは拒否されるのか。また、なぜある種の人々は、新技術の普及に強い影響力を持つのか。博士はそれを明らかにしたいと考えたのである。

ロジャース博士は手始めに、変革に関するありとあらゆる研究を総ざらいし、新薬の採用過程、ビデオなど新技術の普及プロセス、最新ガジェットや発明品の浸透などについても調査した。それらの資料を読み込むうちに、博士は多くのすばらしいアイデアが埋もれていったことを知り、驚愕した。例えば壊血病だ。バスコ・ダ・ガマが喜望峰周りの航路を開拓した際、同行した一六〇人のうち生還できたのはたった六〇人だった。残りはすべて壊血病で死んだのだ。その後、一六〇一年にイギリスのジョン・ランカスター船長が壊血病の予防法を発見した。船員に毎日ライムジュースを与えると、壊血病で死ぬ者は一人も出なくなった。ところが、その発見が普及するまでに二〇〇年もかかったのである。当時のイギリス人が、この奇妙な治療法をバカにしてあざ笑ったからだ。イギリス人水兵のことを俗語で「ライミー」と呼ぶのは、この故事に由来している。

ロジャース博士は衝撃を受けた。アイデアのメリットとそのアイデアが普及するかどうかとは関係ない。新技術が一般に広まるかどうかを決めるのは、ある種の人々がそれを受け入れるかどうかにかかっていたのである。博士は、新技術を真っ先に取り入れる人たちには一般大衆とはさまざまな違いがあることを見出し、彼らを「イノベーター（革新者）」と名付けた。イノベーターは、言うならば例のバミューダパンツの農民のような存在だ。彼らは知的で、新しいもの好きだ。ところが、ここが重要なポイントだ。きわめて重要な行動を多くの人に受け入れてもらうには、誰がイノベーターであるかを見極めると同時に、彼らを疫病神のように遠ざけなくてはならない。なぜなら、もし疫病神に取り憑かれたら、そのアイデアはもうおしまいだからだ。

新技術を取り入れる第二のグループは、「アーリー・アダプター（初期採用者）」と呼ばれる。アーリー・アダプターの多くはオピニオン・リーダーでもある。この重要なグループは人口の一三・五パーセントを占める。彼らは平均以上の知性を持ち、新しいアイデアを積極的に受け入れる傾向がある。また、社会の中枢におり、尊敬を受けている。影響力のカギはここにあるのだ。残りの八五パーセントは、オピニオン・リーダーが取り入れるまでそのアイデアを受け入れることはない。

これでバミューダパンツの農民が新品種を使っても、ロジャース博士の助けにならなかった理由がわかる。農業の新技術に関して、その男はイノベーターだったのだ。彼はいつも村で真っ先に新しいことを始めるが、彼が取り入れたことは逆に他の農民から疑いの目で見られてしまうのである。周囲と違った身なりをし、伝統的なやり方を鼻でせせら笑う彼の存在は、村人にとって危険だった。だから、つまはじきにされ、尊敬もされていなかったのだ。ロジャース博士は後に、こう悔いている。もし慎重にオピニオン・リーダーを選んでいれば、トウモロコシの新品種はもっと受け入れられていただろう、と。

このようにオピニオン・リーダーの存在は、影響力の拡大に大きな力を及ぼす。本書で紹介するインフルエンサーたちが、つねにこの強力な要素を活用しようとするのも当然だ。バーウィック博士とIHIが全米数十万人の医師の行動を変えようとしたとき、最初に「ギルド」と呼ばれるグループに働きかけた。ギルドとは、医師たちが信頼して参考にしている業界の研究グループのことだ。ギルドの言うことなら、医師たちも耳を傾ける。

同様に、ハワード・マークマン博士が夫婦間のコミュニケーションに変化を与えようとしたときも、彼はまずオピニオン・リーダーを探した。牧師を訓練して夫婦の問題解決に当たらせれば、よそ者が入り込んでトレーニングをするよりもずっといい結果が得られると考えたからだ。

では、ギニア虫症のケースではどうか。ホプキンス博士らはやはり最初に村に入るとき、村の長老か尊敬されている役人を同行した。その上で、長老や役人が多様な住民グループや部族から共通して尊敬を集めている村人を見つけ出した。ギニア虫撲滅のためのきわめて重要な行動を村人たちに教える際に、そういう人物からの話なら信用してもらえるからだ。もしホプキンス博士が社会的地位のない人間に頼っていたら、おそらくすぐに疑われて、古い信仰や慣習に反するメッセージは伝わらなかったことだろう。

ホプキンス博士は述べている。「メッセージを誰が伝えるかは、その内容と同じほど重要だ」興味深いことに、実在する人物でなくても、オピニオン・リーダーになることができる。先にも言及した、テレビやラジオのヒーローがそうだ。例えばインドのルトサーンという村では、人気番組『ティンカ、ティンカ・スーク（幸せは小さなものに宿る）』が放送されたことをきっかけに、女の子にも教育を与えるべきだと主張する住民グループが立ち上がった。この感動的なラジオドラマでは、早婚の慣習を強いられた愛らしい少女が幼くして死を迎える。少女の死という身代わりの体験が放送されると、放送局には視聴者から一五万通もの手紙が寄せられた。ルトサーンの住民たちも少女の身の上に心を動かされ、一八四人の人々が自分たちの拇印を押した大きなポスターをつくり、ヒロインの死を悼んだ。

ドラマの影響について調査したアルビンド・シンハル博士は、あるリスナーの反応をこう伝える。「うちの娘は一八歳になるまで結婚させません。番組を聴くまでは早く結婚させなくてはと思っていましたが、いまでは考えが変わりました。村のみんなにもそう言っています」

『ティンカ、ティンカ・スーク』は毎回、番組の最後に村の尊敬を集める人物が登場し、リスナーに質問を投げかけ、行動を呼びかけるなどして、社会的議論を促す仕掛けになっている。愛くるしい少女のキャラクターと尊敬を集める人物の言葉が結びつき、オピニオン・リーダーとしての役割を果たし、社会的な変化を効果的にサポートしたわけだ。

オピニオン・リーダーの役割についてさらに考えるために、毛沢東が半世紀ほど前に行ったケースを見てみよう。毛沢東は恐ろしい人物ではあったが、社会的影響力を利用する術を知っており、多少はよいこともした。

一九六五年六月二六日、毛沢東は辺境の医療事情の改善を求めて、中国政府衛生部を拠点に改革の炎を上げた。ところが衛生部や医療機関はなかなか重い腰を上げない。そこで毛主席は一八〇〇万人を動員して改革の先頭に立たせた。

改革の前衛として選ばれたのは、既存の医療専門家ではない。毛沢東が白羽の矢を立てたのは、村の仲間の推薦を受けた地元の人たちだ。彼らは奉仕の精神にあふれ、基本的な公教育を受けていた。村人と親しい存在でありながら、教育面で一歩だけ進んでいる者たち、つまりオピニオン・リーダーだ。

後に「裸足の医者」と呼ばれる彼らには、わずか数ヵ月の医療訓練が施された。その内容は、地域でできる基礎的な予防医学、ごく一般的な疾病の治療法、危険なケースを判断して人民公社の病院に紹介する方法などだ。

それは劇的な効果を上げ、農村の健康状態はたちまち改善された。村人は基礎的な衛生状態のチェックや水の煮沸を実践するようになったが、その改善のスピードは予想以上だった。毛沢東は、上意下達式に方針を下す伝統を自ら破壊した。なぜなら、中国の農村ではそうした方法が通用しないということを、彼は知っていたからだ。そのため、国家の指導部による支援と現場のオピニオン・リーダーの活動を組み合わせたのである。

■インフルエンサーの行動に学ぶ

ダニー・マイヤーのレストランで、ウエイターが客からこんな質問を受けた。「マディソン・アベニューでおいしいシガーを売っている店を知らないかい？」。ウエイターはシガーの店を知らなかったが、この前にプエルトリコから帰ってきた店のスタッフが、上物のシガーを隠し持っていることを思い出した。ウエイターはすぐにそのスタッフを呼んで、お客に高級なシガーをプレゼントさせた上で、少し時間をもらって、そのシガーの産地からってきた家族の話や、葉の調合に関する興味深いエピソードを聞かせた。

このホスピタリティーは店中の話題になり、それを伝え聞いたダニーは当のウエイターを招いて「メンター」に任命した。「メンター」は尊敬されるオピニオン・リーダーの中から選ばれ、新入りの従業員とペアになってダニーのレストラン・グループの価値観と慣習を教育する役目を負う。このようにダニーは、有能なオピニオン・リーダーを活用して、サービス向上のためのきわめて重要な行動の浸透に努めている。

ロジャース博士の発見は、企業経営や子育てだけでなく、どのような場面でも役立つものだ。

つまり、一度にすべての人に影響を与えなくても、変化をもたらすことが可能なのだから。一万人の従業員を抱えた会社であれば、カギを握る五〇〇人ほどのオピニオン・リーダーを探せばいい。もし二〇人のチームであれば、チーム全体の意見に影響力を持つ二、三人を選べばいい。そしてじっくり時間をかけて彼らの思いを聞き、信頼関係を築く。その上で率直に話し合ってアイデアを交換すれば、何よりも強力な影響要素を手に入れることができるだろう。

どうやってオピニオン・リーダーの助けを借りるか、あなたが悩む必要はない。彼らはすぐに救いの手を差し伸べてくれるはずだ。

彼らはつねにあなたの言動を見守っており、あなたのアイデアに対しても良し悪しを判断してくれるだろう。それがオピニオン・リーダーというものだからだ。彼らは周囲の尊敬を集め、グループの中心にいるため、あなたが望もうと望むまいと、幅広い影響力を発揮して、あなたの影響戦略の成否を運命づける。

大きな組織にいるなら、オピニオン・リーダーを見つけるのは簡単だ。彼らは従業員仲間の尊敬を集めておりグループの中心にいるので、従業員に最も影響力があって尊敬できるのは誰かを聞けばいい。その名をリストアップして、誰がいちばん多く指名されたかを見ればいい。そうやって見つけ出したオピニオン・リーダーに協力を求め、変革への一歩を踏み出すパートナーになってもらおう。

新しい慣例をつくる

以前、高齢で無愛想な刑務所長から、どうやって入所者に影響力を与えるのか聞いたことがある。彼は塀の中で絶大な権力を握っており、数百人の武装した看守を従えている。そして意のままに入所者を監禁・拘束することができる。「人の行動を変えるための最も手っ取り早い方法は何ですか？」。すると、彼は躊躇なくこう答えた。「そいつを笑いものにすることさ」

■インフルエンサーの行動に学ぶ

ある製造業のマネジャーが、工場の品質管理と生産性を改善しようと考えた。そこで二つのグループに共同で研修を率いてもらうことにした。一つは工場の班長たち、もう一つは労働組合の役員たちだ。班長は公的なリーダーであり、組合の役員はオピニオン・リーダーである。組合役員たちに対しては、「研修は参加者だけでなく、組合員全体の利益になることだ」と説明して、納得してもらった。

いったん組合役員の協力を取り付けると、研修はこれまでになく順調に進んだ。マネジャーがのちに言うところでは、いちばん助かったのは組合役員が参加者の疑念を晴らしてくれたことだ。組合役員は工場の班長とは比べ物にならないほど、社員の信頼を集めていたからだ。

刑務所長の答えは含蓄に富んでいる。本章で見たように、ささいな社会的きっかけ（笑われることもその一つだ）は、人の選択に大きな影響力を発揮するからだ。それは人の倫理観を破壊寸前にまで追いやることさえある。白衣の研究者の「実験は続けなくてはなりません」という言葉に逆らうことは難しい。

なぜなら、その無味乾燥な台詞には「指示に従うのが普通です」という強力なメッセージが埋め込まれているからだ。刑務所長は、相手を笑うことが「お前は普通ではない」ということをわからせる最も効果的な方法であることを知っていた。人間は笑われて恥ずかしい思いをすると、よいことであれ悪いことであれ、その行動を繰り返すことはなくなるのだ。

変革を妨げる最大のバリアが悪い慣例にあることは、少しも不思議ではない。あなたが悪いことだと思っている行動を、他の人が当たり前のようにしていたら、困惑することだろう。古い慣例を変えるために影響要素をいくらかき集めても、新しい慣例をつくり出さないかぎり、その努力は報われない。

だが、悲観することはない。いったん新しい慣例をつくりあげてしまえば、変革は必然的に訪れる。では、どうやって新しい慣例をつくればいいのだろうか。方法は二つある。

一．タブーになっていることを口に出す。
二．自分だけでなく、人のことにも責任を持つ。

タブーになっていることを口に出す：一般に悪い慣例を支えているのは、いわゆる「沈黙の文化」と呼ばれるものだ。誰でも一度や二度は経験したことがあるに違いない。誰もが現状には問題があると考えているのに、誰もそれを口にしないのだ。

例えば我々筆者グループは、アメリカ、タイ、オーストラリア、イギリスの医療状況を長年にわたり研究する中で、そこに恐ろしいタブーがあることを知った。この問題にかかわったのは、数十万人もの患者が院内感染の被害に遭っている原因を究明するためだった。[2] これは大問題だ。

新生児室の看護師と医師に、なぜ無菌状態の環境で感染が発生するのかを訪ねたところ、病院のスタッフたちはあたりを見回しながら、声をひそめて異口同音に言うのだった。一つは、医師がしばしばガウンや手袋の着用、手洗いなどを怠ることだ。もう一つは、看護師が新生児に静脈注射をする際に、自分の指を露出するために滅菌した手袋の先を切り落とすことだ。確かに、大人の手のひらほど小さな新生児の静脈を探り当てるのは難しい。だが、指を露出するのは重大な安全基準違反であり、脆弱な新生児に感染をもたらす危険がある。

ここで見過ごせないポイントがある。問題は、単に医師や看護師が規則を守らないという点にあるのではない。いちばんの問題は、衛生管理規則や安全基準などの決まり事を破る者がいても、それを指摘してはならないという強力な慣習があることだ。そのために、沈黙による共

2　原注：この研究の詳細は www.silencekills.com. を参照

犯状態が保たれているのである。こうした病院では、「上の者（医師や看護師長）に従うことは、患者を守ることよりも大切だ」という慣習が存在している。

その慣習が変わらないかぎり、組織も変わらない。この病院の場合、「沈黙のおきて」を破る必要がある。言い換えれば、安全管理上の乗り越えられない壁は、「権力のある者がルールを破っていること」にあるのではない。「問題を見て見ぬふりをする沈黙の慣習が広く共有されていること」にある。もしそれがタブーになっていれば、改善は困難だ。だが、誰も口に出して言うことができないのだ。

病院以外の場所でも、この問題と無関係ではありえない。どの会社や役所に行っても、悪慣習を支える沈黙のおきては見られる。以前、筆者たちはプロジェクト管理の国際的研究を行った。そこでわかったのは、高リスクのプロジェクトや大がかりな取り組みが、かなりの確率で失敗していることだ。新製品の発売、組織の再編、合併、企業改革などの多くが、完全に失敗するか不満足な結果に終わっている。大きなプロジェクトのおよそ九〇パーセントが、当初のスケジュールや予算、品質を達成できていない。

そこで、我々はこの当惑する結果の原因を探ってみた。調査したところ、現在進行中のプロジェクトの関係者の八八パーセントが、その企画は失敗に終わるだろうと予想していることがわかった。多くの人がその現状を「ゆっくりと脱線しつつある列車」に例えている。

次に、原因の裏にある理由を尋ねた。「何が問題かを率直に語れる状況でない」との答えがい、九〇パーセントを超えている。そしてプロジェクトが失敗すると思う理由として、多くの回答者が、サポートの不足、不合理な制約、メンバーの無責任などを挙げている。それなのに、プロジェクトの責任者自身も含めて、誰もこの問題を公然と語ることはないのだと言う。

　では、慣習を変えるにはどうすればいいのだろうか。まずは、問題の改善を妨げている沈黙のおきてを破ることだ。タブーを破るには、社会的影響のパワーと正面から戦うよりも、それをうまく活用した方がいい。行動の変革はオープンな議論から始まるからだ。

　新しい慣習がどのように生まれるのかを見るために、あらためてインドのルトサーンのケースから、『ティンカ、ティンカ・スーク』が世論を変えたメカニズムをおさらいしてみよう。村人たちが抱えていた問題は院内感染やプロジェクトの失敗とは違うものの、多くの人が強い社会的慣習にがんじがらめにされ、問題は完全なタブーとなっていた。

『ティンカ、ティンカ・スーク』の愛らしい主人公は、学校にも行かせてもらえず、早婚を強要され、出産にともなって命を落とす。その痛ましいエピソードに、ルトサーン村のリスナーたちは早婚の慣行を変える道を模索し始めた。しかし、この大きな変化をもたらしたのは何だろうか。アルビンド・シンハル博士によれば、ドラマが力を持ったのは、タブーだった問題を社会的な議論の場に引きずり出したからだ。昔から当たり前だった慣例にいきなり疑問符が付けられ、街角で、仕事場で、市場で話題になり、ついには作り替えられたのである。

　ドラマが放送されるまで、多くの人が「昔ながらの伝統を尊重すべきだ」という周囲のプレッシャーの下に置かれていた。仲間からの圧力ほど強力なものはない。すでに若い女性に対する考え方を変えている人もいたが、それを公に表明することは難しかった。「伝統をないがしろにするのか」と、つまはじきにされる覚悟が必要だったからだ。大半の人ははっきりした意見を持たず、伝統について話し合ってみたいと思っていたが、やはり無理な話だった。

インフルエンサーたちはストーリーの力（身代わりの体験）を使って問題に対処する。少女に対する伝統的なひどい扱いを正面から非難しなかったのは、言葉で説得しようとしても反発されるだけだからだ。だが、彼らは引き下がることなく愛らしいキャラクターが登場する連続ドラマを制作し、代わりに家庭の中の社会問題を語らせた。それを何万という人々に聞かせたのだ。愛すべき人たちが伝統をめぐって議論し、ドラマの最後には決まって尊敬を集めるナレーターが登場して、疑問を投げかけて終わる。

ラジオドラマの家族は悲劇の体験をきっかけに、話し合いを始める。そのおかげでリスナーたちもその問題について考え始め、友人や同僚、近所の人々、家族同士で語り合うようになった。その結果、タブーに光が当てられたのだ。タブーがタブーでなくなり、何百年ものあいだ闇に隠されていたものが公開の論議の場に引きずり出されて、その力を失った。

組織でも同じ戦略によって慣習が塗り替えられる例がある。例えば、世界的に有名なある大学病院では、幹部がベテラン医師たちの患者のケアを改善させようと苦労していた。医師たちの多くは病気の研究ばかりに気をとられ、患者のケアについてはあまり気に留めていなかった。

だが、そのことを誰も公の場では認めようとしなかった。

これががらりと変わったのは、ある週末、筆者グループが医務部長に対して、独自に調査した患者五〇人に関する背筋が凍るようなレポートを手渡したときだった。医務部長は後にこう語っている。「金曜日の夜に帰宅してから、ワインをグラスに注いでデスクに向かい、レポートを読み始めました。三時間かけて五〇人の話に目を通していたら、胸が一杯になりました」

月曜の朝、公式の場ではタブーになっていたことが広く話題になった。そのレポートは公開され、多くの人に読まれることになった。こっそりとささやかれていた話が、いまや公開の論議の的になったのだ。医務部長が沈黙のおきてを破り、問題に無関心を装っていた組織が変革への第一歩を踏み出したのである。

もし古い慣習を変えたければ、その慣習について語る必要がある。それと同時に、どのような慣習をつくるべきかについても語ることだ。

■インフルエンサーの行動に学ぶ
スペクトラム・ヘルスケアは不可能を可能にした。同病院はコンピューターによる処方箋発行システムを導入したが、システム稼働からわずか数日で九〇パーセントの医師にそれを使わせることに成功したのだ。この目覚ましい変革のカギは、リーダー格の医師たちの協力を得たことにある。彼らに依頼して、新システムの研修がまだ済んでいない医師に個人的に電話をしてもらったのだ。

以前は医師たちの「職業的特権」を尊重するのが慣例だった。医師が新しい仕事のやり方に応じなくても、それは「触れてはならないこと」になっていた。この慣例に変化が起きたのは、影響力のある医師を巻き込んで意思疎通を図ったからだ。その狙いはズバリ的中し、ドラマチックな成果につながった。新しいシステムは即座に受け入れられ、投薬のうっかりミスが大幅に減って、患者の生命と安全の確保につながった。


自分だけでなく、人のことにも責任を持つ：新しい慣例をつくり出す二つ目の方法を見るにあたって、先ほどの刑務所長の言葉を思い起こそう。「人を変えるいちばん手っ取り早い方法は、そいつを笑いものにすることさ」。笑いものにすることは合理的な影響要素とは言えないが、お互いに責任を問うことで（人を笑いものにするという形で）変化のスピードが促進されるのは確かだ。適切な行動を奨励するか、不適切な行動を非難するか、またはその両者を組み合わせるかは別として、新しい慣例がどれほど強力になるかは、メンバーがそれを堂々と口にして守ろうとするかどうかにかかっている。

シルバート博士ほど身に染みてこのことを理解している人はいないだろう。その日はディランシー・ストリートの学期末だった。サンフランシスコ・キャンパスの五〇〇人の居住者がファミリー・ルームにひしめき合いながら、ひそひそとジョークを飛ばし合っている。どことなく華やかな空気なのは、その日が卒業式だからだ。居住者のある者はより責任のある地位に移り、またある者は新しい仕事に移る。さらに高校卒業の資格を授与される者もいる。まだ入所して間もないメンバーも、いちばん初歩のメンテナンスの仕事を卒業することだろう。だが、何と言っても最高のハイライトは、大学の学位を取得した者たちだ。しかも、かなり多い。

居住者たちは座って式の開始を待つ。式に出るのが初めての者は落ち着かないようだ。彼らは全員の前に出て特別扱いされると思うと、どうしていいかわからないのだ。そうこうするうちに、名前が呼ばれて立ち上がると、メンテナンスの仕事からの卒業を告げられる。「あなたは仕事にとても熱心に取り組みました。次は飲食部門の仕事に任命されます。おめでとう！」

新入りの居住者にとって、こんなふうに褒められるのは初めての経験だ。よろめきながら前に出ると、みんなの拍手に包まれる。人に認められるというのは、うれしくもあり、きまりの悪いものでもある。

「涙と拍手のすばらしい瞬間です」とシルバート博士は言う。「ほら、あの大柄の男性。どうしていいかわからないという感じで、手をもじもじさせているでしょう。最高の光景ですよ」

いったい何が起きているか。シルバート博士は最大の敵に勝つ方法を知っている。居住者たちがかつて反道徳的・反社会的な行動に出ていたときは、それを裏から支える強い力があった。犯罪者は群れをなすのだ。ところが、彼らがディランシーにやってくると、今度は健全な行動を求められるが、それもまた、強い社会的な力に支えられている。シルバート博士が強調するのはその点だ。ディランシーの居住者たちは、健全な希望に満ちたまったく新しい文化にどっぷりと浸っているのだ。

これはつまり、ディランシーに入居した者が、その初日から間断なく周囲から賞と罰を受けるということを意味する。前述のように、ディランシーのきわめて重要な行動の一つは、全員がお互いを批判し合うことだ。シルバート博士は日々の実践の中で、仲間同士で褒め合ったり叱り合ったりするように心を砕いている。同じ過去を持つ仲間たちから、はっきりした評価を毎日受け続けていれば、それを否定することは難しい。

ディランシーの人間を変える力は、二〇〜三〇人の公式・非公式なリーダーの存在にあずかるところが大きい。彼らは居住者たちの動向をすべて把握している。居住者のジェームズは言う。「もし母親が亡くなると全員にそれが伝わって、みんなが慰めてくれるんだ。ここではつねに、お互いの様子を見て支え合っているのさ。もしそれがなければ立ち直れないかもしれないな」

大切な人から褒められたり叱られたりすることで、ディランシーの人々は自分が変わればいちばん楽に生きられることに気付く。ディランシーの卒業生の九〇パーセントが、その後も道を外さないでいられるのは、そういうわけだ。

彼らがこの新しい文化から逃れることは簡単だ。ただドアを開けて出て行けばいいのだから。引き止める者はいない。ここのカギは外側からではなく、内側からかけられているのだから。だが不思議なことに、居住者たちは強力な磁石に引きつけられるように、ここの新しい社会ネットワークに吸い寄せられる。麻薬の密売人やギャングの一味、あるいは泥棒だった彼らは、ここで初めて、自分の暮らしについて長期的な目で気遣ってくれる人たちとともに暮らす。確かにこれまでよりもあれこれ指図を受けるし、その物言いもぶっきらぼうだったりする。だが、それは本人のためを思ってのことだ。日々の目標や一週間の成果を達成すると、みんなが抱きしめて褒めてくれる。

何と言ってもディランシーの居住者にとって、世の中に役立つ行動を後押ししてくれる仲間に会えたのは、これが生まれて初めてだ。昔の仲間（ほとんどはギャングのメンバー）は奪うばかりで、与えてくれようとはしなかった。そして反社会的な行為をけしかけ、刑務所暮らしを強いたのだった。ところが、ここでの仲間は「犯罪のぐる」ではなく、心からの友人だ。彼らは必死になって、仲間を外でもやっていける善良な人間に生まれ変わらせようとしてくれる。

シルバート博士の成功のカギはここにある。ディランシーの人たちは、自分だけではなく、仲間のことにも責任を負うことを知っている。自分だけが正しい行動をすればそれでいいというわけではなく、仲間たちにも責任を持って同じ行動を求める。そのような環境が実現したとき、人は見違えるように変わる。

これはディランシーだけのことではない。ブルキナファソでも、ボストンでも、タイでも、世界中のどこにでも通用する真実だ。ギニア虫を根絶するには？　村人たちがお互いに責任を持って、感染者を水から遠ざければいい。病院内の手洗い率を五〇パーセントから　〇〇パーセントに高めるには？　病院で働く者がお互いに規則を守るよう注意し合えばいい。タイでエイズ感染を防ぐには？　売春宿の元締めやオピニオン・リーダーを含めて、みんながコンドームの一〇〇パーセント使用を奨励し合えばいい。

古い慣習は、インフルエンサーがそこに潜む無意識のコストを明るみにして議論のまな板に載せるとき、初めて崩れ始める。新しい慣習は、みんなでそれを守ろうとするときに、すばやく定着する。中心となる一握りの人々が他者の行動にも責任を持つとき、変革は確かなものとなるのだ。

まとめ：社会的意欲

グループの中心で尊敬を集める人たちは、どの分野でも変革に大きな影響を発揮する。人は先の見えないストレスのかかる状況に置かれると、尊敬される権威者がそこにいるだけで、信じられないような行動を起こすこともある。幸いにも、この（しばしばネガティブな）「一人の力」は、有益な社会的行動を促すこともできる。

きわめて重要な行動が実行困難で、みんなの気が進まなかったり議論の余地があったりするときには、どうすればいいだろうか。そんなときは、リーダーの有言実行が大切だ。しかし、古い価値を犠牲にして新しい価値を大事にする姿勢を示さないかぎり、リーダーの言葉は信用されないだろう。「時間、金銭、エゴ、従来の優先事項」の四つを犠牲にすることで、目に見える証拠を示す必要がある。それでこそ、周囲の人もリーダーと同じリスクを負うことだろう。

自ら手本を示すのも必要だが、影響を与えたい相手の身の回りの人々の力を借りることも大切だ。公的なリーダーや非公式なオピニオン・リーダーのサポートは、改革を受け入れてもらう手段として有効なことが多い。こうした人を見つけて協力を求める方法を学ぼう。オピニオン・リーダーを無視するのは危険でもある。

最後に、変革のためには広く受け入れられている慣習を変えることが必要だ。それには二つの方法がある。一つは、問題を公の場に持ちだすことだ。幅広い議論がなくては、慣習を変えることはできない。改革に反対する者たちは、話をオープンにしない方がいいと入れ知恵をし、その話題はタブーだと言って止めようとするかもしれない。だが、健全な対話を避けて沈黙を求める者は無視しよう。どのような変革が必要かも含めて、賛否両論あってリスクの高い話題を、安心して話し合える環境をつくることが大切だ。

もう一つは、新しい慣習をつくり、みんなで責任を持つことだ。きわめて重要な行動を実行した場合には褒めてやり、その逆の場合には批判することによって相手を導こう。その際、公的なリーダーと非公式なオピニオン・リーダーの協力も取り付ける。そして最終的には、誰もが責任を持って行動を改めると同時に、周囲の者に対してもそれを求められるような慣習をつくり、広く共有するのだ。

また社会的影響、つまり自分が受け入れられ、尊敬され、人とつながりたいという深い思いが人を操るということを覚えておこう。それはすべての影響要素の中でも、最も重要なものだ。それは経営者であれ、子を持つ親であれ、コーチであれ、立場を問わないし、どのような問題に取り組んでいるかも関係ない。社会的影響力をうまく活用することを学べば、どんなことでも変えることができるだろう。

第7章

援助を与える――社会的能力

仕事を独り占めするのはやめよう。喜んでやる人がいるなら、その楽しみを取り上げてはならない。

――マーク・トウェイン

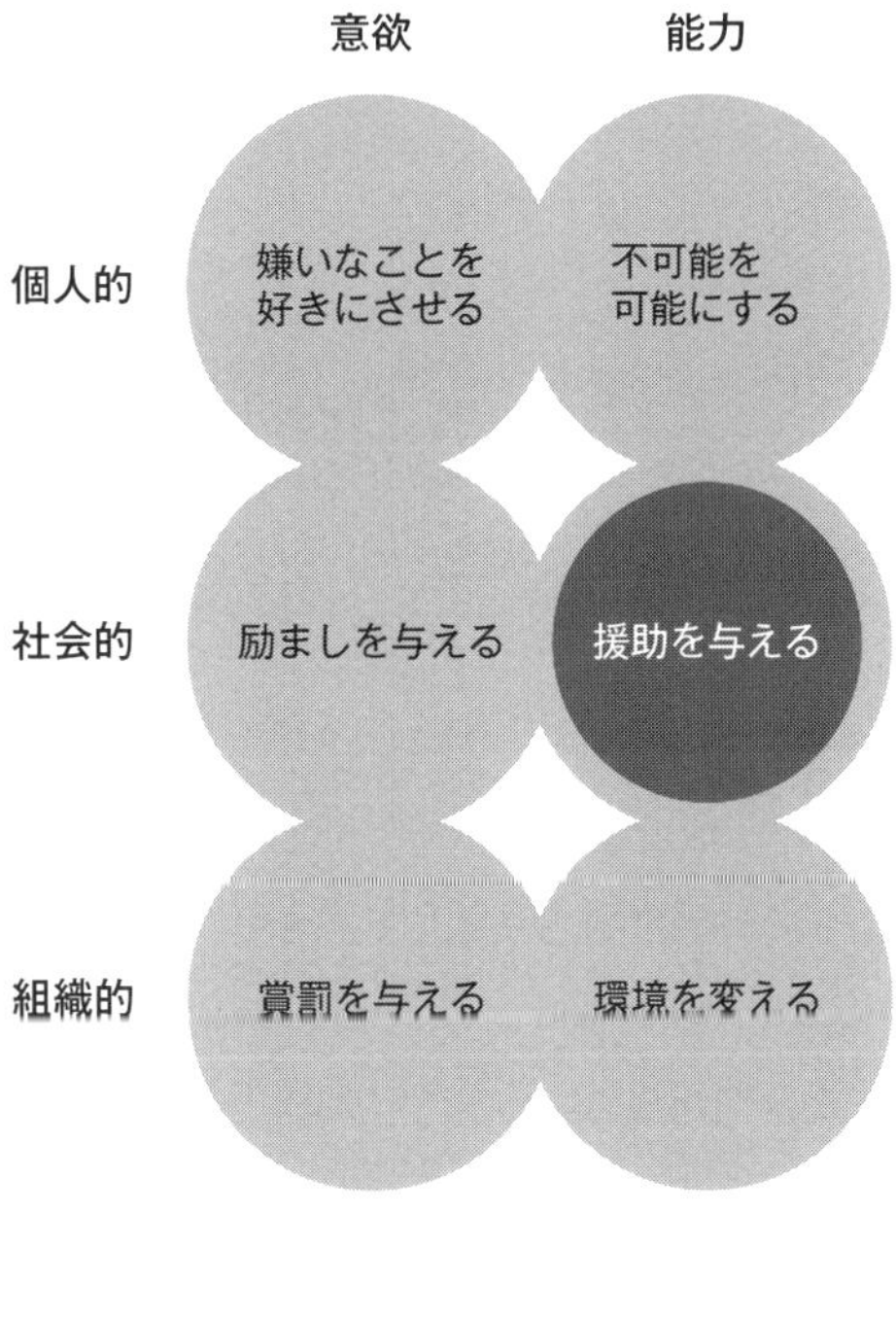

先の章で述べたように、人間の行動の多くは思った以上に他人からの影響を受けている。だからこそインフルエンサーは、相手がきわめて重要な行動を効果的に受け入れられるように、細心の注意を払う。だが、あたたかく励ますだけでは十分でない。相手が許可や情報、指導などの実践的な援助を求めているときは、ただ相づちを打っていても行動にはつながらない。ここは影響要素四「社会的能力」(図)を使うべきだ。

そこでこの章ではまず、我々のお気に入りのインフルエンサーの事例から始めよう。そのインフルエンサーは大陸の半分にまたがる数百万の人々に、友人の手助けを賢く借りることで変化へと踏み出させることに成功した。

インド中部の小さな村。トタン屋根のこざっぱりした小屋の中で、女性たちが車座になって座っている。タニカ、カマラ、ダミニ、パヤル、サンクルの五人の主婦たちだ。彼女らは、かつてないほど大事な話し合いをしている最中だった。この地域に店舗を開いたウジヴァン(Ujjivan)というマイクロクレジットの会社から少額の融資を受けて、五人がそれぞれ事業を始めることになった。その五つの事業のうち、どれを優先するかを相談しているのである。

五人は誰も外で働いた経験がなく、ビジネスを学んだこともない。夫や前夫の援助もなく、家族の世話をしながら、どんなビジネスを始めたらいいか教えてくれる人もいなかった。そこでグループをつくって、自分たちだけで事業を始めることにしたのだ。

タニカは自分が最初に名乗りを上げるつもりだった。彼女がいち早く商売を始めたいのは、この周辺地域の多くの女性と同じく、貧困にあえいでいたからだ。

パヤルがちょっとはにかみながら言った。「卵を売る商売から始めようかな。友達のチャトリがやっているの」

サンクルが言い聞かせる。「急には無理よ。あんな大きな投資をするには、三～四件はローンを借りなくちゃ。もっと小さいところから始めないと」

「いとこのミタリがミニバンを借りて大儲けしたのよ」。カマラが目を輝かせる。

再びサンクルがくぎを刺す。「それにはもっと大きな投資が必要よ。あの子が車を使って商売するようになるまでに五年以上かかったんだから。私たちはみんな素人だし、もっと小さなことから始めないと」

「そうだ！」。ダミニが提案した。「ポン菓子はどう？　それなら元手はかからないし、近くの村でもそれで成功した人たちがたくさんいるそうよ」

「そこが問題よ」。タニカが言った。「みんなが同じことをやったら儲からないじゃない」

「じゃあ、何をしたらいいと思う？」。ダミニがタニカに尋ねた。

タニカが口を開いた。「いい考えがあるの。私みたいな素人にぴったりの。前に私が理髪店から髪の毛を集めて、かつらをつくって儲けたこと、知ってるよね？」

「うん、あれはとても上手にできてたわ」。サンクルが答えた。「でも、あれだけじゃ暮らしていけないでしょ」

タニカは引き下がらなかった。いまの状況はあまりに厳しくて、このくらいのことで落ち込んでいるわけにはいかないのだ。三ヵ月前のこと、商人に米を買いたたかれた夫は、夕方家に帰ってくると悪態をつきながら彼女を殴りつけた。容姿を責め、貧乏を彼女のせいにした。そして彼女と娘たちを家からたたき出した。村では珍しいことではないが、タニカと子どもたちにとって、離婚は死刑宣告も同じだった。

だが、タニカは違った。彼女が小屋の中で子どもたちをどうやって食べさせていけばいいのか心配していると、近所に住むサンクルがよい知らせを持ってきた。町から来た人たちが、タニカのような女性のために商売の資金を貸してくれるというのだ。

サンクルは言った。「これよ！　貧乏から抜け出すチャンスだわ」。いい知らせだ、とタニカも思ったが、サンクルが町の誰かから聞いてきた話は、なんだか人ごとのように思われた。どうしてその人たちに彼女の状況がわかるのか。

食べるものもない女に、お金を貸す人なんているのかしら――。タニカは首をかしげた。だいたい、商売の仕方だって知らないというのに。

雨がしとしとと降り始め、五人の女性が集う小屋のトタン屋根を叩き始めた。タニカはまだ生煮えのアイデアを語り続ける。

「そうね。かつら作りだけでは食べていけない。でも、髪の毛を買い取って、毛根のオイルから健康製品をつくっている会社を知ってるの。髪の毛をたくさん集めてその会社に売れば、家族の食費と洋服代くらいにはなるわ」

「具体的にどうするつもりなの？」と、五人の事業家志望の中でいちばん気弱なパヤルが聞いた。

「ブラッシングして抜けた髪の毛でよければあげる。もういらないから」と、ダミニが助け船を出した。「私も！」。カマラも手を挙げる。「きっと村の人たちも協力してくれるわ」

タニカは近所の女性からブラッシングで抜けた髪をもらおうと思っていたところだったので、仲間たちの提案に勇気づけられた。

タニカが説明を続ける。「誰かを雇って、近所から髪の毛を集めて回らせたらどうかと考えていたの」。サンクルがうなずいた。「そうよ。でも、どうやってそのお金を払うの？」。すると、クマラが提案した。「子どもを雇ったらどう？　子どもにもできる仕事だし、安くあがるわ」

ダミニが叫ぶ。「おもちゃでいいじゃない！　プラスチックの小さいおもちゃを山買っておいて、髪の毛を持ってきた子にあげるの。そうすれば、ただ同然で髪の毛が手に入って、それを売ればぜんぶ儲けになるわ」

この一言で、タニカのビジネス・プランの骨子が決まった。タニカは二〇〇ドルの融資を受けて、さっそく袋一杯の安物のおもちゃを買い込んできた。そして、まるで新規開業したサンタクロースのように、おもちゃの袋をかついで村から村を渡り歩いた。

「お母さんやお姉さんのブラシについた髪の毛を集めてきてくれたら、この中からどれでも好きなおもちゃをあげるわよ」。タニカは村をうろついていた子どもたちに声をかけた。

髪の毛をおもちゃと交換してくれるという噂が広まると、タニカの元に子どもたちが洪水のように押し寄せた。そしてタニカは集まった髪の毛を売り、借金を返した上に事業拡大の元手を手にすることができた。

一年後、タニカは数百人の女性を使うまでになった。彼女たちは自分の村でおもちゃを使って集めた髪の毛をタニカに売り、タニカはそれを会社に売って儲けを得ている。もう食べ物の心配はいらない。彼女は家族を貧困から救うとともに、肩身の狭い思いをすることもなくなったのだ。

ノーベル賞受賞者の教訓

このケースから、ある疑問が湧いてくる。なぜタニカは他の多くの女性たちと違って、貧困から抜け出すことができたのか。この疑問に答えるために、タニカの成功を陰で支えた一人の天才について考えてみよう。近年、ノーベル賞を受賞したムハマド・ユヌスは、タニカに代表される数百万人の貧困層を救う方法を見つけ出した。

以下は本章の中心テーマでもある、彼の驚くべきストーリーだ。ユヌス博士は米国で経済学博士号を取得したのち、故郷のバングラデシュに戻って大学教授となる。ところが、安楽な地位が保証されたキャンパスの外では、何百万もの人が餓死しつつあると知って、博士は驚愕する。

ユヌス博士の調査の結果、バングラデシュの深刻で慢性的な貧困は、貧しい人たちが怠惰なせいではないことがわかった。周辺の村々を回ったユヌス博士の目に飛び込んできたのは、汗水流して働きながらも、それに見合った収入を得られない人々の姿だった。ある村で四二人の村人に聞き取りをしたところ、ショッキングな事実が判明した。足りなかったのは努力ではなく、資金だったのだ。定職に就く者はわずかで、ほとんどは自営業者だった。狭い土地さえ持たない者は、工芸品をつくって売るか、サービス業だけが収入の道だ。

事業を興すには少額の元手さえあればいいのだが、それさえ手元にないために、彼らは一〇〇パーセントもの金利をかける地元の高利貸しの餌食になっていた。高い金利のせいで収入を返済に充てるだけで精いっぱいで、いつまでも債務から抜け出せない仕組みになっている。美しいストゥールをつくっている女性が、毎日の材料を調達するためのたった五セントが手元にないために、貧困から抜け出せないでいる。ユヌス博士はその実態を知って言葉を失った。

調査を終えたユヌス博士は、こう結論付けた。「もし一つのきわめて重要な行動（村人が融資を取り付け、返済すること）が可能になれば、調査した四二人の家計を改善できる」と。その四二人が事業のために必要な資金は合計でわずか二七ドルだ。

次にユヌス博士は地元の銀行に出向いて、その四二人に市中金利で融資をするよう頼んだが、取り付く島がなかった。銀行の役員たちはユヌス博士を笑い飛ばし、追い出した。銀行では担保がない限り金は貸せないというのだ。この過酷な方針に、ユヌス博士は頭を抱えた。次は彼自身の言葉だ。

ふだんならベッドに入るとすぐに寝てしまうのに、あの日の夜は違った。健康で手に職もある、汗水流して働く四二人の自立のために、たった二七ドルを貸し付けることもできない社会……。自分がその一員であることが恥ずかしくてたまらなかったのだ。

あの寝付けない夜から三〇年後の今日、ユヌス博士は数十億ドルの経済規模を誇るグラミン銀行グループの経営者として、一億人を貧困から救うための革命を開始した。隣国のインドでタニカに開業資金を融資したマイクロクレジット・グループも、ユヌスの活動から生まれたものだ。

このエピソードでさらに注目すべきことは、タニカだけでなく、残りの四人の友人もスモール・ビジネスを軌道に乗せることができた点だ。これはユヌス博士の手法によるものだが、それによって約九八パーセントが成功することがわかっている。彼らは絶望的な貧困から抜け出すための、二つ目のきわめて重要な行動を実行している。それは、金利も含めて融資を返済することだ。

事業に成功した人たちの多くは生活を立て直し、子どもを学校にやれるようになった。いまでは多くの子どもたちが高等教育を受けている。かつては貧困にあえぎ、一日わずか二セントを稼ぐためにきつい仕事を強いられた村人たちが、いまでは事業で得た利益で子どもたちを大学に入れている。

では、ユヌス博士がどうやって貧しい人々を導き、きわめて重要な行動を可能にさせたのか。どういう魔法を使えば、無担保融資を九八パーセントの確率で回収できるのだろうか。また、その戦略の中に、他のケースでも影響力のツールとして活用可能なことはあるのだろうか。

長く苦しい失敗を重ねてきた人々を変えるには、複雑な作業が必要になる。ユヌス博士も、本書で紹介した手法をすべて使っている。課題があまりに大きく、一つの影響要素だけでは足りないからだ。だが、タニカと友人たちの行動を見ると、さらにもう一つの強力な影響要素に気付く。それはソーシャル・キャピタル〔社会の効率性を高めるような、社会・地域における人々の信頼関係や結びつき。社会関係資本〕の力だ。

融資を受ける際にタニカが求められたのは、自分の事業計画だけではない。同じ村の五人でグループをつくり、各メンバーが自分の計画を提出することが条件だった。そして各人がそれぞれ融資を受けるが、その際に互いに連帯保証人になるのだ。つまりタニカは、他の四人が納得するようなプランを練り上げないといけないわけだ。さらに初めての事業を共同で計画することで、後々まで助け合うことになる。

一度も働いたことがなく、いまにも死に神の餌食になりそうな人たちだ。そんな彼女たちが仲間の失敗に備えて連帯保証人になれと言われたら、どうなるだろうか。生半可なアイデアでは、うんとは言わないだろう。五人の知恵を寄せ合い、有望なプランをつくろうと必死になるはずだ。

ソーシャル・キャピタルの力を使う

第6章では、第三者の存在が人の意欲に深く影響することを学んだ。ここでは影響要素の二番目、すなわち社会的能力について考える。ビートルズも歌っているように、「友達がちょっと手を貸してくれたら」成功の見込みは高くなる。友達は知恵と力を貸してくれるだけでなく、さまざまなリソース、つまり、ソーシャル・キャピタルの利用を期待できるのだ。確かに友達の助けさえあれば、一人ひとりの力を合わせたよりもずっと大きな力を生み出せるが、それはソーシャル・キャピタルの使い方を知り、人間関係の重要な力を最大限に活用できてこその話だ。ユヌス博士はこの力を誰よりもうまく活用した。

なぜタニカが成功できたのか、人気作家のジェームズ・スロウィッキーの持論をもとに考えてみよう。スロウィッキーは著書『「みんなの意見」は案外正しい』（角川文庫）の冒頭で、イギリスの科学者フランシス・ガルトンについて紹介している。ガルトンは多様な知的レベルからなるグループが、しばしば個人よりもよい業績をあげる事実を統計的に示した。

地元の畜産フェアに参加した住民七八七人が、屠畜・解体された雄牛の体重を当てることになった。住民の答を平均すると一一九七ポンドになった。実際の雄牛の体重は一一九八ポンドで、住民たちの出した平均数値とほぼ一致していた。スロウィッキーは集団の知恵についてこう述べる。「ある状況の下では、集団は驚くほど知的であり、しばしばその集団内の最も賢い人以上の能力を示す」

集団の知恵は個人に勝るというスロウィッキーの考えが広まるよりずっと早く、ユヌス博士はマイクロクレジット事業でそれを実践に移していたわけだ。働いた経験のない五人の女性グループがタニカの計画にてこ入れするため、あれこれ相談する様子を思い出してみよう。誰も最終プランの青写真を持っていたわけではないのに、お互いの意見をぶつけ合うことで、一緒になって成功への道を探り当てたのだ。それが可能だったのは、彼女らが烏合の衆ではなかっただけではなく、勝手が分かっている自分たちの村で扱う商品やサービスを開発したからだ。

支援によってソーシャル・キャピタルを築く

人の行動を大きく変えるには、外からの支援が必要なのは明らかだ。例えば、もしバーウィック博士が全米で一〇万人の医療事故死を防ごうとするなら、医師や看護師、事務職、ハウスキーパーなどを巻き込む必要がある。シルバート博士の犯罪者更生の仕事にしても同様だ。彼女は周辺住民の協力を求めたばかりか、その中にもう一つの町をつくってしまった。

しかし、どんなケースでもつねに人の協力が必要なのだろうか。例えば、ダイエットは個人の意思の問題だと思うかもしれない。アップルパイにするかリンゴにするか迷っているとき、誰かの意見を求める必要はない。だが、自分だけの問題だと決めつけるのも早計だろう。きわめて重要な行動はしばしば個人が一人で実行することもあるが、集団は個人を勇気づけ、それが大きな変化につながるからだ。

タイのエイズ感染防止に当たったウィワット博士は、酒に酔った客がコンドームなしでセックスしようとしたとき、おびえる若いセックスワーカーたちを勇気づけることに成功した。後で見るが、セックスワーカーたちは一人でこの瞬間に対処しなくてはならない。ところが、その陰で多くの人が彼女を後押しし、支援しているのだ。優れたインフルエンサーは決定的瞬間に個人が成功できるよう、つねに十分な社会的サポートを用意しておくものだ。

では、困難な変革を成功させるには、いつ援助の手を差し伸べたらいいのだろうか。

他の人々が問題に絡んでいる場合

次のケースはよくある話だが、ある人が仕事で成功するには他の人々の支援が必要だという事実を示している。

ジェスは会議室で、オリンピックのボクシング選手のようにダラダラと汗をかいていた。なぜなら、これから嘘をつこうとしており、それがばれるのが怖いからだ。ジェスはポーカーフェイスが苦手で、嘘をつくと顔に出てしまう。汗だけではない。左のまぶたがピクピクと痙攣していて、部屋の隅からでも気付かれそうだ。いざ話そうとすると、喉がストローのように締め付けられて、声がうまく出ない。せき払いをしてごまかしながら、彼はついに大嘘をついた。ばれたら大問題だ。

「問題ありません。予定通りです」

嘘をついているのはジェスだけではない。この製品開発会議に出席している全員が真実をねじ曲げていた。ジェスが所属するソフト開発部門は一五〇〇人のスタッフからなるが、そこでは同僚や上司に対して、仕事の進捗状況をごまかすのが職場の古くからの慣行になっている。スケジュールについて誰もが嘘をつくので、職場ではこの慣行を密かに「プロジェクト・チキン（臆病者）」と呼んでいた。

ゲームのルールはこうだ。あなたは会議で、自分の担当のプロジェクトが遅れているのに大丈夫だと嘘をつく。きっと他の誰かが遅れを認めて、納期延長を求めるに違いない、と期待しているからだ。最初に納期の遅れを認めた人が「チキン」と見なされる。自動車のチキン・レースと同じく、誰かが最初にレースを下りてくれれば、他のメンバーは一安心だ。自分の責任を問われずに、納期延長の恩恵だけをこうむることができるわけだ。その日も会議に出ているチームリーダーの大半が、ジェスと同じく計画にかなりの遅れを抱えていた。それでも誰も遅れを認めない。誰もレースを下りない限り納期は延長されず、その結果プロジェクトは大惨事を迎えるだろう。

著者グループが相談を受けたとき、このソフトウェア開発会社は倒産寸前だった。何年にもわたって新製品は納期に間に合わず、ようやくリリースした製品も予算の二倍のコストがかかっていた。製品の問題ばかりか、従業員の士気も低く、多くの有能な人材が会社を去っていった。新たに開発担当副社長に就任したマイクの任務は、この状況の改善だった。彼はすでに目指すべききわめて重要な行動が何かを把握していた。仕事に問題が生じたときに、従業員がそれを率直に報告できるよう動機付けしてやれば、士気の向上につながり、コスト削減と納期の厳守も可能になるだろう。だが、その前には高い壁が立ちはだかっている。

マイクに初めて会ったとき、彼はすでにいくつかの戦略を試した後だった。コミュニケーション研修を実施し、オピニオン・リーダーを捜し出して問題解決への協力を求め、匿名アンケートによる行動変化の調査も行った。それでも組織に変化は見られなかった。マイクが言うには、「あらゆる手を尽くした結果、はっきりわかったのは会社が傾きつつあるという事実だけ」だった。

マイクが気付かなかったことは、会議の進捗報告におけるジェスたちの行動は、それだけが独立していたわけではないという点だ。嘘で遅れをごまかす行為は、マネジャー、重役、副社長によっても強化されていた。マイク自らが、会議の場で無難な話ばかりを報告する傾向を助長する役割を無意識に担ってきたのだ。その行動が集団的に行われているかぎり、それを変えるにも集団全体を巻き込む必要がある。では、マイクはどうやってそれに手を付けたらいいのだろうか。

その答えを知るには、似たような問題に対する取り組みを参考にすればいい。我々は一万四〇〇〇キロ先の南アフリカに飛び、ガース・ジャフェット博士について調べた。ジャフェット博士はソーシャル・キャピタルを築き上げる方法について長らく研究してきた。個人的問題を社会全体の問題に転換する手腕は見事なものだ。

元医師のジャフェット博士は、紆余曲折を経てＮＧＯ「ソウル・シティー」のＣＥＯに就任した。ソウル・シティーは南アフリカの番組制作組織で、エイズ問題や幼児死亡率、栄養失調などの問題に取り組んで成果を上げている。近年では、女性に対する暴力を根絶することを目標に掲げている。ジャフェット博士がこの問題に注目したのは、南アフリカでは女性への暴力が日常茶飯事だったからだ。女性の一〇パーセント以上がレイプの経験があり、二〇パーセントがパートナーからの肉体的・精神的な暴力に苦しんでいた。

ジャフェット博士は、個々の女性を教育して立ち上がらせ、男性の加害者を懲らしめさせるような方法では、この複雑で根深い問題を解決できないことに気付いた。それよりも、問題をつくり出している人たちを問題の解決に巻き込むことが必要だと考えた。

南アフリカ社会でも、男女を問わず多くの人が虐待に反対の立場を取っていたが、にもかかわらず、自分たちの力では虐待をなくすことは難しいと無力感を抱いていた。そこでジャフェット博士は一つの方法を提示した。彼はこう述べている。

『ソウル・シティー』というテレビ番組に、サバンという人物を登場させた。彼は尊敬を集める教師だが、同時に愛すべき妻マトラカラを繰り返し虐待する。視聴者は男女双方とも、いかに伝統といえどもマトラカラが虐待されるのは理不尽だと考えるようになる。明るく人当たりがよい彼女は、罪のない犠牲者そのものだからだ。ところが興味深いことに、サバンも理性的な好人物なのである。これは視聴者自身の姿でもあった。

次に番組は、虐待を知った友人・知人たちが問題解決のために動く姿を映し出した。ソウル・シティーのアドバイザーを務めるアービング・シンハル博士はこう語る。「ある回のエピソードで、サバンがマトラカラを殴っていると聞いた近所の人たちが、こらえきれずにサバンをたしなめようと決意するシーンがあります。でも、どうやって彼らは押し付けがましくならないように、そのことをサバンに伝えたらいいのでしょうか。面と向かって指摘をしても受け入れられないし、暴力沙汰になる恐れもあります」

シンハル博士は続ける。「家庭内の暴力はプライベートなことではなく、決して許されないということをわからせるために、隣人はサバンの自宅前に集まり、鍋やフライパンをガンガン叩きます。何も言わず、とにかく音を鳴らすのです」。番組では、恥ずかしくなったサバンがしだいに行動を変化させていく。

番組が放映されると、まったく予想外の出来事が起きた。南アフリカの各所で、隣家から虐待の物音が聞こえると、住民たちがその家に集まって鍋やフライパンをガンガン鳴らしたのだ。身代わりの体験の力が魔法のような効果を示した瞬間だった。そのメッセージが広がり、妻を虐待した男たちは責任を問われることになった。暴力行為とそれを支持する集団的沈黙は、こうして新しい慣習に置き換えられた。

この影響力を念頭に置いておこう。ジャフェット博士が悟ったのは、もし不適切な行動が多数の人々に支えられているなら、それに関係するすべての人がその変革に関わらねばならないということだ。このケースでは、変化のカギは隣人たちの行動だった。なぜなら、隣人たちが虐待を傍観して容認していたことが、問題の大きな一角を占めていたからだ。

開発担当副社長のマイクが最終的に「プロジェクト・チキン」の撲滅に成功したのもそのためだ。マイクは当初、ジェスのような従業員の責任を問うことで問題を解決しようとした。だが、マネジャーや重役らこの問題に関わる他の人たちの役割に切り込む必要に気付いてからは、方針をガラリと変えた。研修担当に命じて、問題含みのプロジェクトをめぐる議論をうまく進めるための研修を行うことにした。そして上司をその「講師」にしたのだ。これがすべてを変える画期的な一撃となった。

隔週で二時間ずつの講義では、微妙な問題を率直に話し合うための方法について教えることになったのだが、講師として登場したのは、ついこの前まで部下たちの口を封じようとしてさりげなくサインを送っていたマネジャーたちだった。最初の二回、ジェスはしらけた気分で講義を聞くだけだった。三回目、彼はマネジャーに質問をしてみた。マネジャーは授業内容に沿って、責任ある態度で適切に回答した。六回目になると、従業員たちは自由にものを言い始めた。ほんの数ヵ月のあいだに新しい慣習が広まり、プレッシャーの下でも率直に発言するというきわめて重要な行動が定着した。そして一年もたたないうちに、会社は二本の新製品を予定通りの予算と期日内にリリースすることができ、従業員の士気はこれまでになく高まったのである。[3]

家庭での支援について見るために、ダイエットに取り組むヘンリーの例に戻ろう。ヘンリーは同僚や家族が彼を助けるどころか、妨害ばかりしていることに気付いていた。彼らは友人というより、ヘンリーの健康を破壊する共犯者になってしまっているのだ。ヘンリーをしゃれたレストランに誘い、目の前で高カロリーのデザートを食べ、よだれの出るようなお土産を買ってきて、冷蔵庫には体に悪そうな食材がぎっしり買い込んである。

誰もヘンリーのダイエットに手を貸してくれそうな者はいなかった。妻もそうだ。ヘンリーが「チョコレートを買い置きしないで」と頼んだら、一笑に付されてしまった。妻はチョコレートに目がないが、それでいて体重が増えない。だから我慢する必要はないと言うのだ。

ダイエットを自分の努力だけで成功させるのは難しい。「おいおい、僕も同じ家に住んでるんだよ。うまそうなにおいを嗅ぐとどうかなりそうだ」

3　原注：詳しくは www.vitalsmarts.com/corporatecasestudies.aspx を参照〔編集部注：2018年5月現在、閲覧不可〕

周囲の支援の大切さを訴えているのは、ヘンリーの嗅覚だけではない。彼が最近読んだ本に、コレステロール値を下げる研究（本書で紹介したアルバート・バンデュラ博士のものだ）が出ていた。ヘンリーもバンデュラ博士も、配偶者が参加するとコレステロール値を大きく改善する効果があると考えている。

そこでヘンリーに必要なのは、妨害者を支援者に変身させる方法だ。そのためにヘンリーは、周囲の人たちを責めたり、反発したりするのではなく、誠実な話し合いをしなくてはならない。

自分だけで成功できない場合

「人間は離れ小島ではない」という詩人のジョン・ダンの言葉はもっともだ。周りの人々があなたを支援するどころか妨害し、問題を引き起こしたり助長したりするとき、あなたは「なぜ自分を苦しめるのか」と、周囲の人たちを非難したくなるだろう。しかし、その衝動は抑える必要がある。その代わり、彼らを味方に取り込もう。自分だけの問題を、みんなの問題に変えるのだ。きわめて重要な行動を創造的な習慣にするために、支援を求めよう。

相互依存：誰も自分自身の問題を解決できず、きわめて重要な行動を起こすために人の協力が必要なら、チームをつくって能力を高めるべきだ。もちろん、高度な技能を持った職人が一人でつぼや装飾品などをつくるケースもあるが、今日の企業では前任者と同水準の専門性を身に付けたエキスパートたちが同僚と協力し合うことが成功のカギだ。

例えば、典型的なソフトウェア開発チームはプログラマーだけでなくデザイナー、マーケッター、ライター、営業担当者などからなる。製品開発の各段階で全員が関わり合い、ネットワークを通じて各自の成果を持ち寄り、個人的にも協力の道を探っている。このような仕事の進め方に理解のない上司は、自分の思い通りにならないことにつねにフラストレーションを抱えることになる。

我々著者グループはカンバン方式を取り入れてコスト削減を目指すメーカーのコンサルティングをしたことがある。カンバン方式とは、製品がラインを流れる際に、部品の仕掛かり品の在庫を持たないやり方のことだ。従来の方式では、自分の手が空いたときに在庫の棚から仕掛かり品を出してきて自分の工程に取りかかる。ところが、カンバン方式では前の工程が済んだら仕掛かり品を在庫として棚に入れるのではなく、すぐに次の工程に流すので、次の工程の者はただちに自分の仕事に取りかかる。この新しい生産方式は、完璧な時間管理が必要だ（各工程にかかる時間をぴったり同じにそろえる必要がある）。職場の息も合わせなくてはならない。もし一人でものんびりしたり、逆にスピードを上げすぎたり、勝手に休憩をとったり、不良品を出したりしたら、前後の工程にただちに影響を及ぼすからだ。

我々がプロジェクトの支援に駆けつけたときにわかったのは、その会社はこれまで、工程と工程のあいだにうずたかく積まれた仕掛かり在庫の山のおかげで、従業員相互の協調性がないという問題が覆い隠されていたということだ。カンバン方式を導入して前後の工程との協力が必要になると、従業員同士の争いや不平が絶えなくなり、「生産ラインの持ち場を変えてくれ」と要望する者まで出る始末だった。現場監督はつねに部下たちの問題解決のために気を配っていたが、けんかの仲裁に多くの時間を取られるようになってしまった。

結局、その会社がカンバン方式を導入する準備ができていなかったのだ。つまり、協力のための技術がなかったのである。カンバン方式は、従業員各自が責任感を持って、お互いを頼って問題点を解決する相互依存を必要とする。ところがこの方式が導入されてみると、その能力が欠けている事実があらわになってしまった。それまではバラバラに仕事をやってきたために、効果的に協力する能力が退化してしまったのである。従業員相互の良好な人間関係も存在しなかった。

従業員が協力し合って問題を解決することを学ぶまで、新しい生産方式を導入することはできない。相互依存を実現するには、各自がお互いの考えを共有し、困っている者には手を差し伸べ、個人のニーズよりも集団のニーズを優先させる心構えが必要だ。相互に依存した従業員を協力して新しい仕事のやり方に習熟しないかぎり、経営陣はつねに対立関係に悩み、価値あるソーシャル・キャピタルを生かすこともできない。

新しい状況：タニカのグループが置かれた状況は、もう一つのソーシャル・キャピタルの力を示している。専門家でもない彼女たち五人は、まったく新しい問題に直面していた。幸いにして、おもちゃと引き換えに子どもたちに髪の毛を集めさせるプランは、グループの話し合いの中から生まれた。もともと誰かがそのアイデアを持っていたわけではない。次から次へとアイデアが積み重なり、変化しながら、一人では思いつかない方法が協力によって生まれたのだ。
時代の変わり目などの変化の激しい状況にあって、新しいやり方が必要なときには、一人で考えるより多くの知恵を集めた方がうまくいく。ユヌス博士は融資先の起業家の卵たちに、一人で考えずにグループをつくって協働し、毎週集まってブレーンストーミングをするよう求めた。グラミン銀行が期待したのは、グループの協力による相乗効果だった。

リスク：インフルエンサーたちは大きなリスクに直面しながらも、決定的瞬間に当たって変革のために全力で支援の手を差し伸べる。中でも数百人の犯罪者を更生させたシルバート博士の功績は目覚ましいものだ。ディランシーの居住者たちが日ごろどんな仕事をしているのか知れば、博士とディランシーが抱えるリスクの大きさがわかるだろう。
ディランシーの居住者は毎日、サンフランシスコのベイエリアに暮らす住民の家に入り込み、家財道具を運び出す。彼らがディランシーに来る前にやっていたこととの違いは、いまではそれをディランシー運送会社の仕事の一環としてやっている点だ。かつては他人の財産を不法に運び出していた人たちが、いまでは合法的な仕事としてやっているわけだ。従業員の経歴から見て、この仕事はあまりにリスキーだと思うかもしれない。にもかかわらず、ディランシー運送会社が扱った貴重品は、すべて新居に届けられる。ディランシーはベイエリア地区で最大手の運送会社だが、それもそのはず、決して紛失や盗難がないからだ。もし真珠のネックレスが一つでもなくなったらどうなるだろうか。ディランシーの評判は地に落ち、一〇〇人の従業員が職を失うことになる。そうしたリスクにもかかわらず、これまで何の問題も起きなかった。

同様に、ディランシーのレストランにも驚かされる。居住者たちはいまだにアルコールやドラッグの離脱症状を抱えているのに、彼らの仕事はお客にアルコールを提供することだ。この矛盾した状態に驚いた我々は、シルバート博士に「再発」したらどうするのかと尋ねた。すると彼女は躊躇なく答えた。「再発はありません」。さらに聞き返すと、彼女は記憶をたどり、一年ほど前にあった一件の事例を教えてくれた。一般のリハビリ・プログラムの成功率の低さと比べれば、それがどれほどすごいことかがわかるだろう。

犯罪者を一般家庭に送って働かせ、店でアルコールを扱わせているのに、それでもほとんど何の問題も起きていないのだ。シルバート博士によれば、その影響力の秘訣はディランシーを網の目のように覆う強力な社会システムにある。この組織の内部には一人も専門家がいないが、その代わりに大きなソーシャル・キャピタルを抱えている。それはシルバート博士が三〇年にわたって築き上げた相互支援ネットワークだ。

シルバート博士がきわめて重要な行動をサポートする仕組みは次の通りだ。ディランシーでのあらゆる技能は、居住者がお互いに教育と指導を与え合う関係によって築かれている。だからすべての居住者は、ある日突然、入所したばかりの新人の世話係を頼まれることがあり得る。入所時には酒浸りで教育もなく、犯罪のテクニックしか知らない者であっても、いずれは人材育成や教育の博士号に匹敵する技術を身に付けることになる。そうするほかない環境なのである。

シルバート博士は言う。「ここでは少し学ぶと誰かに教えることになります。つまり〝誰もが誰かの先生〟なのです。入所して間もない人であっても、自分より後から入ってきた新人がいると、「あいつの面倒を見てくれないか」と頼まれます。それ以降、みんなからは自分のことよりも自分の後輩のことを聞かれるようになるんです」

ディランシーでは居住者同士の助け合いを後押しするため、心がけていることがある。居住者が恐る恐るディランシーの門をくぐった瞬間から、その新人は仲間同士が全力でサポートし合う文化と言葉に浸されることになる。あなたがもしディランシーの入所者だとしたら、サポートはこんな感じで行われる。

初めてディランシーの門をくぐると、あなたは多様な人種からなる九人部屋の寮を割り当てられる。次に「ミニヤン」と呼ばれるグループに入る。ミニヤンは別々の寮に住む一〇人のメンバーからなる。ミニヤンとはユダヤ教の伝統に基づく言葉で、一〇人の成人からなるグループのことだ。ユダヤ教で礼拝を行うにはミニヤンの全員がそろう必要があるが、ディランシーではミニヤンという言葉を、「居住者が自分一人ではできないことを助け合って行う自助グループ」という意味で使っているのである。ミニヤンはディランシーのソーシャル・キャピタルだと言える。

ミニヤンのリーダーたちは責任を持って、居住者の成長とニーズを監督する。その一方、ミニヤンを監督するのは「バーバー」である。バーバーはミニヤンのメンバーがお互いを批判し合うことを奨励する〔街角で大声を上げる人のことを「ヘアーカット」と呼ぶことがあるため、この仕事をバーバー〔理髪師〕と呼ぶようになった〕。

それ以外にもさまざまな支援システムがある。例えば居住者はクルーの一員として働くが、クルーのリーダーも居住者だ。一般的な居住者は入所時に中学一年生程度の学歴しかないが、ディランシーを出るときには最低でも高校卒業の資格を求められる。ディランシーには専門の教師が一人もいないのに、居住者たちはお互いに勉強を教え合って、それをやってのけるのだ。お互いに学び合い、教え合い、手本を示したり、それをまねたりするディランシーのスタイルは、恋愛関係を見るとさらによくわかる。

ディランシーの居住者ジェームズは言う。「僕らは健全な恋愛というものを知らないんだ。恋愛がセックス以上のものだとわかるまで、付き合うのは控えるべきだ。関係がこじれると『勝手にしろ！』と言っているようではね」

そこで二人でデートをする準備として〔少なくとも入所してから半年は許可されない〕、居住者は集団デートに参加し、新しい入居者よりも少しだけ先にデートしているカップルの指導を受けるのだ。ベテランのカップルが新米に対して、デートにふさわしい振る舞いや話の仕方を教える。さらに新米カップルがデートするときは、最初の数回にわたり「バーバー」が指名する「お目付役」が、二人が道を外さないように見守るのである。

これは専門の人材がいない組織でいかにしてお互いにサポートし合い、人の行動や生活の変化に大きな影響を与えるかを示す小さなサンプルだ。では、もし篤志家が莫大な財産を提供して、ディランシーが専門の教師やカウンセラーを雇えるようになったら、シルバート博士はどうするだろうか。もちろん、答えは〝雇わない〟だ。ディランシーの居住者たちは誰かを助けることで、自分自身がもっと救われている。教師は生徒よりも多くを学び、助言者は助言を受ける者より救われる。コーチもまたしかりだ。教育を受けた専門家を外部から呼んできて、この貴重な学びの機会をみすみす逃す必要はない。

ビジネスの分野でも、少なからぬ企業がソーシャル・キャピタルをうまく活用してリスクを減らす利点に気付き始めている。例えばシリコンバレーの起業家たちは「ビジネス・インキュベーター」制度をつくり、新しいビジネスが創業直後のリスキーな時期を切り抜けられるように支援している。インキュベーターは、企業が必要とするときにあらゆるタイプの専門家がアドバイスを提供する制度である。

個人のキャリアという面から見ても、第三者からのサポートの必要性はかつてないほど大きい。ブリティッシュ・テレコムのトム・ボイルは、人間関係を築く能力の重要性を強調するためにＮＱ（ネットワーク指数）という用語をつくった。キャリアという観点から見て、ＮＱはＩＱ（知能指数）よりもいまや重要だというのが彼の主張である。人間は誰しもすべてを知ることはできないのだから、自分の死角を補ってくれる人を見つけることが重要だ。近年の多くの研究が示すところによれば、最も成功する従業員は思いやりと信頼のネットワークから助言を得ることができる。成功する人は自分を島のように孤立した存在とは考えず、密接につながったネットワークの価値ある一員となることで、自分のもろさを克服している。

これらの例は、すべて同じ問題に関係している。変化の激しい時期には自分だけで解決できないリスクに対処するために、多くの人が知恵を集めることが必要だという事実だ。そこでユヌス博士の知恵を借りよう。複眼的でクリエイティブな思考が求められるときには、チームをつくろう。いまある人材をうまく使い、リスクをぐんと減らすには、ディランシーの例に倣って、ベテラン従業員をコーチやトレーナー、インストラクター、メンターにして助言を求めればいい。

死角：きわめて重要な行動を可能にする手段の一つとして、社会的サポートの必要性がよくわかるのは、他人の目によるフィードバックが欲しいときだろう。独学でテニスをやってきた人と、同じ時間をコーチについて練習してきた人が対戦すれば、一人で練習するより専門家からリアルタイムのフィードバックを得る方が絶対に有利であることがすぐにわかる。したがって、何か重要なことをするときには、コーチを頼むのが当然だと思うかもしれないが、実はそうでもない。スポーツ以外の場面で誰かのフィードバックを求める人はごく少数だ。

例外はある。例えば医療の現場では、医師が心臓にカテーテルを挿入するなどのハイリスクな手術を施すときには、その場でベテラン医師が立ち会って指導をすることが慣例となっている。難しい手術をする場合、医師は通常、事前に他の医師が同じような手術をする様子を見学するわけにはいかない。その代わり、本番の手術で他の医師に立ち会ってもらい、その場で技術的なアドバイスを受けるシステムになっている。

■インフルエンサーの行動に学ぶ

リスキーな状況に直面したとき、人はしばしば助けを求める。警官は危険な場所に突入する前に支援を求め、看護師は患者を移動させる前に手助けを呼ぶ。浪費癖を治すには買い物の際に後見人を付けて、予算内で買い物をするように指導する。新米教師はペアを組んで難しい子どもや親に対処する。

あなたにとって、きわめて重要な行動が危うくなる決定的瞬間はどんなときか、じっくり見極めてみよう。決定的瞬間とは、あなたが最も失敗しやすい時間、場所、対人関係、気分、環境のことを言う。この決定的瞬間を切り抜けるために、仲間の助けを求めよう。

ビジネスなど失敗のリスクが低い場面では、リアルタイムで助言を与えてくれるコーチを付けようとはまず考えないだろう。いくつかの企業は経営者に電話で相談に応じるアドバイザーを付けて、前日に起きた問題について相談できる仕組みをつくっている。だが残念なことに、リアルタイムのコーチはまずいない。

例えば著者グループがローレンという女性の重役から依頼を受けたときのことだ。彼女は明るい性格だが、口下手なため、我々はスピーチのコーチを派遣した。以前は「聴衆をたちまち眠らせるすばらしい能力」を持つとまで言われていた彼女が、ほんの数時間で雄弁家に変身する様子には驚いた。彼女は講座に通ったり本を読んだりすることなく、スピーチをしながら、その場で「スピードを一〇パーセント早く」、「『成功しました』の後に間を置いて」など、たった四時間のフィードバックを受けただけだ。フィードバックがなければ、同じだけ進歩するのに数ヵ月はかかっただろう。

他人の目から見れば、自分のどこに問題があるのかがよく見えるものだ。専門家によるリアルタイムのフィードバックという、ひと味違ったサポートに投資してみてはどうだろうか。

仲間同士の結束：「共有地の悲劇」とは、イギリスの経済学者ウィリアム・フォスター・ロイドが一八三三年に出版した書物で使った例え話から広く知られるようになった問題だ。その例え話は、よかれと思ってしたことが、最終的に社会全体の悲劇につながるケースを示したものだ。ある村で貴族が所有する土地を農民の共有地として放牧を許す。農民が成功すればするほど放牧される羊が増え、しまいには羊が増えすぎて共有地は荒れ果ててしまう。農民個人にとってよいことが、集団全体にとっては困ったことになるというわけだ。

あなたも似たような問題で頭を抱えたことがあるかもしれない。例えば一時間にわたって渋滞にはまり、ようやくその原因を見つけたとする。道路の真ん中に大きな箱が落ちていて、それが交通の流れを妨げていたのだ。ところで、そのまま立ち去れば、あなたにとってはいいが、後から来る人たちにとってはいいことがない。一方、あなたが自分を犠牲にして車から降りて箱を片付ければ、みんなの利益になる。

■インフルエンサーの行動に学ぶ

メンロー・ソフトウェアのリッチ・シェリダンは、同社のソフトウェア開発方式を徹底的に改革しようと決心した。従業員が孤立して仲間はずれにされたと感じることを防ぎたかった。また、特定の個人が仕事の知識を独占しているために休みも取れない状況を改善したかった。そこでリッチはプログラマーを二人ずつペアにして、一台のコンピューターを共有させた。

当初は仕事にきしみが生じた。誰もが自分が主導権を握って、プログラムを書く方に回りたがったからだ。だがまもなく、各チームは一人がタイプをし、もう一人がデザインしながら作業をチェックするという協力方法を考えた。その場でバグを見つけられるので、従来は作業全体の四〇パーセントを占めていた嫌なバグ取り作業を、実質的にゼロにすることができた。さらに、仕事の情報を一人が独占する「タコつぼ」状態も解消された。現在では、すべての業務に二人以上の専門家が携わるようになった。「あれ以来、休暇の申請をはねつける必要もなくなりました」とリッチは説明する。二人が互いに助け合って仕事をする（つまり、誰もが頼れる相棒を持つ）ことで、職場の士気が高まり、仕事の環境が劇的に改善されたのだ。

こうした状況で大切なのは、各個人の団結だ。つまり、ソーシャル・キャピタル全体にとって何が最もいいのかを学ぶのである。すべての人のためになる、より大きな目標と行動のために自分を犠牲にする気持ちがなくては、どんな計画でも失敗するだろう。例えば著者グループは、新任の現場監督に直属の部下の監督の仕方を教えるリーダー研修を組んだことがある。研修コースの設計のために、我々はポジティブな逸脱者を探した。他の人たちが失敗するような状況で成功した者たちの行動を観察し、そこから学んだユニークなスキルを研修に取り込んだ。

研修を終えた後、修了者全員が研修内容を実践に移すことになった。部下のルール違反や問題行動を注意するのだが、一部の現場監督は新しいスキルを実行しなかった。彼らは同僚たちが新たな課題にどう取り組むのか、様子を見ていたのである。そのため、部下の問題行動を面と向かって注意した現場監督は、頭が固いといって部下の笑いものにされた。従業員たちは部下に厳しく当たらない他の現場監督と比較しては、「うちのボスは不公平だ」とか「ビジネスライクだ」と決めつけた。そのうちに、せっかく学んだスキルを実践する者は誰もいなくなってしまった。

このケースからわかるのは、団結の力だ。それからというもの、我々は研修内容を実行に移す前に、すべての現場監督が問題に取り組むことを約束させることにした。従業員に規則を守らせるためには、一致団結が必要だとわかったのだ。

もっと大規模に団結の力を示すのは、ウィワット博士がタイのエイズ防止のために人のサポートを活用したケースだ。旧来の方法でつまずいたウィワット博士は、より直接的なアプローチをとることにした。タイからセックス産業を一掃するのは理想ではあるが、現実的には無理な話であり、その間にもエイズウイルスは前代未聞のスピードで広がりつつあった。そこでウィワット博士はエイズ拡大を防ぐ方向に注意を向けることにした。感染の多くは、セックスワーカーと客との無防備なセックスによるものだったため、ウィワット博士は団結を呼びかけることにした。

エイズ感染をストップできるのはセックスワーカーたちだ。だが、そのためにはグループ全体が団結して行動する必要がある。というのは、一部のセックスワーカーが客にエイズ防止策としてコンドームの使用を求めたとしても、客は他の店に行ってしまうからだ。

しかし、すべてのセックスワーカーが安全を要求し、お金の誘惑にも負けなければ、客はコンドーム使用を求めない店を選ぶことはできなくなる。そうすればすべての客が安全なセックスを実践し、エイズ拡大も止まるはずだ。だが、ここでも一致団結が必要だ。もしセックスワーカーが一人でもルールを破ったり、売春宿が一軒でも規則を甘くしたら、すべてはおじゃんになってしまう。

きまりを徹底するため、ウィワット博士はすべての売春宿の主人たちを招いて会議を開いた。次に、すべてのセックスワーカーを招いた。それぞれの会議で、彼はすべての者がこの計画に参加しないと、セックスワーカーは全員エイズの犠牲になり、風俗産業も立ちゆかなくなることを説明した。次に博士はエイズ感染率の上昇について告知し、セックスワーカーや売春宿の一部でもプログラムに参加しないとどうなるかを言い含めた。

最終的に、すべてのセックスワーカーが計画に参加し、一致団結して客にコンドームの使用を求めたため、規則の順守率は一四パーセントから九〇パーセントにまで上昇した。団結を求めた上で必要な社会的サポートを提供した結果、タイ全土でおよそ五〇〇万人がエイズ感染の恐怖を免れることができたのだ。

では、家庭では団結の力はどう作用するだろうか。子育てについて勉強すると、すぐにシンプルで重要なことに気付く。子育ての秘訣は「駄目と言ったら駄目」と言うことだ。子育ての上手な親は、親の言葉には二言はないという原則を子どもにわからせる。それによって、不安定な人生に確実なものがあることを子どもにわからせるのだ。子どもが妹を叩いたら、その責任をとらせる。一〇代の子が門限を破れば、そのツケが回ってくる。両親の団結があってこそ、「駄目と言ったら駄目」の原則が徹底できる。さもなければ、子どもは両親をてんびんにかけ、家庭は無秩序になってしまうだろう。子どものしつけでいちばん大切なのは団結だ。それは他の深刻な問題を解決するときと同じことだ。

■インフルエンサーの行動に学ぶ

ペンシルベニア州のホームレス支援施設に携わる研究者らが、ナンキンムシを退治するカギを発見した。それは団結だ。施設は壁を接して三戸の住宅が連なっている。合計一二部屋に三九人が住んでいた。

問題はここにあった。ナンキンムシは動きがすばやく、頑丈で、ほとんど目に見えない。そしてしつこい。一つのベッドルームで退治したと思っても、隣の部屋に移り住む。そしてまた時期を見計らって戻ってくるのだ。解決策は住人を協力させることだ。しかも、一人でも落伍者があってはならない。ある日、各戸のすべてのベッドルームのナンキンムシ駆除が行われた。シーツはすべて熱湯で洗濯され、洗えないものは冷凍庫に丸一日置かれた。この協力と一致団結の結果は？　言うまでもなく、ナンキンムシの全滅だ。

まとめ：社会的能力

相互依存が進む変化の激しい世界で、家庭、会社、社会が抱えている最大の問題は、人に協働する能力がないことだ。日々の複雑な課題をうまくこなす技能をすべて備えている人はほとんどいない。だからソーシャル・キャピタルを築くことが必要不可欠になる。

ところが長年にわたり、人はそんなことは意識せずに過ごしてきた。例えばこの半世紀、映画やテレビドラマのヒーローたちは内部の敵と戦ってきた。つまり、会社のボスや支配層の男たちだ。組織内の一匹狼をヒーローとして称賛してきたせいで、他人と協力して変革を目指す意欲は大きく削がれることになった。

インフルエンサーはソーシャル・キャピタルに背を向けるような愚かなまねはしない。リスキーで困難な行動に取り組もうとする人がいるとき、インフルエンサーは必要な援助や権限、承認、協力などを即座に見抜く。そして影響力を行使してソーシャル・キャピタルを提供し、変革をもたらすのである。

第8章

賞罰を与える――組織的意欲

私はどれだけ批判されたって平気さ。あれは文句なしの褒め言葉だからね。

――ノエル・カワードの言葉

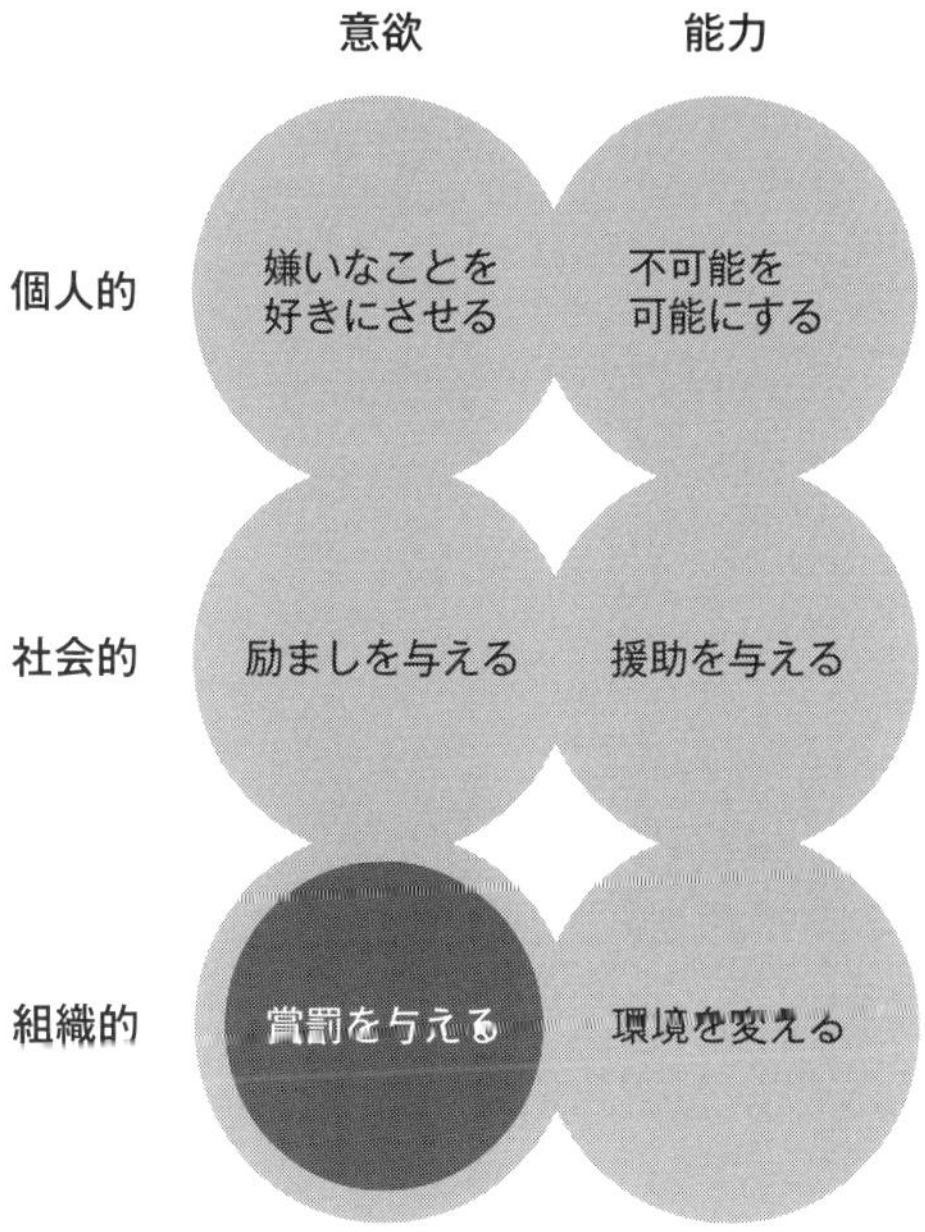

ここまで個人的・社会的な影響力について見てきた。次は人的要因を離れて、物の力、すなわち報奨、サービス、ボーナス、給与、発奮させるための臨時手当などのインセンティブをどう活用するかを考えてみよう。経営者の多くは、きわめて重要な行動をさせるには何らかの報奨を与えればいいと思っている。インセンティブが人の行動を変えると、単純に信じ込んでいるのだ。だからここでのアドバイスにはきっと驚くだろう。

結論から言うと、インセンティブなどの動機付けに頼っても、人を変革に駆り立てるという目標は達成できない。意欲を高めるには、むしろ第一に阻害要因を取り除くことが大切だ。後で詳しく見ていくが、経営者の多くはあまりにインセンティブに頼りすぎている。もし従業員のあいだに問題行動が頻繁に見られるとしたら、いまの賞罰システムがその要因になっている可能性が高い。そんな場合は、プラスとマイナスのインセンティブがあなたの意図を阻害しないよう、賞罰システムを変える必要がある。実際に人の行動変化を促すのは、影響要素の一（個人的意欲）と三（社会的意欲）だからだ。

「報奨」を使うのは三番目にする

ここからが重要な点だ。善意の報奨がその意図とは違って裏目に出るケースは数限りない。こうした失敗のいちばんの原因は、報奨を動機付けのための「第一」の方法として使うからだ。

人に意欲を起こさせ、きわめて重要な行動をさせるためのバランスの取れた方法は、報奨を三番目にもってくることだ。第一に、行動自体から内因的満足を引き出すこと。第二に、社会的サポートを手配すること。意欲を与えるために外因的な報奨を使う前に、この二点をチェックする。これがインフルエンサーのやり方だ。この順序をしっかり守らないと、失敗は免れないだろう。

報奨という概念が世の注目を引いたのは、ある保育園での驚くべき研究がきっかけだ。一九七三年、マール・レッパー博士らは報奨（大好きなお菓子）が子どもの活動（おもちゃで遊ぶ）にどう影響するのか、お菓子の種類、先生、親などの条件を変えながら調べていた。

レッパー博士が明らかにしたのは、活動自体に子どもが満足しているときに報奨を与えるのは逆効果だということだ。報奨を取り上げられると、活動の回数は増えるかわりに減ってしまう。少なくともレッパー博士が研究の対象としたビング保育園の子どもたちは、報奨を与えられる前よりも大好きなおもちゃで遊ぶことが少なくなった。

別の例を考えてみよう。あなたが自分の娘を読書家に育てたいとする。自分から本を読むようになった娘を見て、その行動を強化するためにインセンティブを与える。本を一冊読むたびに、お小遣いを五ドル与えることにする。娘はこの提案にうなずき、読書量も増える。そうしてたまったお小遣いでゲームソフトを購入する。だんだんゲームが増えてきて、娘は大喜びだ。

しばらくして、あなたはこう考える。「世界の名作にひたること自体がご褒美になったのだから、もうお小遣いはいらないだろう」。あなたの後押しのおかげで、確実に娘は良書をたくさん読むようになった。そこであなたはインセンティブを打ち切る。あとはきっと自分で好きな著者の最新作を探して読むことだろう。

ところが、この思惑は裏目に出る。お小遣いを与えるのをやめた瞬間から、娘はインセンティブを導入以前よりも本を読まなくなり、ゲームにひたるようになってしまうのだ。結局、娘はお金を稼いでゲームを買うことを覚えただけで、あなたのインセンティブはうまく効かなかった。これはあの保育園の子どもと同じことだ。あなたは何を間違っていたのだろうか。

これは「過正当化効果」として知られる現象だ。人はもともと好きでやっていた活動に報奨が与えられると、「この活動をしたから報奨が与えられた」と考える。そして「この活動だけでは十分な満足を得られないから、報奨が与えられるのだ（そうでなければ、誰が報奨を支払うものか）」と思い込んでしまう。すると、報奨をもらうためにその活動をすることになる。ここが問題なのだが、そこで報奨がなくなると、その活動は以前よりも楽しくなくなってしまうのだ。だから活動も減る。

一般には、好きなことをして報奨がもらえると、とてもうれしいものだ。例えば四〇代になって好きで始めたハープを、隣人から「息子の結婚式で演奏して欲しい」と頼まれたとする。人前で演奏できて、謝礼ももらえるなんて、こんなハッピーなことはない。このような場合、お金をもらえるせいでハープが楽しくなくなるなどということはないだろう。

　しかし、外因性の報奨の効果は単純ではない。レッパー博士の研究によれば、報奨はつねに狙い通りの効果を示すわけではないからだ。しばしば外因性のインセンティブは完全に裏目に出て、罰として働くこともある。

「月間最優秀社員賞」という報奨制度について考えてみよう。特別な功績を挙げた社員は表彰され、全社員の前で賞品の盾をもらう。だが、従業員たちは実際どう感じているだろうか。コメディアンのディミトリ・マーティンが、その気持ちを代弁している。「月間最優秀社員賞は、社員を勝ち組と負け組の二つに分けている」

　同僚たちの前に立って特別扱いされることを、うれしく思わない社員も多い。そういう人にとっては、「おめでとう！　賞金の一〇〇ドルと名前の刻まれたピカピカの盾の代わりに、これから一ヵ月、みんなにからかわれる権利を手にしたわけだ」と言われているのと同じことだからだ。

　組織論の研究によれば、授賞式に出た者の多くが、会社の狙い通りに意欲に満ちあふれるどころか、その逆の反応を示しているという。賞をもらえない多くの社員は、がっかりしたりイライラしたりするだけだ。そして授賞式を単なるセレモニーとして、しらけた気分で見ている。インタビューの結果、およそ半数が「自分の方が受賞者よりずっと優秀なのに、社内政治が理由で選ばれなかったのだ」と考えていることが明らかになった。

　裏目に出るのは、形式的な表彰だけではない。考え抜かれたインセンティブ・プログラムが意外な逆効果をもたらす例は、掃いて捨てるほどある。ある病院では麻酔科医に成果主義の給与制度を導入したところ、自分の担当ではない患者の様態が急変しても、積極的に治療に協力しようとしなくなることがわかった。

これは旧ソ連でのインセンティブ・プログラムの失敗例だ。ソ連のエネルギー部門は、石油採掘のために掘った穴の延長に応じて労働者にボーナスを支給したため、文字通り無駄金を使ってしまった。浅い穴をたくさん開ける方が楽に総延長を稼げると知った労働者たちは、「石油採掘のためには深い穴を掘るべきだ」という地質学者の話に耳を貸さず、浅い穴ばかり掘りまくった。そのため、石油採掘量はごくわずかにとどまった。これはすべて報奨のなせる技である。

著者グループが仕事で関わったある有名企業の女性マネジャーは、従業員の創造性を高めるために提案プログラムを設けた。善意から出た単純なアイデアだった。イノベーションを後押しするため、各職場は週に最低三〇分のブレーンストーミングを行い、仕事の効率改善、懸案事項の解決方法、新製品のアイデアなどを考えるよう求められた。その実効性を高めるために、マネジャーは委員会をつくってそこで提案を審査し、「実現性のあるビジネスモデル」を考え出した従業員に対して賞金を与えることにした。

数ヵ月もしないうちに、アイデアに賞金を出すプログラムは破綻してしまった。そのプログラムが原因となって、ある部門のチャーリーという従業員が同僚たちから袋だたきにあったのである。真相はこうだ。その部門はすばらしいアイデアを考案し、チャーリーが書類にまとめることになった。だが、彼はこっそり自分の名前でそのアイデアを提案して、賞金の五〇〇〇ドルを独り占めしてしまった。そのやり口に気付いた同僚の一人がチャーリーを問い詰めていると、他の者が彼の胸を小突き、ついにつかみ合いのけんかにまで発展して、チャーリーは救急車で運ばれる羽目になった。

さらなる暴力沙汰を防ぐため、会社のオーナーはそのインセンティブ・プログラムを撤回した。マネジャーはさらに従業員の提案を求めたが、誰も応じなかった。従業員は、インセンティブなしでアイデアを出すことが、ただ働きをしているように感じるようになったためだ。イノベーションを刺激しようとしてアイデアに金を払った結果、アイデアを出すのは通常の業務外の活動だと思わせてしまったのである。これでは、もしよいアイデアにボーナスがもらえないなら、自分は会社に食い物にされていると思うのも無理はない。

では、経営者はどうすべきだろうか。

インセンティブを賢く使う

まず、原則を思い起こそう。従業員の個人的・社会的意欲を引き出すためにインセンティブを使ってはならない。とは言っても、インフルエンサーも最終的には賞と罰を使う。例えば、ユヌス博士のグラミン銀行から融資を受けて返済できなければ、代わってグループの他のメンバーが返済しなくてはならない。またアフリカの田舎の村では、ギニア虫に感染した人を見つけて村の長老に知らせると、褒美にギニア虫撲滅キャンペーンのロゴ入りTシャツがもらえる。

つまり、問題はいかにインセンティブを賢く使うかなのだ。

報奨は受けた者に満足をもたらすと同時に、きわめて重要な行動と直結させるよう、心を配る必要がある。だから報奨は小さくてもいいから、根本的な問題の克服に対して与えるべきだ。ジョンズ・ホプキンズ病院が行ったアルコール依存症者に関する研究は興味深い。依存症の患者にすっぱりと禁酒させようとするのではなく、適量ならアルコールを摂取することを認めるのだ。この実験の目的は、適度に酒をたしなむ習慣を身に付けさせることにある。

患者の行動に影響を与えるために、毎日の摂取アルコール量に応じて特典が決定される。もし飲み過ぎたら、通常の食事ではなく流動食にされる。電話の使用や面会時間などもアルコール摂取量に応じて変動する。このようなインセンティブを与えられた患者は、何もインセンティブがなくアルコール摂取量だけを決められた患者と比べて、目標達成率が六〇パーセントも高まった。

電話の使用許可のような単純なインセンティブが、アルコール依存症のような頑固な症状の解消に果たして役に立つのかと思うかもしれない。だが、スティーブン・ヒギンス博士が考案した商品引き換えクーポンを利用したコカイン中毒治療には、もっと驚くだろう。コカイン中毒の更生プログラムは、それが効果を見る前に中断されてしまうことが多い。そこでヒギンス博士は次のようなプログラムを考えた。通院患者が毎週三回の尿検査をして、三回ともコカイン反応で陰性なら、患者は研究チームが提供する商品やサービスと交換できるクーポンをもらえる。

コカインのような中毒性の強い薬物治療に、ささやかな賞品と引き換えられる単なるクーポンなど効果がないだろうと思うかもしれない。ヒギンス博士自身の言葉で回答に代えよう。「単なる紙切れがコカインの強い誘惑に勝ると言ったら驚く人は多い。だが、なぜ人が麻薬を使うのかを知れば、その理由が理解できるだろう」

クーポン券だけではコカイン中毒を完治できないのは確かだ。しかし、すでに道徳的・社会的な動機でコカインを断とうと決意をした患者が、従来の方法と合わせてこのインセンティブを使うことで、更生へのモチベーションが強化されるのだ。クーポンをもらった患者の九〇パーセントが一二週の更生プログラムを達成した一方、クーポンをもらわなかった患者の達成率は六五パーセントだった。また、その効果も長期にわたって持続した。

小さなインセンティブが強い意欲に結び付く例を知りたければ、あなたのスーツケースを見てみればいい。世界を飛び回る旅行者であれば、そのスーツケースには自分が加入するマイレージ・プログラムのステータスを示す小さなプラスチック製タグがぶら下がっているだろう。マイレージ・プログラムが人の行動にどのように影響を及ぼしているのかを知ると、いささか気恥ずかしい思いに駆られることだろう。

ソルトレークシティーに住む私の友人が、シンガポールに旅行した。地球儀でソルトレークシティーからシンガポールまで線を引くと、サンフランシスコやハワイ上空を通ることになる。ところがその友人の旅程にはどちらも含まれていなかった。彼は最初に東にあるミネソタ州ミネアポリスまで二時間かけて飛び、次に西のアラスカ州アンカレッジ、さらに韓国のソウルを経由してシンガポールに向かったのだ。

彼が何時間も余計に飛行機の中で費やしたのは、それがマイレージを最も多く獲得できる方法だったからだ。この不便に耐えることで彼が得た利益は、現金に換算するとたったの三〇ドルだ。それでも彼は、マイレージを余計に獲得する方を選んだ。実際、旅行者たちはとにかくマイレージを増やすのに頭がいっぱいで、世界全体のマイレージ・プログラムの未使用ポイントを合計すると、アメリカ経済の通貨流通量を上回るという。

ささやかな報奨が行動に及ぼす影響をまだ納得できないなら、次の例はどうだろうか。問題を抱えた一〇代の少女たちが入所するグループホームで、管理者は気がかりな傾向に気付いた。入所者の自殺未遂が急増したのだ。管理者は心に訴えるスピーチをしたり、グループ・メンバーの話し合いをしたり、友人や家族の応援を求めるなど、あらゆる努力を傾けたが効果が上がらない。そこで管理者はインセンティブに頼ることにした。そのインセンティブは簡単に実行でき、即座にモチベーションに働きかけ、望ましい行動と直結していた。また常識外れで、一見したところばかばかしく思われた。その方法とはこうだ。入所者が自殺未遂をしたら、翌週はテレビを見るのを禁止したのである。するとたちまち自殺未遂の件数はゼロになった。

本当の自殺未遂なのか単なる自殺のふりなのかという複雑な心理的問題に立ち入ることなく、また罰としての的を外すこともない。このささやかなインセンティブが、きわめて重要な行動に直結して、たちまち困難な問題を解決してしまった。

やり方が正しければ、インセンティブは小さいほどいい

以上の例に見るように、動機付けがはっきりしていれば、外因的なインセンティブは大きくする必要はない。従業員は無報酬で出勤すべきだとか、子どもが家の手伝いをしてもお小遣いを上げてはならないなどと主張する人はいないだろうが、行動を修正させるために追加のインセンティブを与えるなら、使い古された言い回しだが「大切なのは気持ち」であって、報奨そのものではない。なぜならインセンティブの背後にある気持ちこそ、しばしば象徴的な重要性を持ち、インセンティブの額面的価値よりも大きな社会的な力を発揮するからだ。だから報奨を与えることを検討するなら、その報奨の背後にある気持ちをもっと重視すべきである。

ユヌス博士がバングラデシュの貧困層に対する融資システムを考案したときのことだ。あばら家を一軒一軒訪れて客と対面する優秀な若手銀行員たちの多くが、かつての反政府活動家だったことに気付いた。彼らは暴力的手段よりもマイクロクレジットを通じて社会を変える方が

効果的だと考えて、銃を紙とペンに持ち替えたのだ。

彼らが働く現場を見れば、その気高い仕事ぶりに胸を打たれることだろう。飢餓にさいなまれていた人たちが、いまでは小さな事業を営んでいる。また、貧しい村では多くの子どもたちが不潔な水でヒ素中毒になり、障害を負ったり早死にしたりしていたが、いまでは村の子の多くが元気に通学している。このような光景はかつてなかったことだ。

元革命家たちは社会的に意味のある仕事に就き、そこから大きな内因的満足感を得られるようになった。そんな彼らにインセンティブを与えるとしたら何があるだろうか。それは金の星だ。ある重役がふと思いついたグッドアイデアだった。地方支店の適切な運営を奨励するため、目標を達成した支店にさまざまな色の星を与えるプログラムだ。例えば、融資件数が目標に達したらこの色の星、融資先の家の子どもが全員学校に入ったらあの色の星、営業利益が目標額に達したらまた別の色の星、といった具合だ。

制度が導入されるや、五つ星の支店になることが支店長たちの目標になった。有意義な社会的仕事で、すでに目的意識を持って勤勉に働いていた者たちは、金の星プログラムが始まるとさらなる努力を始めた。もちろん、この星に何か金銭的価値があるわけではない。しかし、驚くほどの象徴的・社会的インセンティブ効果を発揮したのである。

あらためて言うと、個人的・社会的動機に駆られて働いている人に対しては、象徴的な報奨が大きな効果を発揮するのだが、個人的・社会的動機がない人の場合は、外因的な報奨は冷笑やしらけの原因になるだけだ。幸いにしてこの銀行のケースでは、銀行員たちがユヌス博士を深く尊敬し、貧困の解決に当たるという動機を伴っていたため、金の星が金銭以上の価値を持つことになった。逆に、もしユヌス博士が多額の賞金を提供したらどうだろう。行員たちにみなぎっていた士気と社会的な意欲はしぼんでしまったに違いない。

アメリカの大手コンサルティング会社でも、象徴的なインセンティブに応えて数百人の幹部が研修の課題に熱心に取り組んだケースがある。そのプランは単純なものだった。幹部たちは毎週開かれる世界的に評価の高い研修プログラムに参加し、そこで学んだことを実務で生かすための実践に行動目標が与えられる。参加者の課題は、その目標を達成したらトレーナーに報告することだ。

すると参加者たちは課題達成のために必死になった。所用で町にいないときでもＥメールで報告してくるほどだった。幹部たちがこの課題に夢中になったのは、もともと競争心が旺盛な人たちだったことに加え、トップ賞品の安価なブリキのガチョウを手に入れたかったからだ。つまり、重要なのは報奨の金銭的価値ではない。意欲を与えるのは象徴的メッセージだ。形ばかりの賞に最高の価値を吹き込むのは、士気と社会的動機なのである。

ミミ・シルバート博士も、次々とささやかな報奨をうまく使っている。ディランシーの居住者は、新しい成果を上げるたびに新しい特権を手に入れる。彼らの仕事は単純労働に始まり、しだいに複雑で面白い業務へとグレードアップする。住まいも九人部屋から始まり、五人部屋、さらに何段階か上がると、ブラノン・ビルの個室をあてがわれ、最終的にはニルバーナというアパートに入居できる。いちばん上のレベルまで昇り詰めると、街を出歩くための現金（walk-around money）を与えられる。

最後に、ささやかな報奨がきわめて重要な行動と緊密に結び付いて大きな変化を生み出した事例をもう一つ挙げておこう。シーダーズ・サイナイ医療センターで働く、ロサンゼルス出身の泌尿器科医レオン・ベンダーは、クルーズ船の中で目にした光景に驚き、発奮した。港に停泊するクルーズ船に戻ってくる乗客たちの手に、乗員たちが除菌ジェルを吹き付けていたのだ。食堂に並ぶ乗客の手にも消毒剤をかけている。ベンダー医師は思った。もしかしたらクルーズ船の乗員の方が自分が四〇年近く働いてきた病院のスタッフよりも、手の衛生管理に熱心かもしれない。

手指衛生の不徹底が問題を起こすのは、クルーズ船が立ち寄る離島や発展途上国の市場に限ったことではない。評価の高い自分の病院でも（どこの医療機関も同じだが）、手の不衛生を原因とする院内感染の対策に頭を痛めている。医師や看護師が、患者から患者へと病原菌をせっせと運んでいるため、病院はこの世で最も危険な場所の一つであり、毎年何万人もの死者を出している。次の患者を診察する前に手を洗う習慣を徹底すれば、院内感染は根絶できるはずだ。

ベンダー医師は旅行から帰ると、手指衛生キャンペーンを開始した。ところが、多くの医師が自分の手は十分に清潔だと思い込んでいることがわかった。ある調査では、医師の七三パーセントが手をしっかり清潔にしていると回答する一方、実際には業界基準を満たしていたのは九パーセントにすぎなかった。

同院の救急救命室で働くポール・シルカ医師によると、医師はしばしば「自分が不潔であるはずはない。感染は他の医師のせいだ」と信じている。誰も自分が問題を起こす側だとは考えていないわけだ。

事実関係を明らかにすると同時に、医師が手洗いを励行するよう、事務方はいくつかのテクニックを試した。医師にEメールやファックスを送ったりポスターを貼り出したりしたが、効き目がない。医師たちは問題を起こしているのは他の医師であって、自分ではないと思っているからだ。事態が動いたのは、事務方が単純なインセンティブを導入してからだ。事務スタッフは駐車場で出勤してくる医師に滅菌剤のボトルを手渡した。次にシルカ医師は事務スタッフを任命して、滅菌剤を使っている医師を探させる（ネガティブな行動よりもポジティブな行動を選ぶ）。

ここでインセンティブの登場だ。滅菌剤を使っている医師を見つけたら、その医師に一〇ドルのスターバックス・クーポンを手渡す。それだけだ。病院でいちばんの高給取りに、病原菌をまき散らさないことへの報奨として一〇ドルのクーポンが役立つのか。ところが、このインセンティブだけで病院の手指消毒実施率は六五パーセントから八〇パーセントに上昇したのだ。

■インフルエンサーの行動に学ぶ

ある露天掘りの炭鉱で使われる超大型ダンプトラックにはＧＰＳ装置が装備されており、スピード、アクセル、ブレーキの操作が記録されるようになっている。これらの情報を組み合わせて、各ドライバーの「危険運転スコア」が毎日はじき出されていた。ドライバーは五人ずつのチームに分けられており、そのメンバーのうちの最低スコアがチームのスコアとなる。

あるレベル以上のスコアを獲得したチームは、週ごとに「達人ドライバー」というロゴ入りのささやかな賞品がもらえる。このインセンティブ・プログラムは個人のプライドと仲間のプレッシャーの両方を利用して、大きな成果を上げた。この控えめな報奨は、仲間意識をうまく活用したと言える。

結果に対してだけでなく、きわめて重要な行動に報奨を与える

先にも述べたが、複雑で難しいタスクは小さくて簡単な目標に分ける方がいい。それに付け加えると、報奨も目を見張る業績を上げるまで待つのではなく、最終目標の途中で小さな改善があるたびに与えるのがよい。

聞けば簡単に思えるが、なかなか難しい。アンケートに見る従業員の最大の不満は、「目立った成果を上げても認められない」というものだ。報奨も型ばかりのものだったり、よほどの成果を上げたときに限られる。小さな進歩が認められることはまずない。従業員はもっと頻繁に報奨をもらいたがっているという調査結果が毎年のように発表されるが、それでも何の改善もない。

奇妙なことに、小さなわが子どもが少しでも進歩すると、大人たちは大いに褒める。「ママ」と言えたら家中が大喜びだ。親戚に電話して知らせ、子どもに「もう一度言って」と頼み、また新しい言葉を発するたびに、まるでわが子がラドヤード・キプリングの詩『If』を暗唱できるようになったかのように大々的に祝う。

しかしながら、ささやかな進歩を褒める能力は徐々に衰え、しまいにはノーベル賞受賞の知らせでもないかぎり眉一つ動かさなくなる。子どもたちが成人して働くようになったころには、「グッド・ジョブ」という言葉は死語になってしまう。従業員アンケートが示すとおりだ。研究によれば、小さい進歩に報奨を与えることが大きな能率改善につながることがわかっているのに、世間では相当な成果がないかぎり、素っ気ない反応しか示さないのである。

よい成果だけでなく、よい行動にも報奨を与える

人々が報奨を出し渋るのはなぜだろう。おそらく、小さな改善に報奨を与えると、人並みかそれ以下の結果を褒めることになってしまうのを恐れているからかもしれない。

「いつもへまばかりしていたけど、やっと人並みの成果を出せるようになったね。で、何か

お祝いしてくれるとでも思うの？」というわけだ。

だが、それは違う。もし従業員が現在の業績が十分でなく、基準に追いつくまで待てないようなら、解雇するかもっとうまくやれそうな業務に異動させればいい。しかし、もしある分野で劣っていても、別の分野で優れていて総合的に満足のいくパフォーマンスを示しているなら、劣っている分野で改善目標を決めて、小さな進歩をするたびに報奨を与えるべきだ。つまり、大きな結果が出るのを待たずに、途中できわめて重要な行動が改善されたら報奨を与えたらいいのだ。

テキサス州の大規模な工場で業務改革プロジェクトが行われたときのことだ。社内の意識調査の結果を読んだ改革推進委員会のメンバーの一人が、経営陣に対して「社内の雰囲気があまりにネガティブだ」と訴えてきた。彼によれば、「この職場は、よい成果を上げても何の関心も持たれないのに、何か失敗すると全キャリアが台なしになりそうだ」というのだ。

ＣＥＯはそれを踏まえて、優れた成果にしっかりと目を留め、褒めるべきは褒めるよう、経営陣に対して指示を下した。それから一週間。組立ラインの一つが、一日の生産量新記録を出した。ＣＥＯはただちに祝賀会を開くよう命じた。

めでたいことのように見えたが、経営陣がよくよく調べてみると、問題が発覚した。記録を出すために、その組立ラインの午後のシフトが製品の品質を落としていたのである。さらに生産量を上げることにだけ気を取られて、使用した原材料を補充しなかったため、翌日の午前シフトの仕事に支障を来すことになった。おまけに新記録を打ち立てるために前日にわざと生産量を落としていたことも発覚した。

経営陣は青くなった。うかつにも会社の信用と士気を台なしにするような行為に対して、報奨を与えてしまったからだ。行動に目を配ることなく、結果だけ見て報奨を与えた結果だった。

■インフルエンサーの行動に学ぶ
ホスピタリティーの専門家ダニー・マイヤーに、どのようなインセンティブを与えれば、顧客サービスを向上させられるか聞いてみた。彼はしばらく考えると、こう答えた。「あまりインセンティブは使いませんね。チップはすべてプール制にしています。特別な顧客サービスを生み出すのは、チーム全体の力ですからね。つまり、チップは一人だけの力ではなく、チーム全体の努力の反映なんです。ただし、うちの従業員たちはチップ欲しさにサービスしているわけではありませんよ。サービスすること自体が楽しいからです。それがうちの店の文化です」。従業員の士気を高めるのは、影響要素一「個人的意欲」と同三「社会的意欲」だということを、ダニーの言葉は示してくれる。彼の目標は、彼が望む行動と成果そのものが従業員への報奨になるような職場づくりだ。

きわめて重要な行動だけに報奨を与える

結果に対して報奨を与える場合、相手の行動をしっかり把握していないと先の例のように愚かしい結果を招くこともある。もう一つ頭に入れておくべきことは、人が自分でコントロールできるのは行動だけだという事実だ。だからインフルエンサーは、つねに価値のある行動をよく観察し、それをサポートするために報奨を与える。

『カイゼン――日本企業が国際競争で成功した経営ノウハウ』（今井正明著、講談社文庫）によると、日本では結果ではなく努力に報いることを重んじる。同書には、松下電器の工場で昼食時にお茶を出す給茶係に関する興味深い話が紹介されている。ある日彼女たちは、従業員たちがだいたい決まった席で決まった量のお茶を飲むことに気が付いた。そこで彼女たちは、各テーブルのポットをすべていっぱいにしておくよりも、適量を計算してお茶を入れるようにした。その結果、茶葉の消費量は半分に減った。

この提案で浮いた金額は大したことはない。だが、給茶係たちは社長からゴールドメダルを授与された。他の提案は天文学的な額の経費節減につながったにもかかわらず、この控えめな提案が最も高く評価されたのだ。なぜなら、審査員たちはそれをカイゼンの精神を最も的確に表すものだと考えたからだ。「プロセスに対して報奨を与えれば、みんながそれに従うだろう。結果は自然とついてくる」というわけだ。

誤ったインセンティブに気を付ける

うっかり間違った行動に対して報奨を与えたまま、それが相手に送っているメッセージに気付かないでいることがままある。チームワークの大切さを言いながら、個人の実績を褒めるコーチを見ればわかるだろう。子どもたちはたちまち「大切なのはゴールを決めることだ。アシストしても何にもならない」ということを学ぶ。その結果、多くの子が個人プレーに走るようになる。

麻薬中毒の子を抱えた家庭はどうだろう。家族は愛とサポートを示しているつもりで、その実、無意識に子どもの麻薬中毒を助長している。「麻薬をやめなさい」と口では言いながら、態度では「麻薬にひたっているかぎり、住まいとクルマはただで提供するし、必要なときには保釈金も払ってあげる」と言っているに等しい。変えたいと思っている子どもの行動に対して、実は報奨を与えているのである。

アメリカの政治家は長年、アメリカ人の貯蓄率の低さを嘆き、その何倍も高い日本人の貯蓄率の高さをうらやんできた。一部のアナリストは、自己犠牲をいとわない日本人の国民性のせいだと主張してきた。だが一方で、その差はインセンティブに起因するとの考えもある。アメリカでは預金利子に課税されるが、日本では長年にわたり非課税だった。また、アメリカでは消費者ローンの利子が税控除の対象になっていたが、日本では違った。両国の国民性は思ったほど違わないのではないだろうか。

また、多くの企業が不適切な行動を促す報奨システムを採用している。スティーブ・カー博士は現代の古典とも言うべき著作『オン・ザ・フォリー・オブ・リウォーディング・エー、ホワイル・ホーピング・フォー・ビー（On the Folly of Rewarding A, While Hoping for B）』で、この問題に初めて光を当てた。退役兵や学者たちは、ベトナム戦争中に目立って増えてきたある現象を憂慮していた。まだその行動が一般的とまでは言えないものの、ベトナム戦争ではそれ以前の戦争に比べて、命令に背いて上官を手りゅう弾で殺してでも戦闘から逃れようとする兵士が増加した。彼らは先輩の兵士たちとは違って、敵を見つけたら、戦うのではなく逃亡する方を選んだのだ。原因は何だろうか。第二次世界大戦時には考えられなかったことだが、ベトナム戦争の兵士たちは葛藤に苦しんでいた。国民の多くが戦争に反対していたら、本来の任務を果たせるわけはない。だが、カーによれば、任務のあいまいさや冷淡な世論以外にも、彼らの行動にもっと大きな影響を与えたものがあった。

報奨システムの違いだ。第二次世界大戦とベトナム戦争のどちらの兵士たちも、当然ながら家に帰ることがいちばんの願いだった。また、彼らを無駄死にさせたいとは誰も思わないだろう。だが、第二次世界大戦の兵士は、帰国するには戦争に勝たねばならないことを知っていた。敵を打ち負かすまで帰れなかったのである。任務を拒否しても、いずれ戦いは避けられず、そのぶん敵に余裕を与えるだけのことだった。

一世代後のベトナム戦争の兵士たちは、それとは対照的だった。彼らは戦争が終わらなくても、交代で帰国することができた。もし命令に従わず、目の前の危険から逃げても、とくに問題は起こらなかった。だから理性がある者なら、危険を避けて規則を破り、問題を起こしてでも安全を求めるのは当然だ。親の世代は第二次世界大戦でヒーローになることが報奨だったが、子どもの世代はベトナム戦争で危険を避けることが報奨だったわけだ。

だから行動に問題があるときには、報奨についてよく調べてみよう。あなたのインセンティブ・システム自体が問題を引き起こしているかもしれない。

■インフルエンサーの行動に学ぶ

著者グループの一人はまだ駆け出し時代、あるコンサルタント会社から依頼を受けた。最も有能なコンサルタントたちが次々と会社を辞めていくが、その原因を調べて欲しいというのだ。彼がその会社を訪れると、その日のうちに年間優秀社員を祝う昼食会に招かれた。その年に最も忙しく飛び回った社員を表彰し、現金を贈呈するというものだ。表彰された社員は一年のほとんどを出張に費やし、会社のために数多くの業務をこなしてきた。

受賞者はステージに駆け上がると特大の小切手を受け取った。その賞金でポルシェを購入する予定だと発表された。賞金額は五万ドル。この報奨は確かに意欲をかき立てるものだが、そこに問題があった。この賞の受賞者たちが四年連続で受賞したその年に会社を辞めてしまったのだ。仕事と生活のバランスを取りたいという理由からだった。

罰はあってもなくてもメッセージとして作用する。だから賢く使おう

部下がまったく成果を上げず、問題行動ばかり起こすので、報奨で報いるというポジティブな行動がとれないことがある。そんな場合に外因的な強化因子を使いたければ、罰を与えるしかない。コップの水が半分しかないと考えるか、半分もあると考えるかと同じく、罰は賞の逆にすぎないから、その効果も似たようなものだ。そう思うかもしれない。

しかし、おそらくそれは間違っている。賞を与えるのと比べると、罰は期待できる効果がはるかに小さい。動物と人間を対象とした多くの研究でわかったことは、罰はそれまでの行動を減少させることはできるが、それは一時的な効果にすぎない。さらに、望ましくない副作用を生み出す可能性もある。成果に対して報奨を与えると、報奨は望ましい行動を促進するが、罰はどんな効果をもたらすかわからない。問題のある人物が反発したり、意図的に反抗してくることもある。あなたの意図を理解しようとせず、関係にひびが入ったりもする。

とりわけ罰を漫然と用いると、さまざまな深刻かつ有害な感情的効果をもたらす可能性がある。マーティン・セリグマンは『学習性無力感――パーソナル・コントロールの時代をひらく理論』（二瓶社）の中でこんな例を紹介している。犬をおりに入れておき、おりの中のいろいろな場所からランダムに何度も電気刺激を与えると、ついに犬はうずくまったまま、電気ショックを与えても動こうとしなくなる。ランダムな痛みに何度もさらされていると、無力感を抱き、衰弱し

てノイローゼ状態になってしまうのだ。だから罰を与えるときはよほどの注意が必要だ。

罰を与える前に警告射撃を行う

実際に罰を与える前に「警告射撃」をして行動に影響を及ぼすという手がある。つまり、ネガティブな行動を続けているとどうなるかをはっきり警告しつつ、実際には罰を与えない方法だ。警告が効を奏して行動を改めれば、現実に罰を受けることはない。これは小手先のテクニックのように見えるかもしれない。だがそう決めつける前に実例を見てみよう。近年、ノースカロライナ州などの警察が、麻薬密売など常習的な犯罪に対して用いている効果的な取り締まり手法だ。単に犯罪者を追い詰めて刑務所に叩き込むのではなく、警告をうまく利用するのである。

従来の取り締まりは、対象の地域に踏み込んで犯罪者を捜索・逮捕するという積極的な手法をとってきた。こうした電撃的な手法は巻き込まれた一般市民の怒りを買い、警察に背を向けさせる恐れがある上、犯罪抑止効果もあまり持続しない。警察が他の地域に目を向けるとたちまち別の犯罪者が入り込み、元の組織に代わって仕切るようになる。

新しい手法はこうだ。警察は取り締まり対象者を「逮捕予定者フォーラム」に招く。地域の検察局が出席者を逮捕しないことを保証した上、警察は九〇分間の持ち時間のあいだにあらゆる手を使う。

例えば、犯罪者の友人や家族、地域のオピニオン・リーダーを同席させて、更生して他の仕事を探すよう説得させる。次に役人が法律を説明し、逮捕されればそれに応じた刑罰が与えられることを告げる。この公式的なアプローチに続き、元犯罪者たち（通常は元ギャングや麻薬密売組織のメンバー）を連れてきて、自分たちがどのようにして更生したかを語らせる。最後に行政の幹部が、裏社界に戻らないですむよう職業訓練などの選択肢や申し込み方法を説明する。

ここからが興味深い。このフォーラムが効果的なのは、ただ警察がさまざまな影響要素を使うだけではなく、法を犯した者は必ず捕まって重罰が与えられることをはっきりと示しているからだ。これほど明確な警告はない。刑務所暮らしのつらさに焦点を当てた「怖がらせて更生させる」プログラムでは、対象者に「ばか者だけが捕まって刑務所に送られる」と考える余地を残していた。だが、この新しいプログラムは、法を犯した者は必ず捕まって有罪になるという点を強調しているのだ。

フォーラムの前半が終わると、そろそろ説教にも飽きてきたころだ。すると参加者たちは別室に招かれる。その部屋にはポスターが貼り出されており、それぞれのポスターの下のテーブルにはバインダーが置かれている。参加者らが麻薬密売を行ったことを示すビデオなど、警察が集めた証拠の数々だ。

密売人たちが部屋に入ると、それぞれ自分のポスターを探すよう言われる。自分のポスターのところに行くと、薬物の密売をしている自分の姿がくっきりと写った写真とともに、犯罪を立証するあらゆる証拠がそろっている。次に彼らはイスを勧められてビデオを見る。ここで地区の検事が言う。「自分が重大な犯罪に関わっていると思ったら手を挙げなさい」。彼らは一人、また一人と手を挙げる。最後に警察幹部が告げる。「君たちは特別なリストに名前が挙がっている。逮捕されたら必ず起訴される」

この方法と家族や友人からのサポート、職業訓練などを組み合わせた結果、目を見張るほどの効果を上げた。ノースカロライナ州の該当地域での軽犯罪は三五パーセント減少し、この取り組みが実施された三つの地域で、麻薬密売者として指名された四〇人のうち二四人が犯罪から足を洗った。さらに重要なことは、地域住人が警察に協力して犯罪を積極的に通報するようになった点だ。

この成果は、見せしめに多くの者を刑務所にしょっ引くことで得られたわけではない。厳しい刑罰の恐怖を目の当たりに見せることで、常習犯が更生への道を選んだのだ。

またプログラムの信頼度を高めるために、警察当局は決してはったりをかけなかった。フォーラムに密売人を招く一方、呼びかけに応じなかった者たちをすぐさま逮捕し、ビデオの証拠をもとに起訴した。プログラムに参加しながら、職業訓練を受けなかったり、再び犯罪に手を染めたりした者も、やはりただちに逮捕された。当局は本気だという噂が広まれば、罰の予告効果はさらに大きくなる。

手を尽くしてもだめなら罰を与える

以上ではっきりしただろう。相手を罰すべきときは確かにある。「警告射撃」も効かず、インセンティブや社会的圧力を使っても、さらに価値観に訴えても、当面の満足を得るために誤った行動が続くときに、初めて慎重に罰を検討すべきだ。

ロシアの油田の貧しい安全対策を例に挙げよう。社会主義の崩壊と石油需要の増大を契機に、ロシアの政治家は石油産業に力を入れ始めた。だが、新入りの労働者の多くが安全基準に沿うことを知らず、基準に対して関心も示さなかった。また、長期の失業と不況のせいで、新規採用者の多くは麻薬とアルコール漬けになっていた。安全基準の無視とアルコール依存の従業員、重機を使用する労働環境があいまって、事故が起こるのは目に見えていた。

日の前に危険が迫っており、従業員はそれまでの職場で荒っぽい仕事のやり方になれていたこと、注意を喚起したり危険を知らせても従業員から何の反応もなかったことを考慮して、会社側は事故につながりかねない行動を処罰することを決定した。経営陣は従業員に対して、業務中と出退勤時に薬物とアルコールの抜き打ち検査をすることを告げ、使用がわかった場合には即座にくびにした。安全教育と同時に行われたこの直接的な処罰制度のおかげで、事故の件数は大幅に減った。厳しく見える方法であっても、死亡や重大な障害につながる事故と比べれば、その方がずっとましだと経営陣は考えたのだった。

もう一つ、エチオピアのおぞましい誘拐結婚について考えてみよう。エチオピアでは少女が学校の行き帰りに誘拐されてレイプされ、体裁を取り繕うために加害者と強制的に結婚させられるケースが見られた。この忌むべき慣習は何十年も続いてきたが、完全にタブーになっていた。しかしながら、ラジオの人気ドラマがこの問題を取り上げたのをきっかけに、変化が起きた。国際NPOの人口メディアセンターでエチオピア代表を務めるネグシー・テフェラ博士は、シナリオライターやプロデューサーと協力して、『Yeken Kignit（日々の暮らしを見つめて）』という超人気ラジオドラマをつくった。ドラマではウバレムという尊敬を集める女性が誘拐されるが、最終的には解放され、心から愛する男性と結婚する。タブーだったこの問題が、いきなり日常の話題になったのだ。ある女性リスナーからの手紙は、彼女の村でこの悲惨な問題に対して番組が与えた衝撃を示している。

　ラジオドラマのウバレムの話は、誘拐と性暴力という我が国の伝統が有害であることを、庶民の前にはっきりと示してくれました。この習慣のせいで、私は娘を学校にやることをためらっていました。……うちの長女は一四歳で誘拐され、その犯人との結婚を余儀なくされました。次女も同じ目に遭うのではないかと心配でした。でも、ドラマがタブーになっていた誘拐と性暴力の問題に焦点を当ててくれたいまでは、誰もがこの問題について話し合い、憤っています。非人間的な慣習が、強く非難されるようになったのです。……昔と違って私の村でも、犯罪に関わった者をしっかりと処罰するようになり、そのおかげで誰もが安心して女の子を学校にやれるようになりました。うちの娘たちも安全に学校に通えるようになりました。

エチオピアの多くの地域で、この問題は終止符を打った。テフェラ博士によれば、それは議論が活発になるとともに、以前なら誘拐した少女と結婚するという形で報奨を与えられていた行為が厳罰の対象になったからだ。いまでは誘拐犯人は刑務所に送られるようになった。

最後に、企業の事例について考えよう。自社の無責任体質を嘆く従業員に対して、著者グループはこう尋ねることにしている。「おたくの会社では、何をしたらくびになりますか?」。すると、「業績が悪いとき」「有能な同僚を殺したとき」と答える従業員はほとんどいない。「上司を困らせたとき」という回答がいちばん多く、「有能な同僚を殺したとき」という皮肉な回答もあった。言い換えると、倫理規定を大きく踏み外したり社内で反抗したりしないかぎり、くびにならないということだ。これは「日常的な小さな問題行動には罰を与えない」という強いメッセージになってしまっているのは間違いない。問題は、社員に業績を上げさせるためには脅す必要がある、という点ではない。もし組織の中心になる価値観(最善を尽くす、など)を社員がないがしろにしたとき全力で叱らないなら、その価値観は組織内で道徳的な力を失ってしまうという点なのだ。

その逆に、従業員の責任を問うようにすれば、会社の価値観について強力なメッセージを発することができる。例えば著者グループがジョージア州の大手製造会社でコンサルタントをしたときのことだ。会社のトップが人種差別に対して厳しい態度を取る方針を決めた。この古い悪習を正すため、ありがちな人種差別的言動に厳罰で臨むことを表明し、まずはわかりやすい例として人種差別的なジョークを決して許さないことにした。

計画を実施するに当たり、会社側は従業員に対して自社のスタンスと撲滅を目指す行動、会社が予定する措置について説明した。人種差別的ジョークを言った者は誰であれ、警告や猶予なしにただちに解雇すること、会社のポリシーにあえて逆らう者は見せしめとする予定であることを知らせた上で、実際に最初に人種差別ジョークを言った者をくびにした。それ以降、社内で人種差別ジョークを言う者はいなくなった。

まとめ：組織的意欲

報奨や罰則を使うことは難しい。ある行動を促進したり抑制したりするために外因的な動機付けという手段を使うためには、いくつかの原則を守ることが重要だ。まずは個人的意欲と社会的意欲を引き出すことを考える。そして大きな意欲を引き出すには、行動自体に意味を持たせた上、社会的な後押しも必要だ。

金銭的な報奨を使うときは、きわめて重要な行動に結び付けるよう心がける。繰り返しやらせたい行動と報奨を直結させるのだ。報奨を選ぶ際には、ささやかな心のこもった感謝のしるしでもかまわない。外因的報奨はできるだけ控えめの方がいいからだ。また、結果よりも努力に対して報いるようにしよう。結果ばかりに注目すると、しばしば不適切な行動を覆い隠すことになる。最後に、もし罰を与えざるをえないときは、本物の罰を与える前にその内容を知らせて、「警告射撃」をすることだ。

第9章

環境を変える——組織的能力

人間は環境の産物だ。だから目標を達成するためには環境を選ぶことだ。周囲の環境をよく見極め、それが成功に役立つか、それとも邪魔になるかを分析しよう。

——クレメント・ストーン

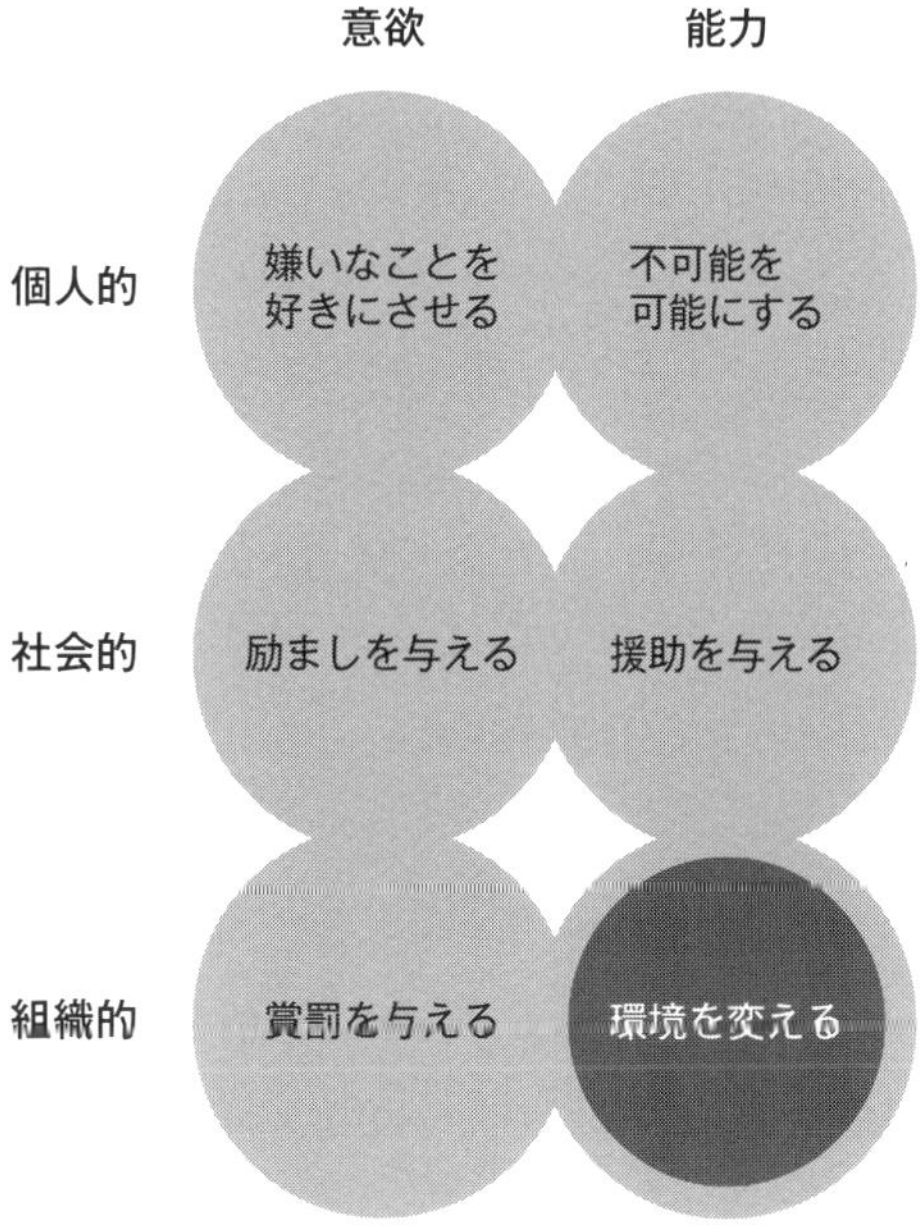

前章までで、きわめて重要な行動を可能にする能力的要素のうちすでに二つを取り上げた。一つは目的のある演習を通じて個人的な習熟度を高めること、もう一つは人の支援を仰ぐことだ。ここでは能力を向上させる第三の影響要素として、人間に関するものではなく、建物、空間、音響、光景などといった環境的な要素が影響力に何をもたらすかを見ていきたい。そこで、まずは影響力の理論のうちでも古典的なケースから始めたい。

一九四〇年代末のことだ。全米レストラン協会が、シカゴ大学のウィリアム・フート・ホワイト教授に救いの手を求めてきた。問題とはこうだ。第二次世界大戦が終わると、アメリカは空前の高度成長期に入った。そして好景気に伴い、空前の外食ブームが到来した。ところがレストラン業界の側は客の急増に対応ができていなかった。

戦場から兵士が復員してくると、レストランの序列に厄介な変化が起こった。戦時中には労働力の不足を補って女性が初めてコックの仕事に進出していた。ところが戦争が終わると、戦場帰りの兵士が高給のコックの職を取り上げてしまった。女性たちはコックからウエートレスに格下げされて、気分がよかろうはずはない。オーダーをキッチンに伝えるときも、どうしても口調がぞんざいになる。さらに苦労してきた退役兵たちも、そんな女性からオーダーを伝えられたら、やはり面白いわけはない。

忙しくはなるわ、仕事場の空気はぎすぎすするわで、キッチンカウンターは口論の場になってしまった。その結果は目に見えている。キッチンでの争いに常連客は嫌気が差し、オーダーの遅れやミスも頻発した。混乱で勘違いしたせいもあるし、仕返しでわざとしたこともあるだろう。ホワイト教授が現場に入ったころには、客も従業員もレストランに見切りを付けつつあった。

ホワイト教授はまず、いさかいが増えている原因を突き止めるために、いくつかのレストランをサンプルに選んで観察した。彼の目に留まったのは、こんな状況だ。ウエートレスがカウンターに駆け寄り大声でオーダーを伝え、また客席へと走り去る。カウンターに戻ってきて、まだオーダーした料理ができていないと、ウエートレスはコックをせかす。例えばこんな口調だ。「ねえ、子牛のカツレツはまだ？　まったく、腕でも折れてるの？」。一方のコックたちも同様にやりかえす。その後、ウエートレスがオーダーを間違えると、両者のやりとりはさらに険悪になる。そんな怒鳴り合いが何度か続くと、コックはわざと料理の手を遅らせるのだ。ウエートレスがあきらめて立ち去るまでカウンターに背を向けて、涙を浮かべながら無視するコックもいた。

この不健全な空気を変えるために、それまでもコンサルタントが入れ代わり立ち代わりやってきて、人間関係スキルやチームワークの研修、給与体系の見直しなどを試みてきたが、ホワイト教授のやり方はまったく違った。彼の見立てでは、問題解決の最善の道は従業員のコミュニケーション方法を変えることだった。

その天才的ひらめきは次のようなものだ。

ホワイト教授はオーダーを取る際に五〇セントの金属製メモ刺しを使うよう、レストランに進言した。そしてウエートレスに対して、オーダーを取ったら伝票に書いてメモ刺しに刺すように言った。コックはメモ刺しから伝票を引きちぎり、能率が上がる順番で料理をしていく（通常は客の注文した順だが）。

この提案は翌日、さっそくあるレストランで試された。コックとウエートレスに対する研修は一〇分しかかからなかった。そして、従業員同士のいさかいやお客からの苦情はたちまち鎮まった。コックもウエートレスも新しいやり方を気に入り、どちらも相手の対応がよくなったと感想を述べた。

全米レストラン協会はこの新システムを協会員に伝えた。ホワイトが提案したメモ刺し（すぐになじみのある回転式のオーダークリッパーへと進化したが）は、行動に直接影響を与えるものではない。ホワイト教授は人間関係の問題やその歴史に取り組む代わりに、言葉によるコミュニケーションとそれに付随する問題を取り除いたにすぎない。人ではなく物を変えることで、即効力があって長続きする改革を可能にしたのである。

魚はなかなか水に気づかない

ホワイト教授の解決策にとくに心当たりがないなら、あなたはよい職場にいるのだろう。人間の行動を変えるために物を変えようとする人は、まずいない。誰かが間違った行動を取っているとき、ふつうは環境や物ではなく、その人を変えようとする。人間の存在に気を取られて、部屋の広さとかイスの座り心地といった、目に見えにくいが強力な影響要素を見逃してしまうのだ。つまり、最も強力な影響要素の一つ（物理的空間）になかなか気付かないため、それを活用するという発想にもならない。高名な社会技術理論家フレッド・スティールは、「人は環境について知らない」と述べている。この主張が疑わしく思えるなら、現代のコックとウエートレスが半世紀前と違って罵り合いのけんかをしないですむのはなぜか、本人たちに尋ねてみればいい。うまく協力できるのはオーダークリッパーのおかげだと答える者がどれほどいるだろうか。

人間の行動に与える物理的空間や物の影響は、ビジネスの世界にも深く浸透しているが、やはりなかなか気付かれない。著者グループが大手保険会社の社長に会ったとき、その会社は品質の問題で数百万ドルの損失を出していたが、その問題は社内で広く知られてはいるのに、めったに話題にならなかった。社長は事態を改善させるため、社内で率直に議論する文化を育てようと考え、こう宣言した。「品質問題の解決を目指して、新入社員を含め全社員が率直に意見を出し合うべきだ」

率直さを求める社長の情熱、心を打つスピーチ、強い決意を記した覚書、魅力的な研修など、さまざまな方策を用意したにもかかわらず、はっきり物を言わない社内的風土はなかなか変わらない。社長は人材管理マネジャーと二人きりの席でこう切り出した。「みんな心を開いてくれると伝えているのに、うまくいかないんだ」。そこで我々のところにお鉢が回ってきた。役職や部署に関係なく、誰に対しても（とくに上役に対して）気軽にノーと言える社内文化をつくりたいので手を貸してほしい、というわけだ。

いざ会社を訪れてみると、社長室にたどり着くのに六本の廊下（それぞれ旅客機と似たような長さだ）、数十万ドルもしそうな装飾品が飾られた部屋、さらに四つの受付を通り抜ける必要がある。しかもそれぞれの受付ではじろりと見られて、ちょっとした尋問を受けた。ついに社長室にたどり着いたと思ったら、社長は一九六四年製キャデラックのようなビッグサイズのデスクの向こうに鎮座している。我々がふかふかのソファに座ると、尻が沈み込み、膝が胸に届きそうだ。ちょうど小学生が校長先生を見上げるような格好で社長と対面した。

社長は開口一番、こう言った。「周りの人間から敬遠されているようなのです」。おそらく彼は、社長室がヒトラーの総統官邸と同じような印象を周囲に与えていることに気付いていなかったのだろう（ヒトラーは訪問者に「ドイツ帝国の力と偉大さをわからせるため」廊下の長さを一五〇〇メートル以上にするよう命じた）。確かに、この会社には従業員が率直な会話をためらうような雰囲気がある。社長室のつくりだけ取っても圧倒されそうだった。

我々一行の一人が、震え声で意見を述べた。「この部屋の威圧的雰囲気に、社員たちが打ち勝てるでしょうか」

それを皮切りに、近寄りがたい社長室のつくりを親しみやすく模様替えすることから始まり、多彩なアイデアを盛り込んだプランを練り上げた。

ここで物が社会に与える影響について考えてみよう。それは目に見えにくいが、深く浸透している。有名な犯罪学者ジョージ・ケリングは犯罪防止の地域運動を展開して、ニューヨークの凶悪犯罪を七五パーセントも減らすという功績を上げた。だが、ケリングがこの目覚ましい成果を上げるために「物」に働きかけた事実を知る人は少ない。

ケリングが活動を始める前、ニューヨークの地下鉄は強盗、殺人、麻薬取引の天国だった。ケリングは「割れ窓理論」で有名だ。「割れ窓理論」によれば、荒廃した街の環境が反社会的行動を促す無言で強力なサインを発する。「一枚の窓を割れたまま放置していると、誰もそこに責任や関心を持っていないというサインになる」と、彼は言う。この小さなサインが、やがて暴力などの無秩序な行動を引き寄せることになる。

ケリングは地域社会に悪影響を与える「物」を減らすことに取り組んだ。ニューヨーク市交通局に対してある計画を実行するよう進言したが、それは誰からも笑いものにされた。地域のリーダーにも、街の環境の小さなサインが犯罪行為を招き寄せることを指摘し、細かなことに気を遣うように頼んだ。

ケリングらは物言わぬ敵との戦いを開始する。落書き、ごみ、破損された器物などを一掃していった。市の当局はチームをつくり、地下鉄の車庫に車両が入ってくるやいなや、描かれたばかりの落書きをペンキで消した。環境を美化し、軽犯罪を取り締まるうちに、しだいに変化が訪れた。環境が改善し、地域住民はプライドを取り戻し、小さな犯罪が減少していった。暴力犯罪も目に見えて減った。何も語らない小さな「物」の世界に働きかけることが、大きな成果を生み出す。ケリングはそのことを教えてくれたのだ。

このように、「物」が目に見えない強力な影響力を持つことは、変革への希望を与えてくれる。もし落書きを消す、壁の位置をずらす、組織構造を変える、新しい方法を取り入れる、数字を貼り出すといった「物」に働きかけることで、行動にも影響を及ぼすことができるなら、経営者や子育て中の親、その他の変革を求める人にとって、これほど楽なことはない。しかも、「物」は何も言わないし、変革に抵抗することもない。無生物だから、一度変えてやればそのままじっとしている。

それでも物をうまく使えないのには、二つの理由がある。一つ目の理由は、すでに述べたように、人間の環境を構成する強力な要素は目に見えにくいからだ。作業手順や組織構造は、立って歩いたり大声で叫んだりしない。距離による影響があっても、なかなか気付かない。環境要因は思ったよりも強力だが、その深い影響は目立ちにくいのだ。

二つ目の理由は、環境の影響について知っていたとしても、どう働きかければいいのかわからないからだ。誰もが社会心理学の理論に詳しいわけではない。もし誰かがフェスティンガー、シャクター、レビンらが唱えた近接性（人間関係における距離の影響）の理論を持ちだしてきたら、足を引っ張るやつだと思われるのが関の山だろう。「近接性？　なんだそれは」というわけだ。

ここが影響力を高めるための、最後の山場だ。周囲に影響を与えるには、環境について知らねばならない。このもう一つの強力な影響ツールを活用するために、（一）「物」が持つ効果について学び、（二）なぜ「物」を変えれば行動も変えるのかを理解しよう。

「物」の影響を意識する

物理的環境の影響力になかなか気付かないのは、あまりそのことを意識していないせいだが、この際それは改めた方がいい。環境の無言の力を意識することを心がければ、それにうまく対処できるようになるからだ。また、周囲のささいな「物」に引きずり回される危険を知れば、人生のさまざまな場面でそれに用心することもできる。

暮らしの中の例を挙げて、もっと詳しく考えてみよう。ここでは食習慣について取り上げる。物が持つ力を理解すれば、ダイエットで苦労しているあのヘンリーの役にも立つのだろうか？

この疑問に答えるため、ブライアン・ワンシンクの茶目っ気ある実験を紹介しよう。彼は物を操作することで、物の小さな変化が人間の行動に大きな影響を及ぼす事実を示そうとする。まず、昼食を取ったばかりの一群の人たちを映画館に招待する。被験者たちにはポップコーンが手渡される。サイズは小、中、大の三つ。大のバケツは人の頭より大きい。ところがそのポップコーンは硬く干からびており、被験者の一人が言うには、梱包用緩衝材に使われる粒状の発泡スチロールを噛むような食感だった。

ポップコーンの味はひどいし、被験者たちは昼食直後だったにもかかわらず、映画が終わった後でバケツを回収して中身を確認すると、ほとんど全員が無意識に硬いポップコーンをむさぼり食っていたのだった。さらに面白いことに、食べたポップコーンの量は被験者の体格や食欲の有無とは関係なく、バケツの大きさに比例していたのである。大きなバケツを渡された客は、小さなバケツの客よりも五三パーセントも多く食べていた。映画への関心やバケツのサイズ、他の人がポップコーンを食べる音など、周囲のあらゆるものがそれとなく影響を与え、ふだんなら食べないはずのものを口に運ばせたわけだ。

ワンシンクの実験からわかった、ヘンリーに役立つことはまだ他にもある。常識で考えるのとは逆に、人は満腹になったからといって食べるのをやめるわけではないという事実だ。周囲の環境が満腹のサインを出すまで、人間は食べ続けるのである。ワンシンクは魔法のスープ皿を使ってこれを実証した。そのスープ皿は被験者が気付かないうちに、皿の底からスープが足される仕組みになっている。通常の皿でスープを飲んだ人は、平均二六五ミリリットルで満腹感を覚えた。ところがこの底なしスープ皿を使うと、四四三ミリリットルも飲んでしまうのだ。中には飲み過ぎだと教えてもらうまで、一リットルも飲んだ人もいた。二つのグループが同じように満腹だというのに、一方はもう一方のグループより約七〇パーセントも余計に飲んだのだ。それは空っぽの皿が無意識のうちに満腹のサインを出しているからだ。

ワンシンクの研究では、人間は気付かないうちに毎日二〇〇回以上も「食べるかどうか」を判断している。そして無意識に食べていると、満足感もないのに数百カロリーもの食べ物を余計にとってしまう。ワンシンクの研究を丸ごと信じないにしても、「無意識」の選択に意識的になるだけで、食欲をもっとうまくコントロールできるだろう。

家庭、会社、地域の環境に少し目を向ければ、同じような現象に気付くだろう。良かれ悪しかれ、物言わぬ環境の力は気付かないうちに人の決定に影響を与え、行動の多くを支配している。そういうわけで、この最後の影響要素をうまく使うには、人間に向けていた注意力を物の世界に向けなくてはならない。困難な問題に取り組んで、きわめて重要な行動を見つけ出したら、今度は知らず知らずのうちに誤った行動を誘う見えない環境要因を探してみよう。

見えないものを見えるようにする

無言のうちに行動に影響を与える環境要因を見つけたら、それをもっとはっきり見えるようにしよう。見えないものを見えるようにするのだ。変えたい行動を人に思い起こさせるため、周囲の空間に目に見えるサインを記そう。例えばワンシンクの実験にこんなものがある。さまざまな被験者にポテトチップが入った缶を渡す。一方のグループに渡されるのはふつうの缶だ。

一枚ずつ同じ大きさのポテトチップが重なっており、指示した行動を行うたびに自由に食べていいことになっている。もう一方のグループは一〇枚ごとに一枚、違う色のポテトチップが挟まった缶を渡される。九枚目まではふつうのポテトチップだが、一〇枚目に色違いのものが出てくる仕組みだ。被験者はやはり指定された行動をするたびにポテトチップを自由に食べられる。すると、後者のグループの方が前者よりも食べた枚数が三七パーセントも少なかった。

どうしてこういうことが起きたのか。一〇枚ごとに色つきのポテトチップを挟んだことで、見えないものが見えるようになったからだ。実験では、誰もポテトチップや色のことには言及しなかった。また、誰も食べる量を調整しろとも言わなかった。なのに目に見えるサインが与えられたことで、被験者たちは自分がどれだけポテトチップを食べたかを意識するようになり、食欲をコントロールするようになったのだ。

ビジネス界でも昔から見えないことを見えるようにする重要性を理解していた。エメリー航空運輸は一九六〇年代にコンテナ輸送を考案したパイオニアだ。頑丈で再利用ができ、大きさが均一のコンテナを利用して、輸送業界の世界に革命を起こした。コンテナは従来の輸送方法と比べてはるかに経済的で、そのため輸送費の国際価格は急落した。高い輸送コストのおかげで国際競争から守られてきたアメリカの鉄鋼や自動車などの産業は、輸送費の大幅下落に伴い、いきなり外国企業との生存競争にさらされることになった。

だが、早い時期から同社の業務効率化担当副社長だったエドワード・フィーニーは不満を抱えていた。というのも、従業員がコンテナの容量を十分に生かし切っていなかったからだ。コンテナは適量を満たさないまま、封をされて船積みされていた。監査チームの調査では、適切な積載量の四五パーセントしか積まれていないことが判明した。労働者たちは何度も研修を受けており、満載することの重要性をさんざん聞かされていたにもかかわらず、半分以上も積み忘れるのだ。労働者の行動を変える試みに疲れ果てたころ、フィーニーは見えないものを見えるようにする方法を考え出した。すべてのコンテナの内側に「ここまで入れる」ことを示すラインを描いて、目標に注目させるようにしたのである。すると、コンテナの積載量はたちまち四五パーセントから九五パーセントまで上昇した。見えないものを見えるようにしたおかげで、問題はすんなり解決した。

病院でも物に手を加えることで、同様の改善が可能だ。ある病院では、機転の利く事務部門が見えないコストを見えるようにしたおかげで、無意識の金銭的影響を職員にわからせることに成功した。その病院の経営陣は医療陣に対して、小さな物でも積もり積もって大きなコストになることに気付かせようとしていた。例えばパウダー不要のラテックスの手袋は、従来のあまり手触りのよくない使い捨て手袋の一〇倍の値段がする。だが、コスト削減の掛け声にもかかわらず、病棟では短時間の作業でもほとんどが高価なラテックスの手袋を使い続けた。安い物より手触りがいいし、ここで小銭をケチる必要もないと考えたからだ。

ところがある日、誰かが安物の手袋の箱に「二五セント」、高価な手袋の箱に「二ドル」と描いた紙を貼り付けた。すると、その明確な情報によって職員は安い方を選ぶようになり、高価な手袋の使用は激減した。

病院と言えば、アメリカの病院の手指衛生の不徹底からくる問題に関連して、レオン・ベンダー医師がスターバックスのギフトカードを使って医師の手の殺菌を徹底させた事例については紹介した通りだ。この手法で手指衛生の実施率は六五パーセントから八〇パーセントに上昇したが、これでも一徹なベンダー医師は満足できなかった。では、それ以上何をすればいいのだろうか。手洗いをさらに徹底させる手段をいくつか試し、万策尽きたと思ったとき、彼は見えないものを見えるようにすることに気付いた。

だったら、いちばんいいのは病気の原因となる細菌を見えるようにすることだ。

見えない細菌を見えるようにするためには、少々芝居がかった手法を要した。リーダー格の医師が集まる定例会議で、感染症医のレーカ・マーシーは医師の一人ひとりに寒天培地を充填したシャーレを手渡して言った。「みなさんの手に付着している雑菌を培養させていただきます」。そして各自の手の平を寒天に押し付けさせた。マーシーはシャーレを回収すると、それを試験所に送って培養・撮影させた。

試験所から写真が戻ってくると、大変な効果を発揮した。医師たちは培養テストを受けるまで白分の手が無垢の状態だと考えていたが、証拠写真を突きつけられて、恐るべき数のバクテリアを日常的に患者にうつしていた事実を認めた。最もカラフルなバクテリアコロニーの写真は、病院のパソコンのスクリーンセーバーにも使われた。

医師の行動を変えるに当たって、写真は強烈な身代わりの体験と目に見えるサインとなり、医師に徹底した手洗いの必要性を認識させたのである。病気を引き起こす菌は目に見えないが、その写真が次善の策となった。医師は自分の手に住み着いている醜いバクテリアのコロニーを目の当たりにする。さらに数人のオピニオン・リーダーたちが自分の手指衛生の不徹底の結果に直面すると、病院の手洗い率は一〇〇パーセント近くまで上昇し、天井を打った。

■インフルエンサーの行動に学ぶ

一九九〇年代半ば、コロンビアのボゴタはひどい水不足に見舞われた。真のインフルエンサーであるアンタナス・モックス市長はさまざまな影響要素を活用して、わずか数ヵ月間で水の使用量を四〇パーセントも減らすことに成功した。まず放送を通じて節水を訴え、いつも混み合っている電話回線を使って、このきわめて重要な行動を国民に知らしめることに成功した。電話をかけるたびに受話器から聞こえる「ブーブー」という回線不通のサインの代わりに、モックス市長の親しみのある声が流されたのだ。「ただいま回線が混み合っており申し訳ありません。でも、節水をお忘れなく！」

データの流れに気を配る

これまで取り上げてきたインフルエンサーたちは、一つの共通した戦略を持っている。彼らは情報を目につかない日陰から、日の当たる場所に引っ張り出した。環境の中に小さなサインを記すことで、インフルエンサーは重要なデータを引き立たせて、人間の思考から行動に至るまでを変えることに成功した。病院で手洗いを励行したり、安い手袋を使用したり、コンテナを満載することに反対する者はいない。彼らはその瞬間、自分の行動に頭が回らなかっただけだ。だから目の前にデータを示してやるだけで、行動を変えるには十分だった。

ここでのポイントは、すでにバンデュラ博士が示してくれたものと同じものだ。情報は行動に影響を与える。どの行動がどの結果につながるかを示す認知地図に基づいて、人は行動を選択する。ここで問題になるのは、どこに行けばデータが得られて、そのデータが行動にどんな影響を与えるのかがわからないという点だ。しばしばデータは不完全で不正確だが、間違った情報であっても頻繁に定期的に与えられると、人はあたかもそれが現実を正確に反映したものであるかのように行動してしまう。

こんな実験はどうだろう。できるだけ早く、いま世界で紛争が起きている地域を挙げて欲しい。一般的には、数カ所の地域を挙げることができるだろう。では、なぜあなたはその地域を挙げたのだろうか。そこだけが紛争地域だから？　それとも、最も多くの血が流れている地域だから？　あるいは政治的にいちばん重要だから？

おそらくあなたがその地域を挙げたのは、そこがいちばんよく報道されているからではないだろうか。世界ではつねに二〇カ所以上の地域で紛争が続いており、激しい紛争でもあまり世界的に知られていないというケースは少なくない。これがショッキングなのは、人間の関心が一部のニュース番組制作者に大きく影響されているという事実ではなく、ふだんはそれが自分の心に起きているのに気付かないでいる点だ。

人間がしばしばこのような心理的エラーを起こすのは、自分の直感に頼るのが手っ取り早いからだ。認知心理学の世界では、これを「代表性ヒューリスティック（representative heuristic）」〔典型例と類似している事項の確率を過大評価する心理的プロセス〕という。これがどう作用するのか見るために、もう一つクイズを出してみよう。世界の毎年の死亡原因として、自殺と殺人、焼死と溺死のうち、多いのはそれぞれどちらだろうか。多くの人は殺人と焼死を選ぶ。なぜなら、ニュースで恐ろしい場面をよく見ているからだ。

自殺は一般にプライバシーの問題から報道されないため、あまり接することがない。また、火事はドラマチックなニュースネタになる。夜のニュースでは、レポーターが火事の現場で放送開始を待ち構えている。テレビでは自殺と溺死よりも殺人と火事のニュースをよく見るため、事実とは大きく食い違っていても、このサンプルがすべてを代表していると思い込む。本当は溺死と自殺の方が多いのに、直感の思い込みと不正確なデータの流れのせいで、現実に起きていることがわからなくなってしまうのだ。

インフルエンサーは正確なデータの重要性を理解している。そして目的をサポートするために、タイムリーで正確な情報を目に見える形で提供し、きわめて重要な行動に焦点を絞るよう心がけている。データの渦に飲まれるのではなく、細心の注意を払ってデータを扱うのだ。例えばホプキンス博士がギニア虫症撲滅のグローバル・キャンペーンを始めたとき、最初に何がネックになったかを考えてみよう。キャンペーンのスタート時の最大の難関は、発展途上国の指導者らにギニア虫の問題に関心を持たせることだった。政治家たちは通常、寄生虫よりも流血のクーデターや経済破綻、政治腐敗に頭を悩ませているからだ。

寄生虫問題にスポットを当てようにも、政治指導者たちの多くは都会育ちで、自国でギニア虫が流行していることにまったく気付いていなかった。例えばカーター・センターの設立者であるジミー・カーター元大統領は、著者グループにこう語った。「パキスタンでギニア虫の問題と取り組んだときの最初の難関は、パキスタンの大統領がギニア虫の名前も知らなかったことです」

それに加えて、感染の広がりを知っている政治家たちも、村のことにはほとんど関心を向けなかった。彼らの政治基盤は都市にあるからだ。

つまり、ホプキンス博士の最初の課題は、データの流れを変えてギニア虫症の窮状を目立たせて、権力者の目に見えるようにしてやることだった。だから今日に至るまで、データを集めることがギニア虫撲滅チームの活動の第一歩となっている。

ホプキンス博士はこう語る。「データはギニア虫撲滅キャンペーンにおいてきわめて重要です。最初の作業は全国の感染に関する基本情報を集めることです」。チームは世間の関心を集めるため、直感に反した、驚くような統計を探している。例えばナイジェリア政府は国内の感染者を二〇〇〇～三〇〇〇人にすぎないと見積もっていた。ところが一九八九年、各村の感染者の数をとりまとめたところ、感染者は六五万人を超えることがわかり、政治家たちを驚愕させた。見積もりのおよそ三〇〇倍である。つまりナイジェリアはギニア虫症感染者が世界で最も多い国だということになった。この新しい情報だけで、ギニア虫撲滅キャンペーンは軌道に乗ったのだ。

データの流れが人々の認知地図を塗り替える際には個人的な経験に反する数字に頼るので、そのデータがインパクトを与えるためには新しく矛盾のない、しかも問題と直結するものでなくてはならない。ホプキンス博士は、カーター・センターの小人数のチームが各国の指導者に影響力を及ぼすのは、情報の力によるものだと指摘する。ホプキンス博士に協力しているのは、ギニア虫教育プログラムの技術専門官であるアーネスト・ルイーズ・ティベン博士だ。彼はカーター・センターの活動を監督し、グローバル・キャンペーンの現状把握と広報を担当している。ルイーズ・ティベン博士はカーター・センターと疾病対策センター（ＣＤＣＰ）が毎月発行する『ギニア虫サマリー』などの出版活動を通じて感染撲滅の状況を伝えている。この報告書は各国の活動進捗状況をまとめたものだ。

ここでホプキンス博士はにっこり笑った。「こちらではさまざまなグラフや図表を発表していますが、いちばん影響力があるのはギニア虫レースです。国名とキャンペーン責任者の顔が描かれたランナーたちが陸上トラックを走っている図で、競争心に訴えるのです。単なる感染者の数ではなく、その数を周囲の国と比較することで、驚くほど反応が変わってきますよ」

このデータが果たして行動に影響するのだろうか。

「ブルキナファソの大統領と会って、キャンペーンの状況について懸念を伝えたときのことです。グラフや図表をたっぷり準備していきましたが、大統領がいちばん興味を示したのはギニア虫レースでした。とにかく最下位にはなりたくないという一心なのです」

企業のレベルでは、情報の流れが行動にどう影響するかがよく見える。グループごとに目に入るデータは違うので、それぞれの関心事やモチベーションにも違いが出てくる。会社の状況をどう見るかも、部署や役職によって違う。これは価値観の違いから来るのではなく、受け取るデータが違うからだ。例えば、つねに顧客の苦情を聞かされる現場の従業員は、顧客の代弁者になりやすい。逆に役員たちはいつも決算書を見せられているので、株主の立場に立つ。そして日ごろから品質管理に携わる社員は、品質第一の立場になる。当たり前のことだ。

単一の利害グループの立場に立つことの問題は、従業員が特定の人間やことがらに捕らわれすぎることにあるのではない。問題は、一つのデータの流れにのみアクセスすることで、バランスの取れた行動ができなくなるということだ。例えば著者グループが仕事で関わったある会社では、経営陣の関心の的はつねに毎週の製品製造数だった。社内の士気の問題が持ち上がったとき（通常は不平不満を伴う）には、彼らは当然ながら「人的問題」に憂慮の目を向けたが、つねに後手に回っていた。顧客サービスについても同様で、いつも経営会議の議題で上位に上がっていたものの、ライバル社に大口の顧客を奪われるまで誰も顧客について話題にせず、顧客サービスの改善を図ろうともしなかった。

役員たちの狭い視野を広げるため、我々はデータの流れを変えた。役員たちは毎週の製品製造数とともに、顧客と従業員に関するデータにもじっくり目を向けるようになったのである。いまの行動を見れば、彼らが以前よりも広い利害グループに注意を向けるようになったことに気付くだろう。我々は顧客満足度にばかり目を奪われてきた従業員にも、毎週の採算分析のデータを見せるようにした。すると彼らの関心も広がった。例えば顧客の苦情に接したとき、単に金で解決しようとするのではなく（これがいちばん簡単な解決法だ）、よりコスト効率のよい方法を考えるようになった。こうした介入を行うまでは、経営陣と従業員はどちらも自分たちの利害グループの重要性についてばかり語っていたが、データの流れを広げることで偏狭な行動様式を変えることができた。

データに関して注意すべきことが一つある。過ぎたるは及ばざるがごとし、ということだ。

企業の経営者はしばしばデータを集めすぎて、その影響力を弱らせてしまう。報告書や書類やEメールが押し寄せて積み重なると、情報の洪水に麻痺して意味のない雑音に変わってしまうのだ。インフルエンサーはけっしてこの種の失敗をしない。彼らは問題に焦点を絞り、十分に練られたデータを共有する。データを集めて公表するのは、きわめて重要な行動を強化するためであることを理解しているからだ。

■インフルエンサーの行動に学ぶ

あるマンションの管理組合の役員たちは、植栽の管理に金がかかることを気に病んでいた。毎年五〇本以上の木が枯れるため、その植え替えの費用に一本当たり五〇〇ドルかかる。管理人の話では、植栽管理は業者任せになっていた。木ならどれでも同じじゃないか、というわけだ。そこでオーナーの一人が木の一本一本にナンバーを振ってタグを付け、データベースで管理するようにした。約四〇〇本の木にタグ付けして、さらに木の種類と病気などの問題点まで書き込んだ。

管理組合はすぐに、木にはいろんな種類があって、敷地のどこに植えてもいいというわけではないことに気付いた。例えば敷地の一角は湿地になっており、そこには何を植えても枯れてしまっていた。この簡単なデータベースが人の行動を促し、緑を守り、お金と労力を節約できたのである。

空間（スペース）：最後のフロンティア

データが人間の行動に与える影響力にも気付きにくいが、空間の影響力に気付くのはさらに難しい。建築家が空間をつくり、そこに人が住んで、長年にわたり無意識に影響を受けている。社会心理学者のレオン・フェスティンガーらが人間関係に空間と（表裏一体の）距離が与える影響について研究を始めたころ、彼らは自分たちが「近接性」という社会心理学史上、最も深遠な現象にぶち当たるとは思ってもみなかった。そしてフェスティンガーらは長年かけて、それが人間の行動と関係に及ぼす効果を研究した。

例えば結婚しているカップルは、相手とどうやって出会ったのだろうか。仕事場で自然とグループをつくって協力し合うのは誰だろうか。マンションで最も友人・知人が多いのは誰か。どの従業員がいちばん上司とうまくやっているのか。こうした複雑な人間関係を形づくるのは、趣味や相性による、と思うのではないだろうか。

実はそうではない。フェスティンガーは人間同士の付き合いの質と量は、主に相互の物理的距離の影響によるものであることを突き止めた。マンションの階段付近や郵便受けの前の部屋に暮らす住民は、同じビルの他の場所にある部屋に暮らしている人よりも知り合いが多い。会社では一般に、部下との交流が多い上司ほど人間関係が良好だ。では、どの上司がいちばん交流が多いのか。部下からいちばん近い席に座っている上司だ。

逆に距離が離れると、業務に不便が生じたり友達が減ったりするが、問題はそこにとどまらない。会社では従業員同士が顔を合わせたりおしゃべりしたりしなくなると（つまり互いを理解して仕事で協力しなくなると）、悪いことが起こりやすくなる。仕事が縦割りになって、内輪もめにつながるのだ。従業員はお互いに相手のことを決めつけて、「あいつら」呼ばわりするようになる。そして問題をすべてその「よそ者」のせいにするのだ。会社の誰と誰の仲がよくて、誰と誰が反目しているかを知るには、メジャーで距離を測ってみればいい。

だが、空間と距離の悪影響を受けない人もいる。一部の人たちは、それを強力な影響力のテコとして活用している。きわめて重要な行動を促す手段として空間を利用している代表例は、やはりディランシー・ストリートだ。シルバート博士の目標は、居住者たちに二つのきわめて重要な行動をもたらすことだった。一つは、自分だけでなく他人のことも気遣うこと、もう一つは、他の人の問題に気付いたら、お互いにそれを指摘し合うことだ。しかし、誰よりもけんかっ早い人たちの集まりなのに、どうすればそれが可能になるのだろうか。

シルバート博士が最初にするのは、かつての不倶戴天の敵同士を混ぜ合わせることだ。博士は三人のメンバーを選ぶ。例えば、入所したばかりのメキシコ・マフィア正会員、半年前に入所した元クリップス（ロサンゼルスのギャング集団）、一年前までアーリアン・ブラザーフッド（アメリカの刑務所内を本拠とするギャング）だった者をルームメートにする。これでメンバーの多様性は確保できた。さらに他の経歴を持つ者がそのクルーのボスになり、ミニヤンのリーダーになるのはまた違う人種の者だ。ありとあらゆる政治的・人種的紛争の種をぶち込んだ国際的スパゲティの一丁上がりだ。そこでメンバーはお互いに助け合い、問題を注意し合うように言われる、しかも平和的に。

我々は、かつての敵同士に近接性がどう作用するのかを観察しながら、ディランシーのレストランで食事を取っていた。すると、カートという名の新人が皿を落として割ってしまった。カートは首から指の先までタトゥーを入れた白人男性で、二ヵ月前に入所してきたばかりだ。簡単なテーブルの片付けを任されたのだが、まだ仕事に慣れていないようだ。

なぜだろうか。カートはカリフォルニア州リッチモンドの、治安の悪い黒人多住地域で生まれた。そこで彼は六歳から人種差別的な白人のギャング文化の影響を受けて成長した。ディランシーに来る前の五年間はホームレスとして過ごし、入所訓練後の六〇日間、彼はドラッグを断つために死ぬ思いだったという。いずれにせよ、客商売ができるまでには至っていないのだ。

皿が砕け散ると、カートは恥ずかしそうに首をすくめた。レストランにいた数十人の客がその音に反射的に振り向いたため、カートは身の置き所がない感じだった。じろじろ見るなと悪態をついてやろうか、それともここから消えてしまおうか。カートの心は揺れた。その瞬間、まさに近接性の力を証明する出来事が起こった。ひざまずいて皿を片付けているカートのもとに黒人の給仕長が駆け寄り、その背中に手を添えたのだ。給仕長はかつてリッチモンドでカートの一味のライバルだったが、いまでは二人はルームメートである。その彼がカートと並んで、皿のかけらを拾い集めている。片付け終わると彼はカートに微笑みかけ、「よくあることさ」というような調子で肩をすくめて見せた。それでカートも気を取り直し、仕事へと戻っていった。

人に影響を与えるためにディランシーで進行中のさまざまな試みを見れば、近接性が人間関係を深めるために大きな役割を果たしていることに気付くだろう。お互いに協力せざるを得ない仕事を与え、近い距離に置いてやれば、以前は殺し合っていたような間柄でも、人を変える大きな力として作用するのだ。

家族関係も空間から影響を受けている。最近の研究によれば、ダイニングテーブルのない家が急速に増えているという。それに比例して、家庭の崩壊や不和が増加している。家族の結束が弱まっている証拠だ。ダイニングテーブルと家庭不和のあいだに相関関係があるのだろうか。家具の売り上げ減少が家族の結束を弱めた、というわけではない。ダイニングテーブルは家族だんらんの場だった。そのテーブルがなくなったため、家族のメンバーがいっしょに過ごす時間が大きく減少したのだ。

だが、なぜダイニングテーブルを買わなくなったのだろうか。電子レンジを買ったからだ。かつて夕食をつくるのは大変に労力がかかる仕事だった。そのため、家族は同じ時間に同じ場所で食事をとるのが当たり前だった。電子レンジが登場すると、誰でもいつでも、一人で食事をとることが可能になった。それに伴い、全員分の料理を用意する必要もなくなってしまった。ダイニングテーブルが消えて、家族がそろって顔を合わせる時間もなくなった。最近の若者は親と食事をするのは週の半分くらいで、あとは一人で食べるか友達と外食する。さらに最近では家が大きくなって各自の部屋にテレビがあるため、子どもに対する親の影響力は低下する一方だ。これも空間のなせる技である。

会社では友人関係よりも仕事仲間との協力の方が大事だが、近接性はやはり日々の業務に重要な役割を担っている。距離が離れていると日常的な交流がなくなり、すでに述べたように、影響力の低下や対立の原因ともなる。何よりも、カジュアルな付き合いもなくなる。

大して影響はないと思う人が多いが、実は大ありだ。仕事でつねに顔を合わせていると、ついでに質問をしたり、アイデアを出し合ったりして、それが問題の解決につながることも少なくない。名高い社会学者ビル・オオウチは、ヒューレット・パッカード（ＨＰ）社でのある試みが、カジュアルな付き合いと協力関係を活発化させたことを発見した。ＨＰの経営陣は従業員に、自分のデスクを片付けずに散らかしておくように告げた。ゴキブリを誘い出すためではない。人間をおびき寄せようというのだ。どんな仕事をしているのか目に見えるようにすることで、同僚たちがそれを見て興味を抱き、お互いの仕事に関わりを持つ可能性が高くなることがわかったのだ。

社員同士が出会い、デスクの上に散らかっている物に目を留める。そしてアイデアを出し合えば、公式のプロジェクトでもずっとうまくやれる確率が高まる、というわけだ。従業員たちはカジュアルな会話をきっかけに、仕事での協力につなげることができる。とくに問題解決のために多くの人の知恵が必要なときには、これが本当に役に立つ。繰り返しになるが、逆に距離ができると偶然の出会いが減り、仕事での協力も難しくなってしまう。実際、ベル研究所の研究によれば、複数の研究者が協力するための要因として、最も重要なのはお互いの研究室の距離だった。共同研究につながるような話題について、隣同士の部屋にいる研究者たちは九メートル離れている研究者たちよりも三倍もよく話し合っていた。彼らの距離を三〇メートルほどにすると、まるで何キロも離れているかのように協力関係が希薄になってしまった。

有能な経営者は、カジュアルな付き合いと協力関係に与える近接性の強い影響力を知っており、物理的な距離の近さを交流強化のツールとして利用している。口で協力するように言うより、従業員同士を近くに配置したり、共有スペースやスナックエリアを提供したりすればいいのだ。HPの役員たちはさらに一歩進んで、毎日の休憩時間に各自が自分のデスクを離れ、共通エリアでジュースを飲みながら仲間と情報交換をするよう命じている。

この強制的なカジュアル・ミーティングは、数年間の飲食代を累計すると数万ドルもの費用負担になっているが、それでもざっくばらんなおしゃべりや協力関係によるシナジー効果の利点は、投資金額を上回るだろう。近接性は会社において、業務を妨げるものにもなるし、HPのようにうまく使えば業務の推進力にもなる。

地域のリーダーたちも近接性を利用できる。例えばユヌス博士はバングラデシュのへき地の村で貧困にあえぐ女性たちを支援したとき、近接性の重要性に気付いた。何十年にもわたって女性は家に閉じ込められ、遠出を許されなかった。ユヌス博士は五人の互助グループをつくらせてマイクロローンを提供することにしたが、頻繁に集まれる場所がなくては計画はうまくいかない。ユヌス博士が銀行業務を始めたのは、ただ彼女たちの経済状況を改善するだけでなく、地域社会全体を変えるためだ。だから安心できる小グループがうまく機能しなくては、社会改革も難しい。

筆者たちがバングラデシュのガジプールという村を訪ねたとき、ユヌス博士が新しい社会秩序をつくるために近接性の力を利用した現場を確かめることができた。グラミン銀行はローンの利用者に経済的支援を与えるとともに、「一六の誓い」を求めた。我々は三〇人からなるローン利用者のチームが集まった小さな小屋の裏手に立ち、彼らが起立して「一六の誓い」を唱和する姿に耳を傾けた。その一つはこうだ。「私は花嫁持参金を上げることも、もらうこともありません」

この誓いは、グループの経済的な安定を確保する上で非常に重要だ。花嫁持参金とは娘を嫁がせる際に父親が花婿に支払うものだが、争いの火種になったり経済的な惨事をもたらすこともある。娘を嫁がせるために金をかき集めた末に、一家が極貧に陥るケースもあり、花嫁持参金の重荷に苦しむ父親から、娘が後々まで非難されることも多い。ところが、ここにいる三〇人の女性たちは、直立不動の姿勢で「呪わしい花嫁持参金」撤廃を求めて誓いを唱和しているのだ。

後で三〇人の女性たちとの雑談でこう尋ねてみた。「これまでにお子さんが結婚した方は？」。五人の女性が胸を張って手を挙げた。そして次の質問だ。「花嫁持参金をもらうか渡すかした方はいますか？」。三人がきまり悪そうに手を挙げたが、ディパリとシリナは手を挙げなかった。一〇〇〇年以上も続く慣習が変わりつつある証拠だ。なぜ慣習に従わなかったのかと尋ねると、二人はにっこり笑って顔を見合わせた。ディパリが答えた。「うちの息子とシリナの娘を結婚させたのです」。その答えに、その場は拍手に包まれた。

もはや彼女たちは家の中にひっそり隠れて運命のままに生きる存在ではない。いまや彼女たちは自分たちだけの居場所を持った。毎週そこで顔を合わせて語りあい、助け合って事業を始め、互いのローンの保証人となり、本物の仲間となったのだ。

この勇敢な起業家たちが出会って貧困と闘う中で、いくつかの力が働いている。当然、彼女たちがお互いに力を貸し合っていることは、苦しい時機を乗り越える助けとなるだろう。実際、数え切れないほどの危機があった。お互いにローンの連帯保証人になっていることは、彼女たちが始めるビジネスを十分に練り上げるのに役に立つ。三〇人が一つに集まることにより、彼女たちはグループとして銀行も侮れない潜在的な力を手に入れた。これもバラバラな個人では無理な話だ。

もう一つ、付け加えておきたい。ユヌス博士らはこれらのことを実現するための、シンプルな空間をデザインするセンスを持っていた。それはたやすいことではない。三〇人の貧しい女性にも負担できる安価な建物を提供するまでには、相当な努力と慎重な計画があった。彼らはそれを実現し、そのデザインは国際的なデザイン賞をいくつか受賞した。

この空間を提供した建築家たちに拍手を送るとともに、空間の影響についてより理解が深まることを願う。

■インフルエンサーの行動に学ぶ
ある医療機関の経営陣は、有名建築家がデザインした新病棟が誇りだった。だが、臨床部門のマネジャーたちは、手洗い履行率の低さに失望していた。彼らが考えた改善策の一つは、すべての病室のドアの内側と外側に手のひら殺菌剤を据え付けることだった。アイデアとしてはいいが、建築家は反対した。視覚の流れを妨げるというのだ。

何度か話し合いを重ねた末、シニア・チームは「視覚の流れよりもバクテリアの流れの方が重要」だと結論付けた。その決定は正しかった。物理的空間の様相を変えることは、手洗い履行率を九〇パーセント以上に引き上げる大きな要因となった。

簡単にする

人間が道具を使う唯一の動物かどうかについては、長年にわたり論争が続いてきた。しかし、チンパンジーがアリ塚のそばに座り、穴から棒を差し込んでアリを集める姿を観察した科学者たちは、チンパンジーも道具を使うとの結論を出した。ちなみに人間とチンパンジーのＤＮＡは九五パーセントまで共通している。では、人間などの知的生物が道具を使うのはなぜか。それは難しい作業を簡単にするためだ。

およそ一世紀前のこと、科学的管理法の父とされるフレデリック・テイラーは、道具をもっと賢く使うことを提案した。ある日、彼はベスレヘム・スチール社で従業員がどの作業でも同じサイズのショベルを使っていることに気付く。そして最も効率的な荷の重さを二一・五ポンド〔約九・七五キロ〕と見積もり、何をすくっても同じ重さになるように、スラグ〔鉱滓。金属の精錬で出るカス〕用から雪かき用まで、多様なサイズのショベルをデザインして取りそろえた。

今日では、テイラーのような業務分析の専門家はごまんといる。彼らはベスト・プラクティスを研究するだけでなく、平凡な業績についても調査・分析して改良を加えている。しかし残念ながら、この手法は安全管理、生産性、製品リリース時期、犯罪発生率などの複雑な人間的問題に対してはあまり適用されてこなかった。レストランにメモ刺しを導入したホワイト教授は工学的手法によって社会問題を解決したが、ほとんどの人は人間的問題に産業工学を適用しようという発想には至らない。

インフルエンサーはこのようなミスをしない。彼らはハイレベルで効果的な手法を使う。動機付けのために退屈で危険を伴う行動を嫌々させるよりも、「物」の方を変えてしまうのだ。必要に迫られて棒を使ったサルのように、インフルエンサーは「物」を変えることで適切な行動を促し、不適切な行動を抑制する。

例えばインド全域に蔓延していたギニア虫症を効果的に撲滅できたのは、ある対策を講じて、清潔な水を手に入れやすくしたからだ。その対策とは、以下の通りだ。

発展途上国の農村の女性は、しばしば毎日数時間かけて水汲みに行かねばならない。もっと楽しく充実したことに使えたはずの時間が、水場への往復に奪われているのだ。重い水瓶を持って女性たちが向かう水場には、しばしばミジンコがわいているが、その体内はギニア虫の幼虫で満たされている。

カーター・センターのインフルエンサーは、スカートで水をこして飲んでいる村人は、ギニア虫に感染しにくいことを知った。もう少し詳しく説明しよう。水をもっとうまく濾過するために（スカートでは十分に濾過できないことも多い）、カーター・センターは手頃で丈夫な布のフィルターをつくるキャンペーンを立ち上げた。水汲みをするすべての女性たちに水をきれいに濾過できる丈夫なフィルターを提供できれば、ギニア虫を根絶できると考えたのだ。

ジミー・カーター元大統領は、カーター・センターの出版物でフィルターの一件についてこう説明している。

私はエドガー・ブロンフマンと会った。彼の一族はデュポン株の二〇パーセントを所有している。彼に向こう五年にわたり二五万ドルの寄付をしてもらえないかと依頼した。これは小さな額ではない。「何に使うのですか？」。彼の質問に、私はこう答えた。「ギニア虫を退治するには、目の細かいフィルターで水を濾過するのがいちばんなのです」。彼は続けて尋ねた。「このテーブルナプキンのようなものでいいのですか？」「そうです」「では、ナプキンを使ったら？」。そこで私はこう説明した。「熱帯の気候の中でこのナプキンを濾過のために毎日八回から一〇回ほど使うと、二～三週間でぼろぼろになってしまうのです」。すると彼はこう答えた。「お役に立てそうです」

ブロンフマンがこの話をデュポンの取締役会に提案すると、スイスの会社を紹介された。このナイロン繊維なら、熱帯の気候にも耐えるフィルターをつくれそうだ。デュポンはその繊維を精密織り加工のできる会社に納入してフィルター用布地を織らせ、最終的に二〇〇万平方ヤード〔約一七〇万平方メートル〕の布地をカーター・センターに寄贈した。

「これこそギニア虫を退治するための主力兵器だった」と、カーター元大統領は締めくくった。特製の布地のおかげで水の濾過はずっと楽になり、この簡単な発明が何百という村からギニア虫を一掃していった。

インドでは、単に水を濾過するよりもはるかに見事な工学的解決策が取られた。サハラ以南のアフリカ諸国と違い、インドでは地表近くをきれいな水が流れている。そこで何百という村々でドリルで穴を掘り、ふたをして井戸をつくったのだ。この一回こっきりの方法によって、安全な水がずっと楽に手に入るようになり、苦労して汚れた水を汲みにいく必要はなくなった。宿主を失ったインドのギニア虫は急速に姿を消していった。

ディランシーでの成果の多くも、適切な行動を容易にして、不適切な行動をやりにくくした結果だ。これはとくに麻薬中毒には効果的だ。新たな入所者に最初の数週間で麻薬を断たせるのがどれほど困難か、想像がつくだろうか。ヘロイン中毒の禁断症状は、この世で最も苦しいものだという。長年の中毒者は、ヘロインにはいいことが何もないことがわかって、心底からやめる決意をしても、禁断症状に耐えられずにまた手を出してしまうのだ。

しかしディランシーに来たヘロイン中毒者は全員、この苦痛の期間を乗り越える。なぜなら、一つには場所が変わったからだ。ディランシーの門をくぐるまで、彼らの環境はヘロインの使用者や密売人など、麻薬中毒を後押しするような人間に囲まれていた。ところがディランシーの寮では、自分以外の八人は麻薬を常用していない。寮の外に出ても、そのフロアに暮らす五〇人、さらに同じ建物に住む二〇〇人もヘロインを服用していない。ヘロインを手に入れるには、ずっと遠くまで行かねばならないのだ。これは適切な行動を容易にし、不適切な行動を難しくすることの重要性を、シルバート博士が理解しているからだ。

麻薬ともギニア虫とも縁のない人にとって、この原則はどう役に立つだろうか。ヘンリーに対してはどうだろう。彼のダイエットに何か役に立つのではないだろうか。ワンシンク博士は、もし健康的な食習慣が楽にできて、不健康な食習慣を難しくするような環境をつくれば、ウエストのラインをほっそりさせることに役立つことを証明した。

■インフルエンサーの行動に学ぶ

都心の落書きを減らす活動をしているボランティア・グループが、きわめて重要な行動を見つけ出した。新しい落書きを二四時間以内に塗りつぶすことだ。落書きのサインを消せば、落書きした者のやる気をそぐことができる。だが、商店主や住人を説得してそのような苦労をさせるのはなかなか難しい。

そこでボランティア・グループは作業を楽にするため、商店や住居の色に合わせたペンキを無料で配ることにした。この簡単なアイデアによって、きわめて重要な行動がずっと容易になったのだ。ペンキ作戦は成功し、落書きの数も劇的に減った。

ワンシンク博士は、皿の大きさが食べる量に影響を与えることを発見した。小さい皿で食べると少ない量で満腹になる。だから摂取カロリーを減らしたければ、食器棚の皿を小ぶりなものに換えればいい。また、スナック菓子の置き場所と袋の中身が見えるかどうかで、食べる量が五〇パーセント以上も変わることもわかった。お菓子の箱を数メートル先の棚ではなく、手の届くデスクの上に置くと、それだけでお菓子の摂取量は二倍になる。ここでも近接性の理論が影響しているのだ。冷凍庫のアイスクリームのふたが透明なプラスチックだと、厚紙のふたのものよりも手を伸ばしやすくなる。

エクササイズ・マシンを使う場合も、距離はやはり重要だ。エクササイズ・バイクをテレビのある部屋から地下室に移すと、たちまちほこりをかぶってしまう。また、フィットネスクラブに通うと、在宅用機器を使うのと比べて、かなり運動量が減る。

だから健康的なライフスタイルを手に入れたいのなら、自分の行動に影響する物をまず見直してみよう。自宅の自分の手の届く場所に、健康に悪影響を与える食べ物がいくつあるかを数える。それと同じ距離に、健康によい食べ物がどれだけあるか数える。次に、運動する環境を考える。運動器具のある場所までの距離はどうだろう。そこは独立した部屋だろうか。トレーニングを始める前に、クローゼットから引っ張り出さないといけないものはないか。

家の中に、適切な行動を容易にしてくれると同時に不適切な行動を減らす要因がいくつあるのか数えてみよう。もちろん従来通り、根性に頼ってぶつぶつ愚痴を言いながら苦しみに耐えるのもいい。より高い目標を目指して、モチベーションを高める講演のテープを聞いてもいい。あるいは、ただ適切な行動を容易にして不適切な行動を難しくするというやり方もある。それはあなたの選択次第だ。

適切な行動を容易にすることの大切さに、最近の医療機関も気付いてきた。投薬ミスを防ぐために、どれほど多くの病院が努力しているだろうか。かつて薬剤は赤茶色の瓶に入っており、内容物も書かれていなかった。そして、その隣にも同じ瓶が並んでいた。さらに忙しい勤務シフトの中で、汚い字で殴り書きされた処方箋に目をこらしながら調剤するのだから、年間数万件の投薬ミスが起こるのも当たり前だ。

最近では先進的な薬品会社と病院が協力して、適切な行動を容易にしている。ボトルを色分けしたり、ラベルを見やすくしたりすることで、多くの病院で投薬ミスが著しく減少し、死ななくてもいい命を救うことができるようになった。患者の命を救うという重要な問題なのに、適切な行動を容易にするという単純な方法でそれが可能になったのは、ほんの数年前のことだ、そう聞くと不思議に思うかもしれない。それは、人の行動を変える必要があるとき、一般には罪の意識に訴える傾向があるからだ。投薬ミスがあったとき、行動を変えるよう手助けをするよりも、嫌いな同僚を告発したりする。また、人の能力を高めたいときには、その業務を楽にする道を探るよりも、研修を受けさせようとするのだ。

企業でも適切な行動を容易にしてもらうことに、意識を向けつつある。つまり、消費者が自社の製品を買いやすくするということだ。マーケティング・コンサルタントの第一人者であるパコ・アンダーヒルは、犬のおやつの棚の位置を変えただけで、その売り上げを伸ばすことに成功した。アンダーヒルは、年配者や子どもよりも若者や中年層の方がペットのおやつをよく買うことに気付き、興味を持った。そこでペット用品売り場の消費者の行動をビデオに撮り、年配者や子どもがあまりペットのおやつを買わない理由を発見した。通常、ペットフードなどの定番商品は、目の高さか腰の高さの棚に置いてあるが、ペットのおやつはもっと高い棚にあった。

子どもと年配者にとっては、高い棚の物は手が届きにくい。ビデオには一人の年輩女性が動物のおやつのパッケージを落とすためにアルミホイルの箱を使っている様子が映っていた。また他のビデオでは、子どもがおやつの袋を探して、おそるおそる棚に上る姿があった。おやつを一つ下の棚に移して購入行動を容易にすることで、たちまち売り上げが伸びたのだ。

だが、誰もがそれに耳を貸すわけではない。例えば、カジノ研究の第一人者ビル・フリードマンの提案は、カジノ業界から組織的に無視されている。彼はビデオでカジノにおける人間の行動を数千時間にわたり観察し、興味深い事実に気付いた。ホテルを魅力的に見せる環境が、逆にギャンブラーには惨めな気持ちを与えているということだ。

ラスベガスのホテルは規模と豪華さを競い合ってきた。天井の高さと景観のよさが高級ホテルの売り物だ。ところがギャンブラーは逆に、隠れ家のような狭い場所を好む。想像すればわかるが、スロットマシンの前に座ってレバーを引く作業はきわめて単調だ。これが工場労働者なら、けっこうな賃金をもらわないとやっていられないだろう。カジノが楽しいのは、ギャンブルの作業そのものではなく、その場にいる人たちとの交流だ。ギャンブルは、周囲に人がいてこそ楽しくなる（つまり、足を運びやすくなる）。そこでカジノのオーナーたちに、大規模でよそよそしいカジノの会場をもっと居心地のよい場所にすることを勧めたところ、利益は急上昇した。

だが、最近のラスベガスの大規模なホテルは、〝ホテルとしての格〟を競っているため、フリードマンのアドバイスを聞き入れず、再び大規模でよそよそしいカジノをつくっている。というのは、現代のホテルの多くはギャンブルでは元が取れず（近年では道徳的問題もある）、エンターテインメントや宿泊費、レストラン収入に頼っているからだ。それでも、フリードマンの唱えた原則は変わらない。もし彼のアドバイスに従って居心地がよくてフレンドリーな、足を運びやすいカジノをつくれば、きっと荒稼ぎができるだろう。しかし、それは「容易」を通り越して「安易」な道かもしれない。

やるしかない状況に追い込む

「物」が行動に与える影響を最大限に生かすには、物理的環境を変えて選択肢を奪ってしまうことだ。適切な行動を確実にするために欲求に訴えるだけでなく、構造、プロセス、手続きを変えて、それが避けられない状況にするのだ。その点で、やはり企業は先行している。危険な機械に指を触れさせないために、技術者は注意を喚起するのではなく、手で触れられないような仕組みをつくる。飛行機の離着陸時、パイロットは二重三重のチェックを求める厳密な手続きとチェックリストに従わねばならない。

　ファストフード業界を例にとろう。かつてカウンター業務は人任せだったため、顧客サービスは一定していなかった。ところがいまではオーダーは画面をタッチするだけだ。レジもそれに直結している。すべては定型化されており、誰もその仕組みを変えることはできない。オーダーを正しく取りやすくするだけでなく、間違えようのないシステムになっているわけだ。

　しかしながら、物理的環境を操作することで失敗を防ぐやり方は、本書で取り上げてきたような複雑な問題についてはあまり活用されていない。だが、幸いなことに変えることは実に簡単だ。日常のルーチンにしてしまえば、間違えようがなくなる。忙しい日々のスケジュールの中でも、システム的に決めておけば自動的に実行される。予定が決められている会議は開かれるが、「この件についてはまた」という約束は、たぶん守られることはない。だから、その話をどうしてもする必要があるなら、それを特別な会議としてスケジュールに組み込むか、定例会議の議題にしてしまえばいい。

　ある大手防衛システム企業では、ＣＥＯと経営チームに、従業員グループと定期的に会合を開いてアイデアを出してもらうようにしたところ、飛躍的なイノベーションの増加につながった。このように議論をルーチン化することで新しい行動を促し、適切な行動を不可避にすることができる。ディランシーでもシルバート博士は入居者をさらに進歩させ、変化させるために、定例的な行事を活用している。この行事はけっして欠くことのできない象徴的なもので、適切な行動を不可避にするために大きな効果を表す。「ゲーム」と呼ばれるこの行事は、必ずしも楽しいわけではないが、毎週三回、必ず開催される。

あなたがディランシーの居住者だとしよう。「ゲーム」が開かれると、あなたとミニヤンのメンバーたちが集まって、お互いのことを批判し合う。暴力沙汰にならないよう、利害関係のない第三者が注意深く見守るが、それ以外のルールは何も決まっていない。ゲームで仲間を批判する際には、ディランシーならではの平等主義的なやり方を守る。つまり、誰が誰のことを言っても自由なのだ。もしあなたがクルーのボスに不満があれば、ボス宛にゲームの招待状を送ることができる。するとボスは必ずゲームに参加しなければならない。そして彼が出席したら、あなたはたまっていた鬱憤を晴らすことができるのだ。シルバート博士以下、すべてのメンバーが誰かからゲームに招待される可能性がある。

回を重ねるとともにゲームの質は向上し、持ち込まれる不満は少なくなっていく。フィードバックの質も高まる。一つ変わらないのは、この伝統ある行事が適切な行動を不可避にする役割を担っていることだ。力の強い怖い相手とやり合うのが好きな人はいない。だからそれを放置しておくと、居住者は誰かが引き回すままに行動するようになる。不満があっても黙っていたり、言葉による暴力に走ったりすることになるのだ。そこでシルバート博士は「ゲーム」という行事をつくって、フィードバックを可能にしたわけだ。ゲームは週に三回、必ず行われる。

まとめ：組織的能力

社会物理学の権威、フレッド・スティールの著作で「人は環境について知らない」と書いてあるのを読むと、その手厳しい言い方に身構えるかもしれない。勝手に自分の能力を決められてたまるかと思う人も多いだろう。だが、インフルエンサーが数多くの環境戦略を使って変化をもたらしてきたことを知れば、私たちの多くが近接性やデータの流れ、その他の物理的要因の持つ影響力を活用していないことに気付くことだろう。

影響戦略を考える上で、「物」という手段の重要性はまだまだ軽視されている。物は人間よりもずっと変えるのが簡単で、しかも人間の行動に永続的なインパクトを与える。そのことを考えれば、ホワイト、スティール、ワンシンクらの先例に見習って、空間の力を変革の武器に加えるべきときがきたのではないだろうか。いつか一般の人達も「近接性」について論じながら、チョコレートを我慢する日がくるかもしれない。

第10章

インフルエンサーになる

私は一度、賞品になったことがある。「トニー・カーティスとの週末デートを当てよう」という番組でのことだ。ある女性が私を当てたのだが、見るからに不満そうだった。彼女は二等賞品の真新しいオーブンレンジが欲しかったのだ。

——トニー・カーティス

本書の冒頭で、我々は大胆にもこう言い切った。「適切な方法を適切な数だけ用いて正しく影響力を行使すれば、すべてのことを変えられる」と。何てバカな、と思われたかもしれない。世の中には変えられないことがごまんとあるのは明らかだ。例えば重力だってそうだ。すぐに消えてなくなるとは思えない。我々が変えられると言ったのは、人間の行動のことだ。そして行動を変えれば、目指す目標の達成につながる。

他人の行動を変えることが難しいのは確かだ。しかし、本書で紹介した研究データと実際の成功例に見るように、ほとんどの行動は変えられるし、その効果も永続的に続くことがわかる。それには本書で示した三つのキーに従えばいい。

この三つのキーに生命を吹き込むためには、アルバート・バンデュラ博士が仮説を立てた影響力の理論を参照しよう。その最高の実践例が、ミミ・シルバート博士だ。シルバート博士は不屈の意志を持つインフルエンサーとして、数千人の元犯罪者と薬物中毒者の問題行動を変えて、善良な市民に生まれ変わらせた。一般に犯罪者の更生率は一〇パーセントにすぎないが、ディランシーでの成功率は九〇パーセントを超える。この飛躍的な成功を成し遂げたシルバート博士は、インフルエンサーの中のインフルエンサーと言っていい。

また、ドン・バーウィック博士とＩＨＩは頭の固い医療機関と向き合い、医療事故で毎年一〇万人の死者が出る現状を変えるための道を切り開いた。この成果は、医療技術の奇跡的な進歩や、何らかの政治的な力によるものでない。影響力の原則を適用し、人の行動を変えた結果だ。

　さらに、サハラ以南のアフリカで蔓延していたギニア虫症への取り組みも見逃せない。このギニア虫撲滅の試みはまもなく完了する。ギニア虫感染につながる行動に眉をひそめ、現地の人々に説教することしか能のなかった外国からの専門家に代わって、カーター・センターの一握りのプロフェッショナルからなるグループは現地の数百人のインフルエンサーと協力して、この恐ろしい病を世界からほとんど消滅させた。彼らの努力の結果、ギニア虫が地球上から完全にいなくなる日も近いだろう。もう一度言うが、この英雄的な成功は、医学や技術の進歩によるものではない。理論を現実にあてはめ、地球の裏側に住む数百万という見知らぬ人々の行動を変える方法を発見したインフルエンサーたちの活動によるものだ。

　本書の初版が出版されたとき、多くの読者がそこに紹介されたインフルエンサーたちに触発されて、そこから学んだことを自らの目標に活用しようと考えた。そして人間関係、家族、職場、会社、地域社会の変革に実際の成果を上げた読者から、毎週のように知らせが入ってきている。

　中でも忘れられないのは、悲劇的な労働災害をほぼ根絶した、ある読者の感動的な体験談だ。一人の経営者が我々のオフィスに電話をしてきて、興奮した口調で告げた。「影響力の原則をしっかり実践したら、この一年で一二人もの命が救えました」。彼によれば、同社の統計で、労災での死者が前年比で一二人減少したのだという。その他にも、学校中退や院内感染、依存症の治療などで成果を上げた勇敢なインフルエンサーたちがいる。これらのすばらしい成果からもわかるように、ただ世界から影響を受けるだけではなく、自分が世界を変えられるのだと悟った人がどんどん増えてきている。

一般人かプロフェッショナルかを問わず、これらインフルエンサーたちは一つの教訓をもたらしてくれた。人間の行動を変えるに当たり、限界はない、ということだ。慎重に組み立てた計画に適切な影響ツールを適用すれば、すべては変えられるのだ。

あなたにできること

能力のない人などいない。その使い方が違うだけさ。——スティービー・ワンダー

あなた自身が周囲に変化を起こそうとするなら、本書で紹介した影響力の三つのキーを思い出そう。第一のキーは、目標を決めて成果を測定することだ。本当に変えたいものを特定し、次にそのゴールから目を離さないよう測定基準をつくる。そして頻繁に測定する。結果だけを測るのではなく、適切な行動についても測定して影響を与えよう。

このステップは思ったよりも分析に時間がかかる。例えば、製品の品質改善に取り組んでいた製造業の相談に乗っていたとき、その会社の経営陣が自分たちの目標をこう定めた。一定期日までに品質の数値を三〇パーセント改善したいという。なるほど、もっともらしく聞こえる。ところが、業務マネジャーがこう指摘した。「これまでもやれることはやってきました。な

い袖は振れません」。品質改善にはかなりの集中力と努力、さらに指導力が必要だ、というのだ。マネジャーは続ける。「品質改善のためなら、製品を測る必要はありません。すべての従業員が品質を気にかければいいのです。もし従業員が日常的に進んで品質改善を心がけていたらどうでしょう。みんなが同じように品質を気にかけていれば、品質検査などしなくてもいいのです」。そこで経営陣は、従業員の士気を新たな目標と測定基準に据えることにした。

このように何が本当に必要かを知るための作業は、どのような分野のプロジェクトにも当てはまる。フィットネスクラブの運営者は、すぐさま利用者の本当のニーズを探り当てる。利用者は体重を何キロ減らしたいなどと言うが、よくよく聞いてみると、本当に求めているのは体力、柔軟性、自信など、健康的な生活から得られる利点だったりする。そのためには単に食事のカロリー量を減らすだけでなく、運動のパターンも変える必要がある。ダイエットは体重を「減らす」だけが目的ではなく、体を変化させて何を「増やす」かにフォーカスしなくてはならない。自分の総合的なニーズがわからないままダイエットをすれば、ただ痩せるばかりで、気力を失い、老化した弱々しい体になってしまうだろう。だからやみくもにダイエットを始める前に、じっくりと時間をかけて自分の本当の目標を確認しよう。

第二のキーは、きわめて重要な行動を見つけることだ。あいまいな目標に努力を傾けて影響力を浪費してはならない（飛行機内でこんなアナウンスが流れてきたらどうだろう。「こちらは機長です。ただいま当機は方向を見失いましたが、順調に飛行していますのでご安心ください」）。また、戦略を間違えて誤った方向に貴重な資源をつぎ込まないようにしよう。その代わり、大きな変化を与えそうな二、三の行動を見つけて、それにエネルギーを集中しよう。

このような高い影響力を持つ行動を、どのように探せばいいのだろうか。まず、重要なことは明らかなのに実行が難しい行動に注目する。次に、決定的瞬間を手がかりに活用すればいい。決定的瞬間には、ある選択がその後の多くの出来事に大きな影響をもたらす。また、不思議と周囲の人よりもいい成果を上げる、ポジティブな逸脱者を探してみるのもよい。最後に、行き詰まりの原因となっている古い慣習を見つけ、それを打ち壊すような行動に注目しよう。

第三のキーは、六つの影響要素のすべてを活用することだ。本書で強調したように、変化への努力が実るかどうかは、ほとんどこの第三のキーにかかわっている。どの影響要素がネックになっているのかを見つけ出そう。そして影響戦略を立てる際には、すべての影響要素をフル活用する。ただし、自分で試行錯誤してみないと、どの影響ツールを組み合わせて使えばいいのか、勘をつかむのは難しいだろう。失敗を恐れずにトライしてみたらいい。活用した影響要素がどう作用するのかを見極め、必要に応じて調整しよう。次に、影響戦略を最適な形で組み合わせるためのヒントをいくつか提供しておく。

小出しと本気の努力は違う

企業の大規模な組織改革に関する調査をしていたとき、根本的な変革ができたかどうかを経営者に質問してみた。そして、こちらが用意した選択肢から、実際に利用した変化メソッドを選んでもらった。そのリストには、スピーチに始まり、研修、さらにオピニオン・リーダーの活用まで、多種多様なメソッドが含まれていた。ところが驚いたことに、ほとんどの経営者は一つか二つのメソッドしか使っていなかった。そして当然のことながら、改革の試みもほとんど失敗に終わった。

この統計の裏にある事実を探ってみると、リーダーたちの多くが大きな問題の解決という重要な目標に対して、いいかげんな態度しか示していないことがわかった。まるで、「ちょっと手を付けてみて、ようすを見よう」と言っているかのようだ。失敗して面子を失うことを恐れて、全力投入を控えているようにも見えた。「少し手を加えるくらいにしておこう。そうしたら失敗したって大きな損もない」というわけだ。スピーチなどの弱い手段では、教師の燃え尽き症候群、都心部の犯罪、プロジェクトの遅れなど、深刻な問題を解決するには十分ではない。にもかかわらず、リーダーの多くが、根本的な変化を目指すよりも小さな手直しで満足しているようだった。

著者グループは「自称インフルエンサー」たちについても調査したが、彼らは変化をもてあそんでいるように見えた。彼らが必要としているのは、自分をかばうことだけだからだ。例えばある会社では、工場見学に来た子どもたちが従業員からひどく罵られるという事件があったが、そこの工場長の対応は首をひねるものだった。その件について尋ねると、彼は突然怒りだしてこう言うのだった。「うちの従業員は子どもを罵るほどバカではありませんよ。とにかく、社内連絡ノートに書いて報告しておきました」。ところが、彼はそれきり問題の解決のために何もしなかった。社内連絡ノートに記録しただけで、問題を覆い隠してしまったのだ。

影響力のメソッドを小出しにするケースでいちばんよくあるのは、自分をかばうためよりも、経済的な理由が大きいだろう。経営者は最新の変化の戦略から一つか二つの要素を生真面目に実践するが、それはあくまで一つか二つにすぎない。彼らは企業の文化を根本から変える必要を感じてはいるが、すべての影響要素を活用しないのは、なるべく安上がりに済ませたいと思っているからだ。

シルバート博士が言うには、この三〇年、犯罪者と薬物中毒者を更生させたディランシーの手法を学ぼうと、世界各地から彼女の元を訪れる人たちが絶えない。シルバート博士は時間を割いて、実験を成功させるには何が必要かを強調しつつ、きわめて重要な行動とは何かから始まり、六つの影響要素すべてをうまく活用するための努力まで、洗いざらい説明する。

そしてディランシーを訪れた者たちは、希望を胸に帰路に就く。ところが彼らは「安上がりに済ませる」ために、過去に効果がなかった自分たちの方法に、ディランシーで教わった手法を一つだけ選んで付け加えるのだ。もちろん、その一つの要素だけでは変化を起こせない。彼らの「改良された新戦略」は失敗に終わる。そして生真面目な改革者たちは、努力が実らなかった理由を知らないまま、シルバート博士の成果は特異なケースであり、それを極めることはできないと結論付けてしまう。

自称インフルエンサーは、膨大な変化のメソッドの中から一つか二つの要素をするという、お手軽なメソッドに頼ろうとする。第8章で取り上げたノースカロライナ州の「逮捕予告作戦」についても同じことが言える。逮捕が予告された麻薬密売人を集めておき、証拠写真を見せて更生を迫るという、巧みな犯罪防止策を覚えているだろう。そこで地域の検察局が対象者の犯罪の現場を撮影したビデオを見せ、「自分が凶悪犯罪にかかわっていると思う者は手を挙げろ」と言う。すると彼らは素直に手を挙げて、更生への道を歩むことになる。ところが、各地でこの作戦をまねて残念な結果が起きている。

重罰が目前に迫っていることを予告するこのメソッドは、家族のサポートや職業訓練など、さまざまな必要不可欠の要素を組み合わせ、それらが一体となって初めて成果を生み出すものだ。「逮捕予告作戦」の発案者は、六つの影響要素のすべてを組み込んで活用するために骨折っている。

この総合的な努力が生んだ目覚ましい成果が新聞で紹介されると、その記事を熱心に読んだ各地の警察幹部たちが、地元の議会が承認しそうな影響要素を、予算の範囲内で二つか三つ選び出す。あるいは彼らがすでに実行している方法の一部だけを強調して、「逮捕予告作戦」と名付けたりする。総合的に練り上げられた施策から、各警察が一つか二つの要素を小出しにした結果、当然にその試みは失敗に終わる。もう少し熱意のある自称インフルエンサーは、また別の要素を小出しにして安易な計画を実行し、さらなる失敗を重ねる羽目になる。

理由はどうあれ、おざなりで不徹底なやり方は、結局は高く付くことを肝に銘じよう。お粗末な手法で根深い問題を解決しようとしても、望みの変化を得られないばかりか、「やはり何をやっても駄目だ」という風評まで生まれてしまう。個人的にも失敗を繰り返せば自信が失われ、よりよい世界を目指しつつ影響力に磨きをかけようという試みを挫折させてしまう。また地域レベルでは、失敗を繰り返すことで、あなたの評判に傷が付く。やがてあなたの最新のアイデアは「今月のダメ計画大賞」などのレッテルを貼られてしまうようになる。こうなると新しいプランを立てても周囲から疑われ、誰も協力してくれず、むしろ失敗を待ち望むようになるだろう。

次のような例え話はどうだろう。六人の大男が一本のロープの向こう側の端を引っ張っているとする。大男の進む向きを変えるために、小学校四年生の子を呼んできてロープのこちら側の端を引っ張らせたとして、どうにかなるだろうか。唯一の方法は、相手が引っ張る力を減らすか、こちらが引っ張る力を増やすか、もっといいのはその両方だ。つまり、変化を確実なものにするには、影響要素を十分に集中して、変化を過剰決定するべきだ。その方法を身に付けたとき、あなたも優れたインフルエンサーになれる。

処方する前に診断する

六つの影響要素について知ったからと言って、それを正しく使えるとはかぎらない。手強い問題に出くわしたときには、経験豊富なインフルエンサーのやり方を参考にすべきだ。処方する前に診断しなければ、医療ミスを招く。変革の作業にとりかかる前に、変化させたい行動の裏にある影響要素を把握しよう。この不可欠な手順を飛ばして、効果のありそうな手法をかき集める人は少なくない。彼らの「最新テクニック」の多くは、あまり経験のない友人・知人などから聞いたものだ。

経験あるインフルエンサーは、拙速で失敗の多い手法を採らない。フェアビュー小児病院のウォーレン・ワーウィック博士は、患者に自分の指示を守らせるためには、患者の行動に影響を与える必要があることを学んだ。どんなに患者にとってよかれと思っても、その指示に患者が従ってくれなければ何の意味もない。指示をしただけでは、例の「社内連絡ノートに書いておきました」と言い訳した、ぶっきらぼうな工場長と同じになってしまう。ワーウィック博士が担当していた一八歳の少女は嚢胞性線維症と診断されたが、治療に協力的でなかった。しかし博士は「治療を怠けていると、二、三年で呼吸ができなくなってしまうぞ」などと説教する代わりに、一歩立ち止まって、その根底にある問題を突き止めようとした。「あの子はいったい何をやってるんだ」と突き放すのではなく、なぜ彼女が命にかかわる重要な行動をとらないのかを理解しようとしたのだ。話を聞いてみると、そこにはいくつかの理由があった。

彼女には新しいボーイフレンドができたばかりで、彼にべったりだった。また、これまでは母親が薬を飲ませていたが、娘が夜間の仕事を始めたため、処方箋で指示された服用時間にはあまり家にいなかった。さらに彼女が通っている学校が方針を変え、生徒が薬を服用する場合は看護師が与えなくてはならなくなったため、これが嫌で彼女は薬を飲まなくなってしまった。もう一つ悪いことに、この二ヵ月間で彼女の肺はその機能の二〇パーセントを失ったにもかかわらず自覚症状がなく、彼女はあまり薬を飲む必要性を感じなかった。ワーウィック博士は彼女の話を聞いて、治療方針に従えなかった理由を深く理解した。こうして自分が直面する影響要素を理解した博士は、患者に合わせた治療プランを組み立て、彼女の命を救ったのである。

影響要素を付け加える

本当に才能のある人は、何をやるにも困難はつきものであり、成功を保証するのは根気と粘り強さだけであることを知っている。——エリック・ホッファー

あなたが何らかの問題を抱えて解決しようとしているとき、その問題がいかに大きなものだとしても、「すでに道半ばまで来ているのかもしれない」と考えてみよう。これまでの努力に

影響要素を一つ付け加えただけで、たちまち状況が変化することはよくある。おそらくあなたは、すでにいくつかの影響要素を活用し、きわめて重要な行動を試みていることだろう。もう変化の扉のすぐ前まで来ていて、あと一つの影響要素を残すのみかもしれないのだ。一〇〇マイルの旅路の九九マイルまで来ていながら、成功の目前であきらめるのは、何とも残念ではないか。

例えば、子どもを読書好きにさせるために、目的のある演習を施せばよいことに気付き、大きな進歩を達成する。あるいは、企業研修から戻ってきた従業員がそこで教わったことを忘れないよう、社会的・組織的な補強材料を付け加える。または、近接性の威力を知って、ルームランナーを地下室から引っ張り出して寝室に置く。

これらの日常的なケースでも、六つの影響要素をすべて活用しなくてはいけないと大げさにとらえる必要はない。自分の好みでそのうちのいくつかを使っているなら、試験的にもう一つの要素を付け加えてみてはどうだろうか。六つの影響要素のすべては無理にしても、いちばん状況に合っているか、いちばん強力だと思われるもの、それとも楽に活用できそうなものを一つ選び、そこから始めるのだ。最初のうちは影響要素を完璧に組み合わせようと思う必要もない。とにかく試行錯誤を恐れないことだ。実行してみて、そのインパクトを検証して経験から学び、また変化を加えて完璧になるまで繰り返そう。

コミュニティーに加わる

インフルエンサーは結果を過剰決定するだけではない。大きな問題にあたるときには自分一人で行動するのではなく、協力し合えるインフルエンサーのコミュニティーをつくる。多くの人を巻き込むことは、バンデュラ、シルバート、スワイ、ホプキンス、バーウィックら、多様な分野のインフルエンサーが使っている手法であり、毎日のように活気あるインフルエンサーのコミュニティーが各所で生まれている。

その一つに加わって、友人、同僚、専門家とともに働いてみよう。人と協力して影響ツールを試せば、個人の力を合算するよりもグループの影響力の方がはるかに大きいことを実感できるだろう。そして、我々のウェブサイト「www.influencerbook.com/」を訪れてほしい。そこにはあなたの新しいプロジェクトに役立つワークシートが提供されている。また、本書で紹介した何人かのインフルエンサーのインタビューを見ることもできる。

ウェブサイトでは、自分の影響スキルを測るための自己診断ツールも提供している。現在の影響力を測定し、優秀なインフルエンサーを目指す次のステップを開発するためにも、ぜひ試してみていただきたい。

では、そろそろスタートを切るときだ。目標を確定し、それを測定する方法を学ぼう。そして目標に到達するための、きわめて重要な行動を探す。六つの影響要素すべてを活用するように心がけ、それぞれの要素を適用するときには、その成果を慎重に見極める。どの要素がうまく機能し、どれが機能しなかったのかを確かめ、試行錯誤をしよう。目的に正しくフォーカスし、適切な行動を選択し、六つの影響要素をマスターすれば、必ずあなたもインフルエンサーになれる。

■著者グループ略歴

本書の著者グループは、共同でバイタルスマート社を設立して企業研修と組織改革を企画している。また、多くの受賞歴を持ち、これまでに4冊のニューヨークタイムズ・ベストセラーを執筆している。主な著書:『Crucial Conversations: Tools for Talking when Stakes are High』(2002、旧訳は『ダイアローグ・スマート―肝心なときに本音で話し合える対話の技術』、幻冬舎ルネッサンス)。『Crucial Accountability: Tools for Resolving Violated Expectations, Broken Commitments, and Bad Behavior』(2005、旧訳は『言いたいことがなぜ言えないのか―意見の対立から成功を導く対話術』、トランスワールドジャパン)。『Influencer: The New Science of Leading Change』(第1版、2008。『インフルエンサーたちの伝えて動かす技術』、PHP)。『Change Anything: The New Science of Personal Success』(2011)。

■著者紹介

ジョセフ・グレニー(Joseph Grenny)

基調講演スピーカーとして名声を博し、コンサルタントとして30年にわたり企業の大規模な組織改革に携わってきた。また、NPO法人ユナイタスの共同設立者として、世界の貧しい人々の経済的自立を支援している。

ケリー・パターソン(Kerry Patterson)

スタンフォード大学博士課程を修了。研修プログラムの開発と長期的な組織改革を率いて、数多くの受賞歴を持つ。2004年には組織行動論においてめざましい貢献をし、ブリガムヤング大学マリオット・スクール・オブ・マネジメントのダイアー賞を受賞。

デビッド・マクスフィールド(David Maxfield)

優秀な研究者、コンサルタント、スピーカーとして定評がある。医療ミスの防止、安全管理、プロジェクト実施に関わる人間行動の役割についての研究をリードしてきた。スタンフォード大学博士課程で心理学を修める。

ロン・マクミラン(Ron McMillan)

人気の高いスピーカー、コンサルタント。コヴィー・リーダーシップ・センターの共同創業者として研究・開発部門副社長を歴任。新任マネジャーから「フォーチュン500」企業の経営者まで、幅広い層のリーダーシップ研修に携わってきた。

アル・スウィッツラー(Al Switzler)

スピーカーとして名高いコンサルタントで、世界的な「フォーチュン500」企業数十社の社員教育とマネジメント戦略に助言を与えてきた。ミシガン大学エグゼクティブ・デベロップメント・センターで教鞭もとる。

■訳者紹介
吉川 南（よしかわ・みなみ）
早稲田大学政治経済学部卒。書籍やテレビ番組の字幕など幅広いジャンルの翻訳を手がける。訳書に『「先延ばし」にしない技術』（サンマーク出版）、『TEAM OF TEAMS』（日経BP社）、『熱狂の王 ドナルド・トランプ』（クロスメディア・パブリッシング）など。

■翻訳協力／株式会社リベル

2018年7月2日 初版第1刷発行

フェニックスシリーズ ㊹

インフルエンサー
——行動変化を生み出す影響力

著　者　ジョセフ・グレニー、ケリー・パターソン、デビッド・マクスフィールド、ロン・マクミラン、アル・スウィッツラー
訳　者　吉川 南
発行者　後藤康徳
発行所　パンローリング株式会社
〒160-0023　東京都新宿区西新宿7-9-18 6階
TEL 03-5386-7391　FAX 03-5386-7393
http://www.panrolling.com/
E-mail　info@panrolling.com
装　丁　パンローリング装丁室
印刷·製本　株式会社シナノ

ISBN978-4-7759-4184-3